RÉSUMÉ HISTORIQUE

DES PROGRÈS

DE L'ART MILITAIRE

Depuis les temps les plus anciens jusqu'à nos jours,

AVEC DES APPLICATIONS AUX DIFFÉRENTS CAS DE LA GUERRE TIRÉES
DES FAITS D'ARMES ET DES CAMPAGNES LES PLUS CÉLÈBRES,

Servant de base à un

COURS PRATIQUE DE TACTIQUE

A l'usage des **Officiers**, des **Sous-Officiers** et des **Élèves**
des Écoles régimentaires.

Avec quatorze planches explicatives.

Par M. Ph. DE FONSCOLOMBE,
Ancien officier de cavalerie.

PARIS

LIBRAIRIE MILITAIRE.

J. DUMAINE, LIBRAIRE-ÉDITEUR DE S. M. L'EMPEREUR,
Rue et Passage Dauphine, 30.

1854

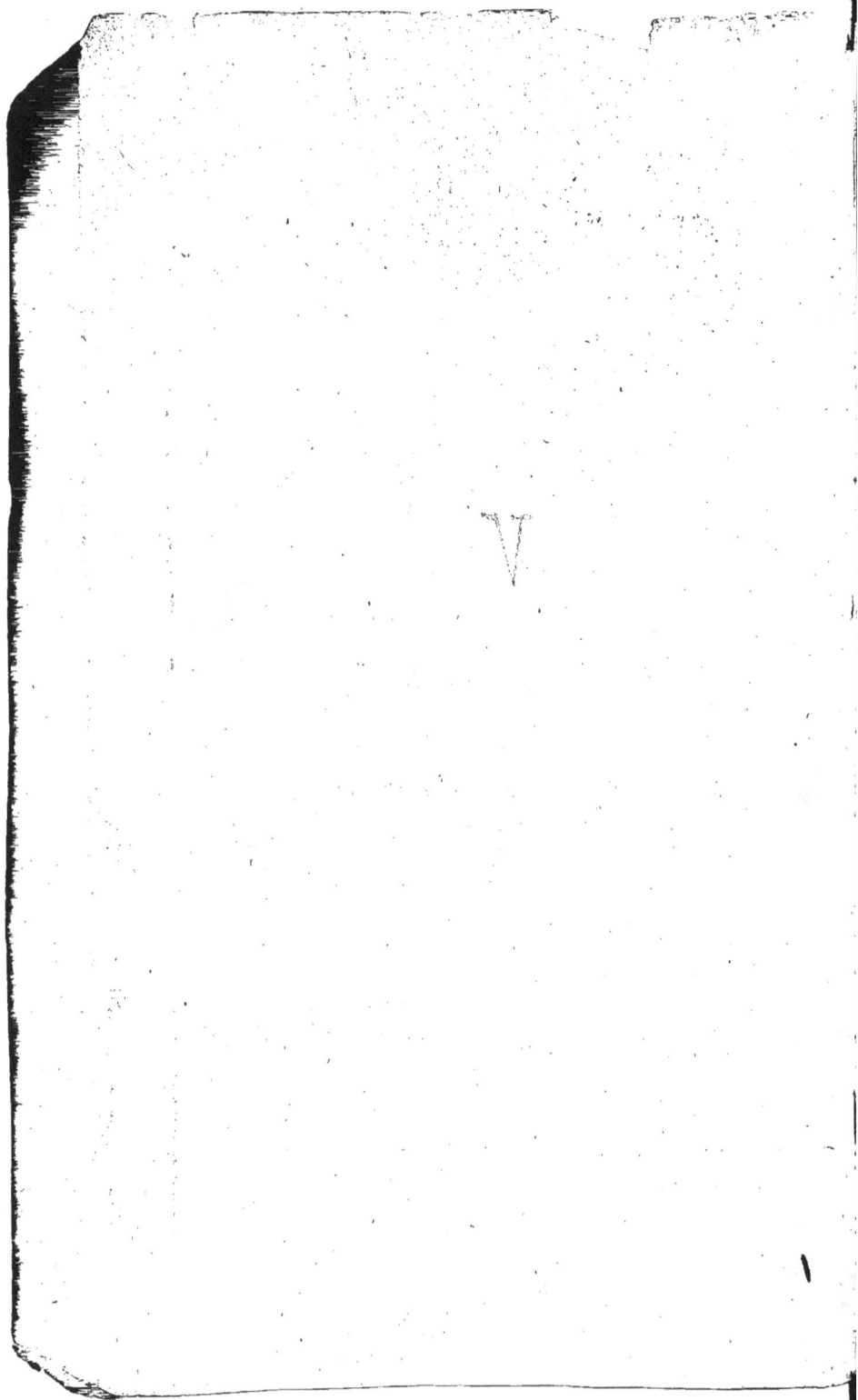

RÉSUMÉ HISTORIQUE

DES PROGRÈS

DE

L'ART MILITAIRE

SUIVI

D'UN COURS PRATIQUE DE TACTIQUE.

PARIS.—Impr. de COSSE et J. DUMAINE, rue Christine, 2.

RÉSUMÉ HISTORIQUE

DES PROGRÈS

DE L'ART MILITAIRE

Depuis les temps les plus anciens jusqu'à nos jours,

AVEC DES APPLICATIONS AUX DIFFÉRENTS CAS DE LA GUERRE TIRÉES
DES FAITS D'ARMES ET DES CAMPAGNES LES PLUS CÉLÈBRES,

Servant de base à un

COURS PRATIQUE DE TACTIQUE

A l'usage des Officiers, des Sous-Officiers et des Élèves
des Écoles régimentaires.

Avec quatorze planches explicatives.

PAR M. PH. DE FONSCOLOMBE,
Ancien officier de cavalerie.

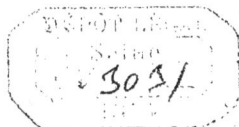

PARIS

LIBRAIRIE MILITAIRE.
J. DUMAINE, LIBRAIRE-ÉDITEUR DE S. M. L'EMPEREUR,
Rue et Passage Dauphine, 30.
1854

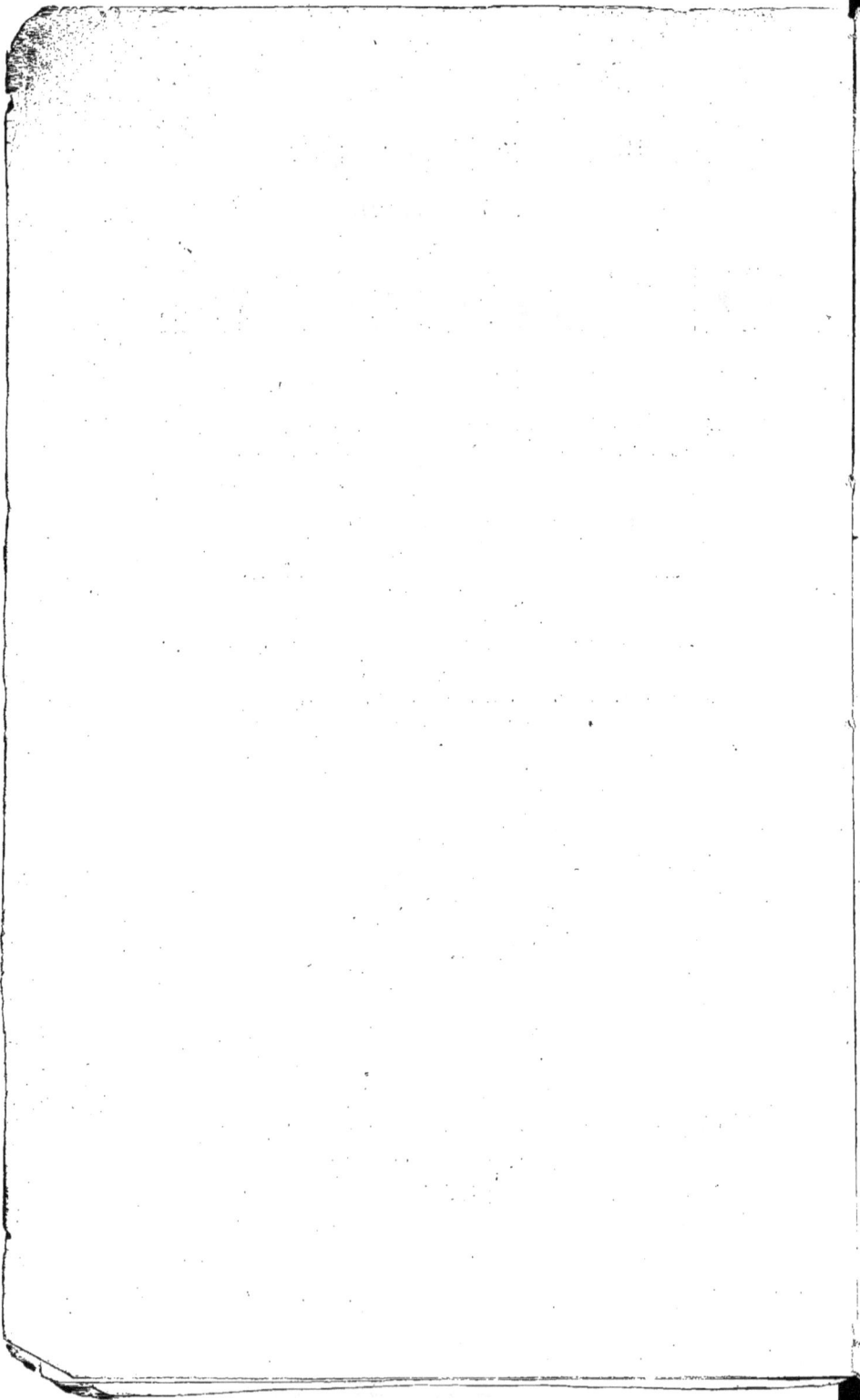

AVANT-PROPOS.

La plupart des ouvrages qui traitent de l'art militaire sont remplis de descriptions et d'innombrables récits de combats; les solutions nouvelles et les principes qui ressortent de l'étude de ces ouvrages nécessitent de longues recherches et l'emploi de beaucoup de temps. En outre, la plupart de ces livres, soit par le fait de leur étendue, soit pour toute autre cause, sont d'un prix assez élevé pour en rendre l'acquisition coûteuse et difficile aux lecteurs militaires. La vue de ces difficultés, de ces dépenses et surtout de ces longues recherches, nous a engagé à réunir en un seul volume tous les éléments et les principes de l'art, de l'histoire et de la tactique militaires. Nous avons été persuadé que cette science, présentée sous un petit nombre de pages, avec des applications variées et succinctes et des plans explicatifs qui n'en rehausseraient pas le prix, attirerait la plupart des officiers et des sous-officiers que, jusqu'à présent, la longueur de cette étude pouvait effrayer.

Ce livre, comme l'indique clairement son titre, se divise en deux parties : la première partie comprend l'abrégé de l'art militaire, et se divise en huit époques prises dans les moments où les progrès de l'armement, de la tactique et de la civilisa-

1

tion des différents peuples, rendent ces changements plus remarquables ; la seconde partie n'est que la conséquence de la
première, toutes les règles qui y sont posées ont été dictées
par l'expérience, et sont appuyées par des exemples tirés de
la vie des plus grands capitaines. Cette deuxième partie renferme la tactique, où tout sous-officier qui veut devenir
officier, et tout officier qui désire se mettre à la hauteur de
l'avancement qui lui est dû, pourront puiser des données certaines pour toutes les circonstances dans lesquelles leur position pourra les placer. Pour rendre cette partie plus claire
et plus facile à retenir ou à consulter, elle se divisera en différents livres qui prendront le nom des sujets qui y seront
traités.

Nous croyons ne pouvoir mieux faire avant de commencer
que de mettre sous les yeux de nos lecteurs la liste des ouvrages où nous avons été heureux de puiser d'excellentes
leçons et de sûrs principes militaires, et nous avons pensé que
ceux de nos lecteurs auxquels nos efforts auraient donné le
désir d'approfondir cette science seraient heureux de trouver ici le nom des auteurs qui s'en sont le plus particulièrement occupés, où nous avons puisé nos meilleures pages et
auxquels nous sommes le plus reconnaissants.

BIBLIOTHÈQUE MILITAIRE.

BOHAN (le baron). Examen critique du Militaire français.

BUGEAUD. Aperçus sur quelques détails de la Guerre.

CARRION-NISAS (le colonel). Histoire générale de l'Histoire militaire.

CESSAC (le comte de). Guide de l'Officier particulier en campagne.

CHAMBRAY (le colonel). Histoire de la Campagne de Russie, Philosophie de la Guerre.

CHAMBRAY (le marquis de). Des Changements survenus dans l'Art de la Guerre, de 1700 à 1815.

DEDON (le général). Histoire des Campagnes de l'armée du Rhin-et-Moselle.

DRUMMONT DE MELFORT (le comte de). Traité sur la Cavalerie.

DUHESME. Du service de l'Infanterie légère.

DUMAS. Précis des Événements militaires.

FOY (le général). Histoire des Guerres de la Péninsule.

GAY DE VERNON. Traité élémentaire d'Art militaire et de Fortification.

GRIMOARD (le général). Traité sur le Service de l'état-major général des armées.

GUIBERT. Essai général de Tactique.

JAQUINOT DE PRESLE. Cours d'Art et d'Histoire militaire.

JOMINI. Traité des Grandes opérations militaires, Histoire critique et militaire des Guerres de la Révolution.

1.

KOCH (le colonel). Mémoire pour servir à l'Histoire de la Campagne de 1814.

L'ALLEMAND (le chef de bataillon). Traité des Opérations secondaires de la Guerre.

MARBOT (le calonel). Organisation des troupes, Tactique, Examen provisoire du Livret des Commandements.

MOTTIN DE LA BALME. Eléments de Tactique pour la cavalerie.

NAPOLÉON. Ses Mémoires.

PELET. Mémoires sur la Guerre de 1809 en Allemagne.

PRÉVAL (le général de). Défense de l'Escadron compagnie, de l'Avancement militaire dans l'intérêt de la monarchie.

ROCHE-AYMON (le général de la). Manuel du Service de la Cavalerie légère en campagne.

ROCQUANCOURT. Cours complet d'Art et d'Histoire militaire.

ROVIGO (le duc de). Ses Mémoires.

SAINT-CYR. Journal des Opérations de l'armée en Catalogne.

SOCIÉTÉ DE MILITAIRES ET DE GENS DE LETTRES (par une). L'Eloquence militaire ou l'Art d'émouvoir le soldat.

THIÉBAULT. Manuel du Service des Etats-Majors.

THIERS. Histoire de la Révolution française, du Consulat et de l'Empire.

WARNERY (le général). Remarques sur la Cavalerie.

Tous ces ouvrages se trouvent à la librairie militaire de J. DUMAINE, 30, rue et passage Dauphine.

NOTA. C'est ici que, pour éviter les citations très-nombreuses qui, placées dans le texte de l'ouvrage, pourraient détourner l'attention du lecteur, et pour satisfaire un impérieux devoir de reconnaissance, je dois nommer plus particulièrement MM. Rocquancourt, Jacquinot de Presles, Jiustiniani, Bugeaud, Thiers, aux ouvrages desquels j'ai puisé quelquefois des paragraphes entiers, les préférant toujours, quant il y avait lieu, dans leur justesse et leur concision, plutôt que de les affaiblir en les tronquant.

(Note de l'auteur.)

ABRÉGÉ

DE

L'ART MILITAIRE

SERVANT DE BASE A UN

COURS DE TACTIQUE.

Première Partie.

ABRÉGÉ DE L'ART MILITAIRE.

Préliminaires.

Les hommes, le terrain, les armes, le temps et les circonstances, tous ces éléments variables, empêchent la science de l'art militaire d'être exacte, c'est-à-dire d'avoir des règles générales identiquement applicables, car la science comporte : la connaissance de tous les antécédents dont la solution variée peut servir dans des cas à peu près pareils ; la sagacité pour choisir ce qu'il faut faire, le tact pour l'exécuter. La science se divise donc en 1° conception fixe et invariable la plupart du temps ; 2° manière de se servir des troupes et de les employer, essentiellement variable.

Coup d'œil général.

On se battit d'abord avec le seul emploi d'un bâton ou des forces physiques ; puis on se servit de différentes armes, de différentes machines ; enfin, on utilisa les obstacles naturels et l'on en créa de factices. Ici l'art commence.

Les Grecs étaient forcés de combattre contre les Perses, six fois plus nombreux qu'eux ; l'expérience leur démontra que six hommes, agissant collectivement, sont plus forts que dix-huit hommes, attaquant individuellement ; ils érigent cette remarque en principe, et sortent vainqueurs de la lutte. Les Romains doivent la conquête du monde à ce principe d'ordre et à la discipline qu'il nécessite, pour l'opération des mouvements.

Au moyen âge, l'orgueil des chevaliers ne leur permet aucune discipline : on combat isolément d'homme à homme, la valeur, la force physique, sont en honneur, mais aussi le désordre. Les guerres sont des tueries.

A la Renaissance, on revient avec avantage aux principes des Romains ; l'invention de la poudre vient substituer aux combats de près les combats

de loin ; à l'arme blanche, les boulets et les balles ;
à la force physique et au courage irréfléchi, le
calme, le sang-froid, la précision, la vitesse dans
les manœuvres. La guerre, depuis le grand Turenne jusqu'à Frédéric, et enfin sous Napoléon,
semble être parvenue à ses limites scientifiques.

Système militaire ou ressources.

Pour qu'un Etat puisse guerroyer, il faut :
1" qu'il se crée des ressources ; 2° les conserve ;
3° les ait toutes prêtes sous la main. L'ensemble
de ces trois éléments constitue le système militaire
d'un peuple.

Ce système comprend les modifications appor-
tées chez chaque peuple par le nombre, l'industrie
des habitants, la forme et la grandeur des frontières à protéger.

Le système militaire se décompose en personnel
et matériel.

Personnel. — Matériel.

Le personnel comprend l'armée active permanente, la réserve, le reste de la force publique
(garde nationale, etc.). Le matériel se compose
des armes, machines, voitures, munitions, fabri-
ques, magasins, etc.

Armée active. — Mode d'incorporation.

L'armée active n'est temporaire qu'en Suisse,
État neutre ; partout autre part elle est permanente et composée de mercenaires, de nationaux,

ou des deux. Chez toutes les puissances, le recrutement de l'armée est différent; en Prusse, tout homme doit servir au moins 1 an, ordinairement 3 ans : aussi leurs soldats n'ont-ils pas assez d'habitude militaire; en Angleterre, l'armée se recrute par des enrôlements volontaires, généralement pour 20 ans ou à vie. En France, tout homme se doit à l'Etat; il existe des positions exceptées, et l'on peut se faire remplacer. La durée du service est de 7 ans. Les soldats appelés sont répartis dans l'armée, et instruits par leurs devanciers. La taille seule détermine l'arme dans laquelle ils doivent servir. Quoiqu'on ait remarqué que les populations entre l'Adour et la Garonne font, à cause de leur agilité et de leur coup d'œil, d'excellentes troupes d'infanterie légère; que les Flamands et les Alsaciens sont bons cavaliers, les habitants de l'Ouest bons fantassins, les Franc-Comtois bons artilleurs, néanmoins, l'intelligence prompte des Français fait qu'on ne s'aperçoit guère de ce manque d'appréciation. Les plus petits sont fantassins; les plus grands, cavaliers; les plus forts, artilleurs. Le génie doit être composé, autant que possible, d'hommes de la classe ouvrière.

Personnel.

Les différents corps de l'armée sont composés d'unités de force et d'unités administratives. Ces unités sont divisées en officiers qui commandent et soldats qui exécutent.

L'éducation d'un soldat consiste : 1° dans l'habitude de la marche ou de monter à cheval, l'emploi des armes, etc.; 2° dans la connaissance de ses devoirs envers ses chefs, ses égaux, les habitants, l'ennemi. Pour maintenir l'obéissance aux devoirs imposés, c'est-à-dire la discipline, il faut la crainte des punitions ou l'espoir de la récompense. Les récompenses d'avancement ou d'opinion l'emportent en France sur le système pénitentiaire. Le chef doit, autant que possible, entretenir une passion dans le cœur de ses soldats; cette passion varie suivant les circonstances. Sous l'Empire, c'était le dévouement aux chefs; sous la République, le patriotisme; sous Henri IV, le fanatisme religieux; sous Louis XIII, l'esprit de parti; sous le duc de Richelieu, le point d'honneur, seul, mais puissant mobile qui nous reste aujourd'hui.

Le personnel de l'armée en France, qui a essentiellement varié selon les temps et les armes, consiste actuellement dans : 10 maréchaux, 80 lieutenants généraux (1) commandants de divisions, 160 maréchaux de camp commandants des brigades; 560 officiers d'état-major; 246 fonctionnaires de l'intendance; 110 commandants de place; 9 majors de place; 116 adjudants de place et 38

---

(1) Une loi récente a diminué le nombre des divisions militaires et le nombre des officiers généraux du cadre de réserve, et a rétabli les noms de généraux de division et généraux de brigade.

secrétaires ou archivistes ; 25 légions de gendarmerie réparties dans les départements ; 3 compagnies de gendarmerie réparties dans les colonies ; 1 légion de gendarmerie pour le service de l'Afrique et la garde de Paris, remplacée après 1848 par la garde républicaine organisée dans le même sens ; 75 régiments d'infanterie de ligne ; 25 régiments d'infanterie légère ; 10 bataillons de chasseurs d'Orléans ou chasseurs de Vincennes ; 1 régiment de zouaves ; 3 bataillons d'infanterie légère d'Afrique ; 9 compagnies de fusiliers de discipline ; 2 régiments de la légion étrangère ; 3 bataillons de tirailleurs indigènes ; 8 compagnies de sous-officiers vétérans et 10 compagnies de fusiliers vétérans ; 12 régiments de cavalerie de réserve, dont 2 de carabiniers et 10 de cuirassiers ; 20 régiments de cavalerie de ligne, dont 12 de dragons, et 8 de lanciers ; 26 régiments de cavalerie légère, dont 13 de chasseurs, 9 de hussards et 4 de chasseurs d'Afrique ; 3 régiments de spahis, 4 compagnies de cavaliers vétérans, et l'école de cavalerie établie à Saumur.

15 régiments d'artillerie ; le 15e fait le service de pontonniers ; 12 compagnies d'ouvriers d'artillerie ; 1 compagnie d'armuriers ; 6 escadrons du train des parcs ; 13 compagnies de canonniers vétérans, et une école d'application ; 3 régiments du génie ; 1 bataillon d'ouvriers d'administration ; 2 compagnies d'ouvriers du génie, et 1 compagnie de vétérans du génie ; 4 compagnies du corps des

équipages militaires ; 14 escadrons du train ; 127 médecins ; 1,137 chirurgiens et 113 pharmaciens ; 75 officiers d'administration, de l'habillement et du campement ; 362 officiers d'administration des subsistances militaires ; 1 école royale polytechnique à Paris ; 1 école royale militaire à Saint-Cyr ; 1 collége royal militaire à La Flèche ; 5 gymnases divisionnaires. Des dépôts pour le service du recrutement et de la réserve dans chaque département ; 6 dépôts de remonte, divisés en plusieurs succursales ; 270 vétérinaires ; 21 tribunaux militaires jugeant dans chaque division ; 6 ateliers de condamnés au boulet ; 4 ateliers de condamnés aux travaux publics ; 5 pénitenciers militaires et 53 prisons militaires.

Matériel.

Le matériel se compose de : 3 forges à projectiles ; 3 fonderies ; 7 manufactures d'armes ; 8 arsenaux de construction ; plus, un arsenal particulier pour les outils du génie ; 16 poudreries ; 32 hôpitaux pouvant contenir ensemble de 15 à 20,000 hommes ; casernes pour 340,000 hommes ; écuries pour 110,000 chevaux ; magasins d'administration, pour empêcher la hausse des différents objets, lorsqu'il sont nécessaires en grand nombre à la fois ; 7 magasins de fournitures d'hôpitaux ; dépôt de voitures ; écoles militaires ; écoles de tir.

Les conditions nécessaires pour organiser une

armée sont contenues dans le principe suivant,
donné par analogie comparée :

Principe de Lhyod.

« L'armée, dit Lhyod, est la machine destinée
« à opérer des mouvements militaires ; comme
« les autres machines, elle est composée de diffé-
« rentes parties; sa perfection dépend de la bonne
« constitution de chacune de ses parties, prises
« séparément, et de leur arrangement entre elles;
« leur objet commun doit tendre à réunir ces
« trois éléments essentiels : la force, l'agilité, la
« mobilité universelle. »

Preuve et déduction du principe.

L'armée est une machine : il lui faut donc un
moteur ; ce sera un chef, lieutenant général, maréchal ou prince du sang; les fonctions des rouages
intermédiaires de la machine, dirigeant les forces
du moteur, seront remplies par l'état-major.

Chacune des parties devra posséder son instruction entière, et de plus elles seront combinées entre elles pour atteindre le but qu'on se propose,
et généralement dans l'ordre indiqué un peu plus
bas.

Le courage, le nombre, les passions, la discipline, la science, donneront la force pour obtenir
l'agilité et la mobilité universelle ; les masses seront divisées elles-mêmes en unités de masses,
comprenant le nombre d'hommes occupant un

terrain de l'étendue que la voix humaine peut parcourir distinctement (environ 100 à 120 mètres). L'agilité nécessitera la formation par rangs et par files; l'unité de masse occupera donc un rectangle de 100 à 120 mètres de long, où pourra se placer un corps de troupes dit *unité de force*, appelé *bataillon* dans l'infanterie et composé de 800 à 1,000 hommes, appelé *escadron* dans la cavalerie, et composé de 64 files (128 chevaux), le bruit inhérent à cette arme ayant forcé de rendre l'unité de force plus faible que dans l'infanterie.

La profondeur du rectangle varie suivant la longueur des armes; avec de très-longues piques on pouvait mettre jusqu'à 10 rangs de hauteur; la baïonnette au bout du fusil, formant une longueur de près de 2 mètres, force l'emploi sur 3 rangs, il n'existe que quelques circonstances très-rares où, pour résister à un choc, cet ordre est renforcé: aussi les carrés d'infanterie, à la bataille des Pyramides, furent-ils formés sur 6 rangs.

L'unité de force de l'artillerie est une batterie de 150 à 200 mètres, composée de 6 pièces, et couvertes d'ouvrages pour les protéger.

L'unité de force du génie n'existe pas; on se sert de la division administrative de compagnies.

Dix bataillons forment une brigade; 3 brigades, une division; 4 à 5 divisions, une armée.

Combinaison des différentes armes.

L'infanterie étant propre à tous les services doit

dominer dans l'armée ; la cavalerie étant nécessaire pour obtenir le maximum d'agilité et de mobilité variera pour le nombre, suivant les lieux et
le but qu'on se propose ; l'artillerie, suivant le terrain, mais aussi suivant le moral des troupes ; le
génie, les troupes d'administration, les pontonniers, le train et les équipages, varieront suivant le
but qu'on se propose; généralement, l'armée étant
représentée par un, on a : infanterie : 1; cavalerie:
1/4 en plaine, 1/10ᵉ dans les pays montueux; artillerie: 1/16ᵉ dans une armée d'hommes peu aguerris; 1/20ᵉ dans de vieilles armées; le génie de 1/80ᵉ
à 1/100ᵉ ; enfin, l'administration : 1/30ᵉ.

Nomenclature des termes employés dans l'art militaire.

Unité de force. — C'est le plus grand fractionnement obéissant au commandement d'exécution.

Formation ou *ordonnance.* — C'est la figure
que forme sur le terrain l'unité de force. Il y a à
distinguer la formation mince quand l'ordonnance
est au-dessous de 6 rangs ; et la profonde, quand
elle est au-dessus de 6 rangs.

Front. — C'est la partie du rectangle qui fait
face à l'ennemi.

Derrière. — Le côté opposé au front.

Flanc. — Les deux petits côtés du rectangle.

Colonne. — La formation est dite en colonne,
quand les fractions d'unité de force sont parallèles entre elles (*fig.* 1) avec leurs intervalles.

Bataille. — La formation est dite en bataille,

PLANCHE 1ère.

Fig.1.

A

B

Fig.2.

A B

Fig.3.

Fig.4.

Fig.5.

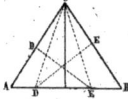

Fig.6.

Fig.7.

Fig.8.

Fig.9.

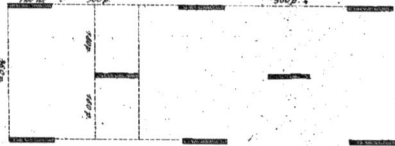

Fig.10.

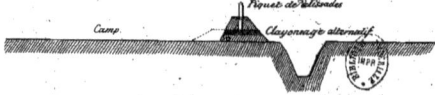

quand les fractions d'unité de force sont sur une même ligne avec leurs intervalles (*fig.* 2).

Intervalle. — C'est l'espace compris entre deux unités ou fractions d'unité de force, tel que l'intervalle A. B (*fig.* 2).

Distance. — C'est l'espace compris entre deux unités de force parallèles, tel que la distance A. B (*fig.* 1).

Echelons. — La formation est dite en échelons, quand les bataillons sont rangés parallèlement, non sur le même axe (*fig.* 3).

Echiquier. — La formation est dite en échiquiers, lorsque les bataillons sont disposés sur plusieurs axes parallèles et à distances égales (*fig.* 4).

Ordre. — S'entend de la disposition relative des diverses unités de force.

Tactique.

Elle se divise en trois parties :

1° La tactique élémentaire, qui indique les diverses formations dont l'enseignement est indiqué dans les théories;

2° La tactique proprement dite, qui consiste à connaître toutes les ressources de son arme ;

3° Enfin la grande tactique, qui est l'art de combiner les différentes propriétés et ressources de chaque arme.

Stratégie.

Autant la tactique est un élément essentiellement variable, suivant les armes et le terrain, autant la stratégie est une science exacte, car c'est l'appréciation approfondie du terrain.

Opération. — Base d'opération.

Dans toute opération, il faut distinguer le point de départ, la direction et le but.

La base d'opération est le point de départ.

Direction.—Point objectif principal.

La direction est la marche à suivre pour s'emparer, par exemple, de la place du pays ennemi dont la prise procure le plus d'avantage; cette place, dans ce cas, est le point objectif principal.

Point objectif secondaire.

Les points objectifs secondaires ou préalables sont les obstacles dont la position géographique ou les manœuvres de l'ennemi ont rendu la possession nécessaire pour parvenir au point objectif principal. Ils s'appellent, selon l'un de ces deux cas, *objectif territorial* ou *objectif de manœuvres*.

Ligne d'opérations.

La marche que l'on suit de la base d'opération jusqu'au point objectif principal est la ligne d'opérations.

Lignes d'opérations successives, concentriques ou excentriques.

Comme dans la marche on est obligé de s'arrêter environ tous les huit jours, pour attendre des renforts, des munitions ou se reposer, on est alors

obligé de se protéger par des obstacles dont la
suite forme ce qu'on appelle les lignes d'opérations
successives; elles sont concentriques, quand elles
se dirigent vers le même point, et excentriques,
quand elles s'en écartent.

Aire stratégique.

L'aire stratégique s'entend de l'espace compris
dans le triangle formé par la base d'opérations A.
B, les lignes d'opérations concentriques B. C. A.
C. et le point objectif principal (*fig.* 5). L'aire
stratégique s'appelle encore *théâtre de la guerre,
zone* ou *échiquier.*

Lignes de communication.

Ce sont les routes qui traversent l'échiquier ;
elles peuvent se confondre ou s'écarter des lignes
d'opérations D E (*fig.* 5).

Lignes de défense.

Les lignes de défense d'un peuple sont à ses
frontières ; ce sont généralement des obstacles
naturels, fleuves ou montagnes, ou des places fortes formant des lignes successives de défense autour du point objectif principal, qui doit être le
centre de la défense la plus active.

Refuge.

On appelle *refuge* le lieu placé sous telles conditions, qu'un Gouvernement envahi et chassé de
son point objectif principal puisse s'y réfugier et

faire appel à ses ressources extrêmes. La ligne de défense extrême est la ligne la plus rapprochée de l'objectif principal; les lignes de défense sont ordinairement combinées d'obstacles naturels et artificiels. La prise de l'objectif nécessite généralement un siége ou une bataille ; le vainqueur poursuit le vaincu qui bat en retraite, la guerre se termine par l'occupation militaire du pays conquis, jusqu'à ce qu'un traité quelconque entre les puissances belligérantes mette fin à la guerre.

ABRÉGÉ

D'ART ET D'HISTOIRE MILITAIRE.

Système d'analyse à suivre pour étudier un peuple au point de vue de l'art militaire.

Pour étudier l'art et l'histoire militaires d'un peuple, il faut diviser son travail par ordre, comme l'indique le tableau suivant :

1° Système militaire.	Recrutement, ...	Cadre. Avancement.
	Discipline.	Peines. Récompenses.
2° Armées actives. — Armée de réserve.	Composition. — Armes.	Infanterie. Cavalerie. Artillerie. Génie. Administration.
	Unité de force. — Formation.	Primitive. De mouvement. De résistance.
	Fractionnement de l'unité de force.	
	Conduite.—État-major.	
3° Applications. . . .	Faits historiques. Ordres. Rôle des différentes armes. Système de marche et de campement.	

I° ÉPOQUE.

Les Grecs et les Romains.

En étudiant l'art militaire des anciens, on de-vrait, se bornant à l'utile, n'étudier que la stra-

2.

tégie : cependant, tout en appuyant davantage sur cette partie, nous jetterons un œil curieux sur leur tactique, qui diffère essentiellement de la nôtre.

Les Grecs, les premiers, substituèrent l'action collective à l'action individuelle : qui trouva ce principe? nul ne le sait, mais des traces de formation et d'ordre se trouvent déjà dans l'Iliade. Le temps le plus utile à étudier, c'est le temps de la guerre des Grecs contre les Perses, à Alexandre inclusivement, le premier qui forma une armée permanente, les Grecs n'ayant eu jusqu'alors qu'une armée temporaire, exercée, à la vérité, dans ses foyers.

Nous analyserons seulement le système militaire de deux peuples principaux, les Athéniens et les Lacédémoniens.

Système militaire.

A Athènes, tout homme intéressé à la chose publique était soldat actif de 20 à 40 ans, de service de place, de 40 à 60; il y avait à Athènes 10 tribus, dont les magistrats nommaient le nombre d'hommes qui devaient faire partie d'une expédition. L'avancement avait lieu à l'élection, sans ancienneté. En cas de pertes considérables, les esclaves ilotes et mercenaires pouvaient être admis dans l'armée.

L'éducation physique du soldat se faisait dans

les gymnases, et ils apprenaient la tactique dans les académies.

Il en était de même à Lacédémone, seulement la ville était toujours considérée comme en état de siége, et l'activité militaire y régnait constamment.

Discipline.

La discipline consistait dans l'obéissance passive, immédiate, sans restriction, et dans la ténacité au combat. Les punitions étaient morales ou afflictives; pour quitter son poste dans le combat, on était taxé d'infamie. Les récompenses étaient honorifiques : le guerrier mort au champ d'honneur était enterré avec son armure, à moins qu'il ne fût mort dans un mouvement non commandé; enfin, des discours, des inscriptions, des colonnes honoriques les récompensaient.

Armées actives.

A Lacédémone, comme à Athènes, l'armée se composait d'infanterie, de cavalerie et d'artillerie.

INFANTERIE.
- *Oplites*, permanents et défensivement armés.
- *Peltastes*, mixte.
- *Psylites*, armés en tirailleurs.

Les oplites avaient une pique de 17 à 24 pieds de long, l'épée, le casque, la cuirasse, le bouclier et la bottine à la jambe gauche. Les peltastes avaient la même armure, moins la cuirasse et la bottine ; les psylites étaieut armés de frondes, de javelots, et n'avaient pas d'armes défensives.

CAVALERIE { de ligne, *cataphractes*, briseurs.
{ légère, *scythes*, Tarentins.

Les cataphrastes étaient armés de toutes pièces ; la cavalerie légère tarentine était armée de hache; les scythes, de l'arc et de flèches; du reste, cette cavalerie n'avait aucune formation positive et ne servait qu'en tirailleurs.

L'artillerie, jusqu'à Alexandre, n'existe pas ; le premier, il fit construire des machines de guerre, chariots, tours roulantes, etc.

L'un des rois de Lacédémone ou un des magistrats d'Athènes commandait en chef les armées, il prenait, après son élection, le nom de *stratége*. Le service de l'état-major, la surveillance de l'armement, étaient confiés à des officiers appelés *tactia*, chacune des divisions était commandée par un *tétrarque*, ce qui signifie capitaine, pris dans le sens général.

L'unité de force des oplites était de 256 hommes, et formait un carré de 16 hommes de côté ; chaque homme occupait 3 pieds de ce carré appelé *syntagme*.

Le *syntagme* avait en tête le porte-drapeau A, (*fig.* 6) ; le héraut B, qui répétait les commandements; le trompette C ; le chef de syntagme, appelé, à cause de ses fonctions, *syntagmatarque* D ;

et enfin le tactia E ; tous étaient placés en avant du front.

Le *syntagme* se divisait en deux *taxiarchies* (bataillon) :

La *taxiarchie* en 4 tétrarchies (division).

La *tétrarchie* en 8 dilochies (peloton).

La *dilochie* en 16 lochos ou files (escouade).

Le *lochos* en 2 dimœries.

La *dimœrie* en 2 œmaties.

Chaque combattant portait un nom composé qui lui rappelait sa place de bataille.

Deux *syntagmes* placés sans intervalles formaient la *pentéchosiarchie*.

3 ou 4 bataillons eussent formé 2 syntagmes.

1 régiment eût formé 1 *pentéchosiarchie* (500 hommes).

4 régiments ou 1 brigade eût formé 4 ou 5 *syntagmes* ou 1 *kiliarchie*.

8 brigades ou 1 division eût formé 2 *kiliarchies* ou 1 *mérarchie*.

8 divisions ou 1 armée eût formé 16 *mérarchies* ou 1 *phalange*.

L'armée entière, de 32,768 combattants, était composée, en la supposant égale à 1, de : 1/2 oplites ; 1/4 peltastes ; 1/8 cavalerie, (1/8 *cataphractes*, Sycthes ou Tarentins), 1/8 psylites. La masse totale se composait de 4 phalanges, et prenait le nom de *tétraphalangarchie*.

Le rectangle de peltastes était de 16 hommes de front, sur 8 hommes de flanc. Pour faire marcher un syntagme, on ouvrait les rangs ; chaque homme occupait alors 3 pieds d'espace. Pour résister, on serrait simplement les rangs, et cette formation serrée s'appelait *synapisme*. Ce rectangle des peltastes portait le nom d'*hécatontarchie* ; 2,048 peltastes formaient une *épixénégie,* le reste des divisions étaient comme celles du syntagme.

La totalité de la cavalerie de la tétraphalangarchie formait une épitagme de 4,096 chevaux. L'épitagme se divisait en deux ailes ; la dernière subdivision était l'*île* ou escadron de 64 cavaliers : 16 de front, 4 de profondeur, ou bien un carré de 8.

Formation du coin.

Les hommes portant leur bouclier au bras gauche, tous les mouvements se faisaient par le flanc gauche, la droite en tête. On se déployait pour la marche à volonté. Pour l'attaque, on disposait souvent les syntagmes, comme l'indique la figure n° 7, ce qui formait un triangle très-résistant que l'on mettait en colonne, en marchant par le flanc (*fig.* 7).

Leur tactique consistait à soutenir le choc ; les 8 premiers rangs croisaient la pique ; les autres rangs soutenaient les 8 premiers, la pique haute, parant ainsi les flèches et les javelots.

Ordre.

Dans la tétraphalangarchie, les 4 phalanges étaient placées en bataille, avec des intervalles de 20 pas aux ailes et de 40 pas au centre (*fig.* 8).

Dans la marche des armées grecques, les oplites étaient en tête et les peltastes en queue ; les blessés et les bagages au milieu. Les obstacles se passaient en mettant un syntagme en arrière en colonne.

Les tirailleurs, conjointement avec la cavalerie légère, éclairaient la marche.

Les camps étaient circulaires, conformation commode pour la police intérieure, mais que l'expérience a fait rejeter en prouvant qu'il était plus avantageux de camper dans l'ordre de bataille.

Les Grecs connaissaient comme nous l'usage des patrouilles et des mots d'ordre.

Application.

Pour étudier une campagne, il faut connaître la position géographique et politique des deux parties belligérantes, leur organisation ; indiquer les opérations de l'offensive et de la défensive, donner les résultats, et enfin en tirer des déductions.

EXPÉDITION D'ALEXANDRE.

Après avoir imposé son protectorat à la Grèce, Alexandre instruit son armée à l'instar des Grecs et la rend permanente ; il porte la cavalerie à 1/6 de son armée et place un oplite avec chaque cavalier ; il organise des machines portatives formant une sorte d'artillerie.

1re *campagne* (334). — Alexandre franchit les Dardanelles, s'empare du littoral de la mer Noire (affaire importante au passage du Danube). Le lit-

toral en communication avec la Macédoine lui sert
de base d'opération ; il va porter sa première ligne
d'opérations au Granique qui lui est livré après un
violent combat.

2ᵉ campagne. — Alexandre agrandit sa base
d'opérations par la soumission de toutes les colonies grecques assises sur les rivages.

3ᵉ campagne. — S'étant ainsi assuré une retraite sûre, Alexandre passe dans l'Asie-Mineure
et la Syrie, recrute des troupes, traverse le mont
Taurus, gagne la bataille d'Issus, reste huit mois
au siége de Tyr, et balance la puissance grecque
en fondant la ville d'Alexandrie. Alexandre ensuite, plus par orgueil que par nécessité, s'assure
en Arabie une domination éphémère et revient
prendre ses quartiers d'hiver en Asie-Mineure.

4ᵉ campagne. — Alexandre s'empare des vallées du Tigre et de l'Euphrate, débouche au centre de la monarchie persane. La bataille d'Ecba-
tane et la prise de cette ville le rendent maître de
tout le pays.

Cette conquête est remarquable par sa suite, sa
base solide d'opérations, ses lignes de défenses et
de communications, par l'administration grecque
qu'il établissait dans les pays conquis, par le recrutement qu'il imposait aux vaincus, enfin par
son habileté à s'assurer de ses derrières, car jamais
aucun convoi ne fut intercepté.

ART MILITAIRE CHEZ LES ROMAINS.

Système militaire.

L'organisation militaire des Romains se divise en trois époques : 1° de Servius Tullius jusqu'à la 2ᵉ guerre punique ; 2° de la 3ᵉ guerre punique jusqu'à l'Empire ; 3° du premier empereur Auguste jusqu'au dernier Romulus Augustule. Ces trois époques marquent le commencement d'un peuple, son activité et sa noblesse, puis sa grandeur, et enfin sa décadence et sa lâcheté produites par un luxe effréné qui le rend inférieur aux barbares.

1ʳᵉ ÉPOQUE.

Servius Tullius divise la population romaine en 12 tribus (chacune de 10 centuries de 200 fantassins), et en 10 décuries (chacune de 10 chevaliers). Il fallait posséder 400 drachmes pour être admis à défendre sa patrie : aussi la dernière tribu, qui était la plus pauvre, était exemptée de service; la première tribu, au contraire, ne fournissait que des chevaliers, formant un ordre intermédiaire entre le Sénat et le peuple. Les consuls étaient soumis à l'élection ainsi que les tribuns militaires; on en choisissait 14 parmi les citoyens qui avaient servi cinq ans, et dix parmi ceux qui avaient fait dix campagnes.

Au jour fixé, le peuple en état de porter les

armes, c'est-à-dire tout homme libre, de 17 à 45 ans, était réuni au Champ de Mars. Les 24 tribuns étaient divisés en 4 groupes de 6, représentant les 4 légions à recruter ; ils tiraient au sort les numéros d'ordre dans lesquels les tribus se présentaient devant eux ; ils choisissaient alors dans la tribu que le sort avait appelée la première quatre hommes, autant que possible du même âge, de même taille et de même force ; la première légion en choisissait un, la deuxième un autre, la troisième avait le choix dans les deux hommes restants ; le dernier homme revenait de droit à la quatrième légion. Chaque légion choisissait à son tour la première parmi les quatre hommes présentés, et l'incorporation continuait ainsi jusqu'à l'épuisement complet de chaque tribu. L'armée prêtait ensuite le serment d'obéissance et de fidélité, et les tribuns désignaient le jour, l'heure et le lieu où chaque légion devait se réunir. Les pauvres et les esclaves n'étaient admis dans l'armée que dans des cas très-rares. Les Romains avaient imposé à leurs alliés le même recrutement ; ils devaient leur fournir un contingent d'infanterie, au plus égal à l'armée de Rome ; mais le contingent des chevaliers devait être double de celui du nombre des chevaliers romains. On ajouta plus tard à l'armée des frondeurs espagnols et des archers crétois renommés par leur adresse ; les prolétaires composèrent l'infanterie de marine.

La discipline était très-sévère, de légères fautes

étaient punies de mort; il y avait en outre des punitions morales, ainsi vit-on, après la bataille de Bénévent, une troupe qui avait lâché pied devant l'ennemi condamnée à manger debout aux yeux de toute l'armée. Les récompenses étaient généralement morales; elles consistaient dans des couronnes *civiques*, pour avoir sauvé la vie à un citoyen; *obsidionales*, pour avoir fait lever un siége; *murales*, pour être monté le premier à l'assaut; *vallaires*, pour avoir pénétré le premier dans un camp. La couronne *ovale* se donnait aux généraux dans les petits triomphes; la couronne *triomphale* aux généraux en chef dans les triomphes. Il y avait encore des dons militaires tels que : colliers et bracelets en or ou en argent pour récompenser le courage; *vexille* ou *enseigne* pour les officiers qui s'étaient bravement conduits; la *haste* et la *haste pure*, c'est-à-dire sans fer, pour celui qui tuait un ennemi en combat singulier.

Les grades étaient temporaires et soumis à l'élection. La solde était très-faible et les dépenses nécessaires des généraux et des soldats étaient payées par le trésor de la République.

Armées actives.

Le nombre des légions était variable, une armée se composait ordinairement de deux légions romaines et de deux légions alliées. La légion romaine contenait 600 *triaires*, 1,200 *princes*, 1,200 *hastaires*; le nombre des triaires seul ne variait jamais. L'infanterie légère hors rang se composait de vélites ; ceux-ci n'arrivaient à la dignité de soldat dans le rang qu'après plusieurs campagnes ou une action d'éclat ; ils étaient armés de l'épée, de sept javelots ou hampes, de la parme (bouclier) et d'un casque en peau, dont les insignes indiquaient le mérite de chacun.

Les triaires étaient recrutés parmi les plus anciens et les plus expérimentés des princes et des hastaires ; ils étaient armés d'une pique de 10 pieds, en sus de l'armement des hastaires. Les hastaires et les princes, recrutés chez les vélites, étaient armés du *pilum* (javelot d'un mètre, dont le fer de 18 pouces ne pouvait servir qu'une fois), du *veratrum* (javeline, espèce de pieu), de l'épée, modèle espagnol, et du poignard ; ils avaient en outre un bouclier convexe, de 2 pieds de long sur 20 pouces de large, dont les rebords étaient en fer et dont le centre de la convexité était armé d'une pointe en fer, reposant sur une plaque ovale de même métal ; un garde-cœur ou cuirasse en airain, un casque du même métal, et enfin l'*ocrea* (bottine garnie de fer qui protégeait la jambe droite).

La cavalerie était armée comme les triaires.

L'unité de force des hastaires et des princes était le *manipule*, de 120 hommes de front sur 10 de profondeur ; chaque homme occupait 6 pieds carrés, à moins qu'on ne se serrât pour résister à la cavalerie. Le manipule était commandé par un centurion placé à la droite, un second se tenait à la gauche ; les obsidiaires étaient sur les flancs, ainsi que les décurions et autres sous-officiers.

L'unité de force des triaires était le *manipule* de 6 hommes de front sur 10 de profondeur. Cette unité de force avait les inconvénients d'être trop faible, car elle présentait un très-grand nombre de flancs ; ces désavantages étaient compensés par la mobilité.

L'unité de force de la cavalerie était le *turme* (32 cavaliers).

10 manipules des trois armes formaient la légion ; il leur était adjoint 320 cavaliers ou 10 turmes. Les manipules étaient commandés de la droite à la gauche, par les plus anciens centurions ; la légion était commandée généralement par les tribuns. Le général en chef était dictateur, consul ou préteur. Les lieutenants généraux s'appelaient légats ; les questeurs remplissaient les fonctions de chef d'état-major et veillaient à l'intendance.

Dans toutes formations, les légions étaient formées par manipules. L'ordre de bataille était sur 3 lignes disposées en quinconces ; la première ligne était formée de 10 manipules de hastaires ; la seconde de 10 manipules de princes, et la troisième de 10 manipules de triaires. Il n'était dérogé à cet ordre que dans une formation de résistance contre la cavalerie, et, dans ce cas seul, les triaires, armés de piques, formaient la première ligne (*fig.* 9).

La cavalerie se plaçait par turmes de 8 hommes de front sur 4 de profondeur placés en arrière des trois lignes, dont l'ensemble s'appelait généralement *phalange*.

Cette phalange étant essentiellement mobile, permettait des changements de lignes et donnait une triple succession d'efforts, car la dernière ligne était une réserve d'élite; l'intervalle entre chaque manipule en bataille était de 360 pieds; la distance entre la première et la seconde ligne de 180 pieds; enfin la distance était la même entre la seconde et la troisième ligne.

Les vélites, dans l'action, pouvaient s'engager dans les intervalles. Généralement les vélites commençaient le combat les premiers, puis les hastaires volaient à leurs secours; les triaires restaient en place, un genou en terre et la pique basse, prêts à rallier les fuyards et à protéger les blessés; cette troisième ligne ne donnait que lorsque les deux premières n'avaient pu enfoncer l'ennemi. Après la victoire, la cavalerie poursuivait les fuyards, en passant par les intervalles.

Dans les marches, le soldat romain portait, outre ses armes, quinze jours de vivres, deux gros pieux de palissades et des ustensiles de cuisine; sept à huit lieues formaient le *justum iter* (étape ordinaire).

2e ÉPOQUE.

Marius s'aperçoit que l'unité de force ou manipule est trop faible ; il compose avec trois manipules de différentes armes une nouvelle unité de force qu'il appelle *cohorte*, et forme son armée sur deux lignes de 10 cohortes chacune. Plus tard, César revient à la formation sur trois lignes, plaçant huit cohortes à la première et à la seconde, et quatre à la dernière. Le pilum des hommes de la première ligne fut remplacé sous Marius, après la guerre contre Jugurtha, par la pique de 10 pieds de long.

L'artillerie date de la guerre contre les Parthes, car c'est à cette époque qu'on attacha aux armées des balistes, des catapultes, des tours roulantes, des béliers, etc.

Après la guerre contre Pyrrhus, les camps furent définitivement organisés ; ils étaient de forme carrée, protégés par le remblai du fossé (*fig.* 10); ce remblai était rempli, à 8 pouces de terre, de clayonnage sur lequel reposaient au milieu les piquets de palissade portés par les soldats ; à chaque coin se trouvait une tour faisant saillie, en bois ou en pierre, quand les camps étaient permanents. Le camp était divisé en deux parties par la rue qui joignait les deux portes principales; la rue qui menait de la porte prétorienne à la porte décumane, divisait l'infanterie ainsi que le terrain de l'administration du camp de la cavale-

3

rie; les légions campaient à 35 toises du remblai, les rues avaient 9 toises de largeur. Les légions romaines occupaient le centre du camp; les légions alliées, les côtés; le terrain d'administration renfermait les bagages et les blessés; il servait de place de ralliement et l'on y distribuait le pain (*fig.* 11).

On procédait à l'attaque d'un camp ou d'une ville de trois manières :

1° Une place s'enlevait d'emblée par escalade, les soldats plaçant leurs boucliers au-dessus de leurs têtes et formant ainsi un plancher résistant, appelé *tortue ;*

2° Pour l'attaque pied à pied, on formait d'abord des lignes de contrevallation et de circonvallation pour empêcher tout secours d'hommes, de vivres ou de munitions; on ouvrait ensuite des tranchées qui se dirigeaient en ligne droite sur le point d'attaque ou rempart; les travailleurs étaient protégés dans ce travail, par des toits en bois convexes, enduits de peaux fraîches qui les préservaient du feu. Arrivés au rempart, la mine ou le bélier le faisait crouler; si ces deux moyens ne réussissaient pas, on pénétrait dans la place au moyen de tours en bois, plus élevées que les remparts, et d'où tombaient de larges ponts qui donnaient accès dans la place ;

3° Enfin, l'attaque mixte était la plus souvent suivie ; elle consistait à s'approcher de la place, à forcer l'assiégé à abandonner le point d'attaque

PLANCHE 2.me

Fig. 11.

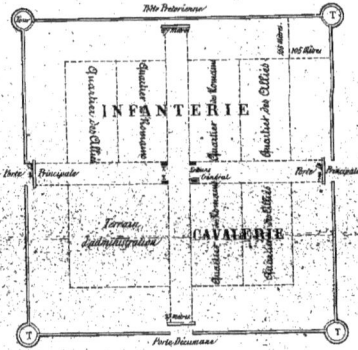

Fig. 15.

Formation d'un Bataillon.

Fig. 12.

Bataille d'Arques.

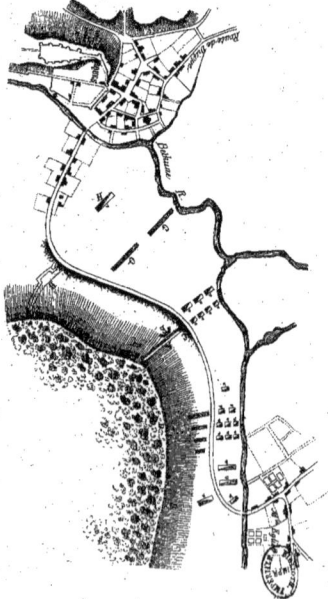

en le couvrant d'innombrables flèches, pierres, javelots, etc., et alors, protégé par des tortues, on montait à l'assaut.

Dans les camps, comme dans les villes de guerre, existait un service de patrouilles, de grandes et de petites gardes, et on se reconnaissait au moyen d'un mot d'ordre. L'appel était fait deux fois par jour, et tout homme, assez éloigné de son corps pour ne pas entendre le son de la trompette, était considéré comme déserteur.

3ᵉ ÉPOQUE.

A la République succède l'Empire. Avec les républicains disparurent des armées l'amour de la patrie, le courage et la discipline. C'est principalement à dater de la défaite de Varus par Arminius, que l'armée ne fut guère qu'une agglomération d'hommes sans condition morale. Les prolétaires, les mercenaires et même les esclaves y abondent. Les armes défensives, trop pesantes pour ces bras énervés sont rejetées. La formation légionnaire, si bonne dans l'attaque, est abandonnée pour la phalangeaire plus propre à la défense. Des cohortes milliaires ou d'élite son tinstituées pour flanquer les lignes de ces cohortes dégénérées. Elles sont composées de 120 hommes armés de toutes pièces. Ce fut Adrien qui les forma. Enfin, Constantin porte le dernier coup à l'armée. Les légions permanentes sont divisées en deux parties, l'une, les cohortes prétoriennes défendent l'intérieur et sont accablées de priviléges ; l'autre, le rebut, défend la frontière, et les barbares, admis dans ses rangs, y apprennent à lutter avec avantage contre Rome.

Pour des troupes énervées et sans courage, il faut un grand renfort d'artillerie ; aussi, chaque cohorte possède ses machines dont il suffira de les séparer pour les vaincre sûrement. La formation des cohortes est indéterminée, et l'ordre a quelquefois cinq lignes de profondeur. A la première ligne, les oplites, à la seconde, les archers cuirassés, à la troisième, les vélites sans armes défensives et souvent cinq de file ; à la quatrième ligne, une baliste soutenue par un rang de triaires ; et à la cinquième, une catapulte soutenue par plusieurs rangs de vélites dispersés en tirailleurs.

On voit facilement combien cet ordre était peu propre à l'attaque comme à la défense : car, une fois le premier rang, qui était le meilleur, rompu, c'en était fait de la cohorte.

Dans l'ordre de bataille, les cohortes ainsi formées étaient généralement placées en échiquier.

Application :

CAMPAGNE D'ANNIBAL EN ITALIE.

La première guerre punique ayant détruit les flottes de Carthage, Annibal ne pouvait passer en Italie par mer. Il va donc en Espagne, qu'il soumet dans une campagne préliminaire, et s'empare de Sagonte, principale alliée de Rome. Il recrute dans ce pays une excellente infanterie espagnole, et s'assure des intelligences chez les Gaulois du midi de l'Italie, ainsi que chez les Samnites, irrités également contre le joug romain. L'année suivante, il commence sa campagne avec une infanterie d'élite, formée par ses vieilles bandes qui avaient fait avec lui les campagnes d'Afrique, et qui étaient armées et disciplinées comme celles des Romains. Il avait ensuite une nombreuse infanterie espagnole, une cavalerie légère numide, très-supérieure, et enfin 70 éléphants.

Annibal débouche par Perpignan, traverse les Gaules et arrive au Rhône. Une armée romaine l'attend près de Marseille pour lui intercepter le passage. Les habitants de la Provence sont dévoués aux Romains ; un passage de vive force est nécessaire ; à cet effet, il fait une démonstration devant Montélimart, et y occupe les Gaulois, pendant qu'une forte avant-garde, composée d'infanterie et de cavalerie, passe le Rhône au bourg Saint-Andéol, et vient prendre les Gaulois par derrière. A la faveur de ce mouvement, Annibal passe le fleuve sur des bateaux et des radeaux. L'armée romaine, voyant son but manqué, repasse en Italie. Annibal descend alors dans le bassin de la Durance, qu'il remonte jusqu'au mont Genèvre. Le passage de ce mont, défendu par les montagnards gaulois, est d'une difficulté immense ; la moitié de l'armée et les éléphants y périrent. Enfin, Annibal arrive dans la vallée du Pô, où les Gaulois l'accueillent avec joie. Une victoire est nécessaire pour raffermir leurs bonnes dispositions et conquérir les lignes d'opérations du Tésin et de la Trébia. La bataille de la Trébia lui procure ces lignes, ainsi que l'occupation du point objectif secondaire, qui est la ville de Plaisance. Aussitôt les Gaulois s'insurgent, Annibal recrute son armée parmi eux, et la porte à 80,000 hommes. Annibal, s'appuyant sur le Pô, comme base d'opérations, voit s'ouvrir deux routes devant lui pour parvenir à Rome; l'une par Rimini, en longeant la mer Adriatique, l'autre par Aresso, en suivant la mer de Sicile, toutes deux défendues par des armées romaines. Annibal ne prend ni l'une ni l'autre, se fraie un passage à travers des marais impraticables, tourne l'armée romaine campée près d'Aresso, et la force, pour retourner à Rome, de passer par le défilé du lac de Trasymène, l'imprudent Flaminius s'y engage, Annibal l'écrase et marche sur Rome. La République lui oppose alors Fabius, ce général prudent et habile, n'osant, avec des troupes découragées, livrer une bataille, fait une guerre de position, dans laquelle de petites escarmouches, où il est souvent vainqueur, raniment la confiance de ses soldats. Annibal poursuit sa marche jusqu'au sud de l'Italie, s'appuyant sur le Volturne comme base d'opération, appuie l'insurrection des Samnites, et fait de Capoue un lieu de refuge et un magasin d'approvisionnement. Une ruse d'Annibal fait destituer Fabius, Varron et Paul Emile, avec une armée double consulaire, le remplacent et veulent s'emparer du port de Cannes, par lequel Annibal communiquait avec Carthage, mais ils sont mis dans une déroute complète, et de 80,000 Romains, 40,000 et Paul Emile restent sur la place. Varron se sauve à Rome avec quelques escadrons.

Annibal retourne à Capoue, assiége Nole, afin d'établir une ligne de communication avec Naples, et insurge tout le sud de l'Italie. Il attendra dans cette position des secours de Carthage, pour défaire la dernière armée romaine, et marchera ensuite sur Rome épuisée, pour anéantir toute sa puissance.

Napoléon et d'autres commentateurs se sont donc peut-être trompés en trouvant qu'Annibal avait commis une faute en ne marchant pas immédiatement sur Rome après sa victoire, car de Cannes à Rome il y a dix-sept étapes, et Rome avait encore bien des ressources dans elle-même et dans son désespoir.

Le sénat organise aussitôt de nouvelles armées auxquelles il donne l'ordre d'agir dans le système de Fabius; l'une contient Annibal, l'autre poursuit ses alliés.

Pendant ce temps, le parti d'Annibal est écrasé dans le sénat de Carthage, sa patrie ne lui envoie aucun renfort; forcé de toutes parts, Annibal est contraint de se retirer, de laisser assiéger Capoue, et de perdre son influence dominatrice.

Enfin, Asdrubal arrive pour opérer sa jonction avec Annibal, son frère; l'armée romaine qui poursuit Annibal les sépare. Le général qui la commande fait secrètement sa jonction avec l'autre général romain qui contenait Asdrubal, et cache sa marche en l'exécutant rapidement de nuit dans des chariots.

Deux jours après, la tête d'Asdrubal, jetée dans le camp des Carthaginois, apprend à leur chef et la ruse des Romains et la perte de ses espérances. Annibal en proie au désespoir exécute une habile retraite, et ne retourne à Carthage qu'aux cris de sa patrie, menacée par Scipion. La bataille de Zama, qu'il perd, met fin aux campagnes de ce grand maître, qui avait occupé 16 ans l'Italie, et s'était montré aussi bon diplomate que grand tacticien.

Ces campagnes sont remarquables par la marche régulière, le bon choix des bases d'opération, des lignes d'opérations et de défenses, et enfin par le choix des lieux de refuge. Annibal, dans son mouvement circulaire, avec Fabius, autour de Rome, prêtait à la vérité le flanc à l'ennemi, mais cette position n'avait pas de grands inconvénients, dans ces temps où les armées n'étaient pas embarrassées par de lourds bagages.

BATAILLE DE PHARSALES.

La bataille de Pharsales est le plus beau fleuron de la couronne militaire de César, car ce

général y eut à combattre non des Gaulois indisciplinés, mais l'armée de Pompée, qui possédait la
même tactique que la sienne.

Le champ de bataille est une plaine; les deux
armées sont placées en échiquier vis-à-vis l'une
de l'autre; la cavalerie occupe les ailes dans les
deux armées.

La cavalerie engage le combat; celle de Pompée est mise en complète déroute et forcée de fuir
du champ de bataille. César, pour être le plus
fort sur le point d'attaque rassemble sur son flanc
droit sa vieille infanterie revenue des Gaules et la
dispose en potence. Le flanc gauche de Pompée
est percé; et son armée est prise à revers pendant que la cavalerie de César, revenue de la
poursuite, la chargeait en queue; la victoire est
complète et donne à César le sceptre du monde.

IIe ÉPOQUE.

Les Francs au moyen âge.

Les temps de la féodalité commencent en France après Charlemagne; les seigneurs conduisent
leurs vassaux à la guerre et sont leurs chefs civils
et militaires. Les bourgeois et les serfs composent
l'infanterie. La cavalerie, de beaucoup supérieure
en nombre, est composée de tous les possesseurs
de fiefs et des chevaliers avec leurs écuyers.

Pour être chevalier, il fallait être noble et avoir accompli un beau fait d'armes ; chacun d'eux ne marchait qu'accompagné d'un nombre indéterminé d'écuyers. Leurs armes défensives étaient le bouclier, le casque, le heaume, le haubert, la cuirasse, les brassards et les cuissards. Les armes offensives étaient l'épée, la hache et la masse d'armes. Les chevaux sont aussi impénétrables que leurs maîtres, et l'infanterie ne peut rien contre cette cavalerie bardée de fer ; seuls, les archers crétois peuvent percer cette armure avec leurs redoutables flèches lancées par des arcs de six pieds.

La tactique est presque nulle ; les combats sont des séries de duels personnels, et la chevalerie ne produit que la bravoure et un grand développement de forces morales.

Les croisades ne font faire aucun pas à la tactique ni à l'art polyarcétique, qui n'est qu'un renouvellement des méthodes romaines.

IIIᵉ ÉPOQUE.

Français aux guerres de religion.

La poudre est inventée, et avec elle les différentes arquebuses, les mousquets et les canons.

Système militaire.

La cavalerie va diminuer ; l'infanterie, dont le

tir est plus certain, verra tripler son nombre, se couvrira des obstacles naturels et deviendra l'arme essentielle des batailles.

En 1559, le duc de Guise réunit des bandes d'enrôlés et de mercenaires, sans chefs avoués et sans discipline ; il en forme 4 régiments qui tirent leur nom des provinces où ils furent organisés, ce sont les régiments de Navarre, de Champagne, de Piémont et de Picardie. Ces régiments sont divisés en bataillons, dont le nombre et le front étaient variables, mais qui dans la formation étaient toujours sur 2 rangs de profondeur. La distance entre les rangs était de deux pieds. Les soldats étaient armés de piques ou de hallebardes et de mousquets ; les officiers, de la lance. Les soldats s'appelaient piquiers, hallebardiers ou mousquetaires, suivant l'arme qu'ils portaient. Les piquiers, outre la pique de 14 pieds de long qu'ils portaient, étaient revêtus en outre de cuirasses, de brassards, de cuissards, etc. ; les mousquetaires portaient l'arquebuse à croc, ou le canon à main, l'arquebuse proprement dite ou enfin le mousquet espagnol. Les officiers avaient leurs places de bataille sur le front des bataillons. Chaque bataillon était commandé par un capitaine, un lieutenant, un centenier et un enseigne. Ils avaient sous leurs ordres 2 sergents, 2 caporaux et des anspessades, ces derniers, recrutés parmi les plus braves soldats peuvent être assimilés, pour le grade, à nos caporaux actuels. Les piquiers occupaient le centre de la for-

mation et les mousquetaires, les ailes. Pour exécuter les feux, tous les mousquetaires mettaient un
genou en terre, à l'exception du dixième rang qui
faisait feu, demi-tour et chargeait son arme en 92
temps; aussitôt le neuvième rang se levait, faisait
feu et chargeait. Les feux se continuaient ainsi
jusqu'au premier rang. Pendant les feux, les piquiers, sortis du centre et déployés sur les ailes,
les fraisaient de piques, le premier rang, genou
en terre, et les autres rangs, les piques inclinées en
avant, le bout posant à terre. Un grand nombre de
mousquetaires étaient aussi déployés en tirailleurs,
et s'appelaient enfants perdus.

Le duc de Guise organise la cavalerie avec
les restes des gendarmes (*gens d'armes*) de Charles VII, qu'il forme en escadrons. Les cavaliers
étaient armés défensivement de toutes pièces;
leurs armes offensives étaient l'épée et la lance.
Cette dernière ne fut abandonnée qu'après la mort
de Henri II tué dans un tournoi par la lance de
Montgomméry. La cavalerie était formée sur quatre rangs, ayant entre eux une distance de 40 pas.
Chaque escadron était commandé par un capitaine, un lieutenant et un guidon, armés de toutes
pièces.

C'est à dater de cette époque qu'on s'aperçoit
du dépérissement de la race chevaline en France,
et la grosse cavalerie diminue, tandis que la cavalerie légère augmente et s'organise. Les chevaux
étant plus légers, les cavaliers ne conservent que

le casque et la cuirasse et sont armés de l'arquebuse à rouet ou du pistolet.

Sous Henri IV, la cavalerie se compose de reîtres (grosse cavalerie), de carabins (cavalerie de
ligne) et d'argoulets (cavalerie légère).

Les reîtres se formaient en escadrons sur 20 à
30 rangs de profondeur et exécutaient leurs feux
successivement, en commençant par le premier
rang, qui allait recharger son arme derrière le
dernier. Les carabins avaient la même formation. Les argoulets étaient les enfants perdus de
la cavalerie.

L'artillerie ne date guère, en France, que de
Louis XI. Les pièces sont lourdes et changent difficilement de place. L'artillerie de campagne,
composée de couleuvrines, de serpentines, de ba-
silics et de scorpions, était surtout défectueuse
par son peu de mobilité, qu'elle n'acquit qu'un
moment sous Charles VII, sans que plus tard
François Ier sût la lui rendre. Aux guerres de re-
ligion il ne paraît plus sur les champs de bataille que des fauconneaux.

Les armées sont commandées par un chef politique qui peut être d'un grade ordinaire; ainsi,
le duc de Guise, général en chef, n'était qu'un simple capitaine. Cependant, nous voyons des créa-
tions successives de connétables, de maréchaux
de France, de mestres de camp, remplissant les
fonctions d'officiers supérieurs, des sergents de
bataille faisant les fonctions d'adjudants-ma-

jors, et enfin des colonels généraux d'infanterie et de cavalerie.

Les Français adoptèrent les derniers les armes à feu qui donnaient une atteinte mortelle à la chevalerie, mais les premiers ils reconnurent les modifications que devait apporter l'introduction de cette arme dans les ordres de bataille et dans les combats.

Généralement l'armée se divisait en trois corps. La première ligne ou avant-garde, la seconde ligne ou corps de bataille, et la troisième ligne d'élite, arrière-garde ou réserve. Les piquiers occupaient le centre des trois lignes, les mousquetaires, les ailes et toutes les positions de terrain favorables à la défense.

Ces trois lignes agissent par succession d'efforts, se ralliant mutuellement ; c'est la première fois que nous voyons, depuis les Romains, des troupes culbutées se reformer et revenir à la charge.

La cavalerie ignore que le vrai principe de son institution est le choc, et conséquemment ne produit-elle que des tirs à peu près nuls ; aussi, quand elle est commandée par de bons capitaines, combat-elle à l'arme blanche.

Les marches, sous Coligny, se font avec assez de rapidité ; on a vu des troupes faire 20 lieues en 24 heures. Dans la marche, l'ordre de bataille est conservé, mais la plupart du temps on campe avec fort peu de précaution.

Application:

BATAILLE D'ARQUES (1589).

Henri IV évite de se faire renfermer dans Dieppe et va attendre Mayenne à une lieue et demie de cette ville, à Arques. Cette position, déjà respectable par la protection qu'elle tirait du village et du château d'Arques, où il y avait du canon, fut encore renforcée par deux retranchements, l'un (A) (*fig.* 12) s'étendait en ligne droite depuis la chapelle (C) qui lui servait de réduit et de flanc, jusqu'à la colline (D) boisée, et dont la pente était inaccessible à la cavalerie; l'autre (B) était appuyé d'un côté à une forte haie qui bordait le chemin d'Arques à Martin-l'Eglise et de l'autre à la colline dont nous avons parlé; il était tracé en forme de front bastionné; une sorte de cavalier fut élevé en arrière du premier retranchement et supportait quatre pièces de canon.

A l'exception du corps de réserve, à la disposition immédiate d'Henri IV, toute sa cavalerie, consistant en 300 chevaux, occupait, par escadrons, sur six rangs de profondeur, l'espace compris entre la chapelle et le ruisseau de Martin-l'Eglise. L'infanterie et les lansquenets occupaient les premiers retranchements, les Suisses le deuxième ainsi que le terrain compris entre la Béthune et le chemin. Ils étaient sous le commandement de Biron ; ainsi, la supériorité numérique de Mayenne était anulée, car c'est de la valeur des têtes de colonnes que dépendra la victoire.

Mayenne entasse ses escadrons dans le terrain rétréci entre le chemin et le ruisseau de Martin-l'Eglise, et il dispose son infanterie de l'autre côté.

Henri IV, dont la cavalerie est beaucoup moins nombreuse que celle de Mayenne commet la faute d'envoyer ses escadrons en avant ; ils sont repoussés avec pertes et désordre et sont forcés de se retirer derrière le corps des Suisses ; en même temps, l'infanterie de Mayenne composée des mêmes hommes et des mêmes lansquenets que celle de Henri IV, s'introduit dans le premier retranchement aux cris de : *Vive le Roi*. On ne s'aperçoit de leur ruse qu'au massacre qui s'ensuivit. Henri IV fait replier son infanterie sur le second retranchement, où il attend Chatillon, gouverneur de Dieppe qui, au bruit du combat, arrive à son secours avec 400 arquebusiers. Avec ce renfort, le roi reprend l'offensive, chasse l'ennemi du premier retranchement et une dernière charge force Mayenne à battre en retraite. La manière dont ce terrain a été habilement occupé est remarquable ; chaque arme, en effet, possède celui qui lui est propre, le front est protégé, les derrières ne courent aucun risque, enfin un pont sur la Béthune lui assure sa retraite ; les flancs qui sont les parties faibles sont parfaitement adossés, la concep-

tion de l'ordre de bataille, où les têtes de colonnes
égalisent le nombre, est admirable. Enfin, il nous
reste à citer l'exemple honorable de Chatillon,
exemple qui, s'il avait été toujours suivi, aurait
épargné de grandes douleurs à la France.

IVᵉ ÉPOQUE.

Ecole allemande et française. — Guerre de Trente-Ans.

La guerre de Trente-Ans est une lutte à la fois
politique et religieuse, entre l'empereur et les seigneurs, les catholiques impériaux et les protestants,
sous le protectorat d'abord, dans la période pala-
tine, de Christian IV, et puis dans la période de
Gustave-Adolphe : c'est cette dernière seule que
nous allons considérer dans ses rapports avec l'art
et l'histoire militaire.

Système militaire.

L'armée impériale allemande est divisée en
régiments de 3,000 hommes, composés moitié de
piquiers, moitié de mousquetaires. Le piquier est
armé de toutes pièces ; le mousquetaire, outre son
mousquet, portait encore une fourche de 4 pieds
de hauteur, dont il se servait pour appuyer son
arme dans les feux ; ils se forment généralement
sur huit à dix rangs de profondeur.

4

La cavalerie était composée de lourds cavaliers; hommes et chevaux étaient cuirassés; ils se divisaient en régiments de chevau-légers, armés du casque et de la cuirasse; en Croates, avec le casque seulement, et enfin en Hongrois, qui formaient avec eux une cavalerie essentiellement lourde et peu mobile.

L'artillerie n'était composée que de pièces de siéges, lourdes et difficilement maniables; aussi, leurs armées étaient plus propres à soutenir un choc qu'à le donner.

Gustave-Adolphe sut prendre un juste-milieu et donner à ses troupes la mobilité sans en exclure la force; il les discipline sévèrement et exige même de ses soldats des habitudes de piété qui devaient les faire accueillir par les populations plutôt que les armées impériales, avides, sans frein et sans discipline. L'avancement a lieu au choix et à l'ancienneté; nul ne peut devenir officier s'il n'a déjà servi comme soldat, et il crée des écoles militaires d'où l'on sort sous-officier, après avoir appris toutes les connaissances nécessaires au grade supérieur, auquel le mérite fera parvenir.

La pique de 14 pieds, faite d'un bois moins pesant est armée d'un fer plus long et réduite à 8 pieds de longueur; le mousquet, rendu plus léger, peut se tirer sans fourchette; enfin, Gustave-Adolphe invente les cartouches, et rend ainsi la charge beaucoup plus facile. La diminution de longueur des piques réduit la formation à six rangs de pro-

Fig. 13. Brigade

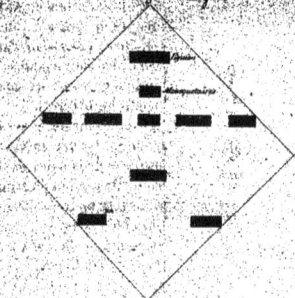

Fig. 14.
Ordre de Bataille sur 2 lignes

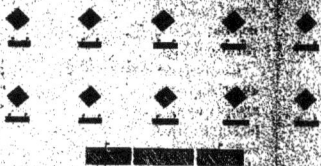

Fig. 16.
(Bataille de Nordlingue)

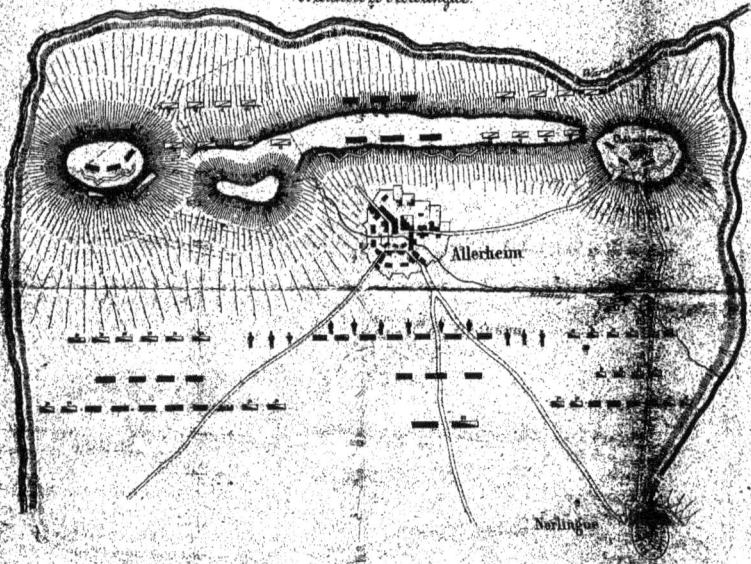

Allerheim

Nordlingue

fondeur. L'unité de force est le régiment composé de huit compagnies ; deux ou trois régiments formaient une brigade : chaque compagnie étant de 126 hommes. L'ordre en bataille était un carré qui présentait l'angle à l'ennemi ; formation avantageuse pour la résistance et la mobilité (*fig.* 13). Quelquefois la brigade, au lieu d'être disposée en carré, formait un redan, l'angle tourné vers l'ennemi ; cet ordre était modifié à l'instant du combat : les mousquetaires se divisaient en deux parties et flanquaient les piquiers.

La cavalerie n'est plus formée que sur quatre et enfin sur trois rangs. La grosse cavalerie n'est armée que du casque et de la cuirasse ; les chevau-légers ou cavalerie de ligne n'ont plus que le casque; enfin, la cavalerie légère ou irrégulière ne possède plus que des armes offensives.

L'artillerie se compose de pièces légères en cuivre et des pièces du calibre de quatre. Gustave-Adolphe attache quatre de ces dernières à chaque brigade.

Gustave-Adolphe emploie ainsi le système des contraires, car il oppose à une armée très-nombreuse et très-résistante, une armée excessivement mobile et légère, ce qui lui permet de devancer les Impériaux dans l'occupation de positions importantes, et lorsqu'il aura été prévenu, de tourner la position occupée.

L'ordre en bataille est par brigades continues ou sur deux lignes. Chaque brigade possède der-

4.

rière elle une réserve de cuirassiers et de mousquetaires ; la cavalerie occupe les ailes ; enfin, une réserve générale de cuirassiers et de chevau-légers occupait le centre derrière l'armée. L'artillerie était souvent masquée en bataille derrière les brigades (*fig.* 14).

Les marches s'exécutent très-rapidement, car Gustave-Adolphe a pour principe que la guerre alimente la guerre, et un système de réquisitions fournit à l'armée ce qui lui est nécessaire ; il dégage ainsi son armée de beaucoup *d'impedimenta*.

La tactique ne fait point de progrès à cette époque, car les deux armées ennemies s'engagent toujours parallèlement sur tout le front de bataille, comme le prouvent les batailles de Bretenfeld et de Lutzen. Il faut pourtant louer Gustave-Adolphe lors de sa guerre contre l'Allemagne, où il montre de rares talents, dont une mort funeste arrête promptement le cours pour le bonheur de l'Autriche.

Turenne et Condé sont à la tête de l'école française. Condé joignait à de brillantes inspirations sur le champ de bataille, un courage chevaleresque, il mettait souvent en pratique cet axiome : que le plus court chemin d'un point à un autre est la ligne droite, principe dont Turenne lui démontre la fausseté devant Fribourg, où il force l'armée impériale, que Condé n'avait pu entamer, à quitter sa position, tournée par ses manœuvres savantes.

Turenne, connaissait à fond la tactique ; il ne
négligeait aucun détail relatif aux armes, aux
formations, aux équipements, etc. Ennemi des
abus, sévère et doux en même temps, il réorganise l'armée et donne son nom à cette époque. L'armée était composée du corps des gardes françaises, formé de vieux soldats et d'engagés volontaires, qui sortent de là comme
officiers dans les autres corps de l'armée ; la réserve dans les batailles se composait de la maison
du roi, formée de quatre compagnies de 300 chevaux, dix de gardes du corps, une compagnie de
300 chevau-légers, une compagnie de 300 gendarmes, et enfin une compagnie de au moins 300
mousquetaires, qui servaient aussi aux engagés
volontaires d'école pour passer officiers. Le bataillon était divisé en trois parties, le corps de
bataillon, la manche de droite et la manche de
gauche ; le corps de bataillon était occupé par les
piquiers, et les manches par les mousquetaires.
Chaque bataillon était commandé par un mestre
de camp, et par des officiers et sous-officiers sous
ses ordres. Dans la formation en bataille, le
plus ancien mestre de camp ainsi que les plus
anciens officiers commandaient les bataillons de
la droite à la gauche, ce qui faisait qu'un mestre
de camp ne connaissait ni ses officiers, ni sa troupe ;
il en arrivait de même aux autres officiers. Ce ne
fut que vers la fin de sa carrière que Turenne par-
vint à abolir cet usage.

La cavalerie, sous Turenne, ne possède plus qu'un seul régiment de cuirassiers. Chaque régiment de cavalerie est divisé en douze compagnies de 50 hommes, commandées par un capitaine ayant sous ses ordres un lieutenant, un sous-lieutenant et trois maréchaux des logis. L'escadron est de trois compagnies ; un adjudant-major y est attaché ainsi que deux aides-majors. La distance entre les rangs est de six pas, et Condé, le premier, enseigne à cette arme, la charge au galop.

L'artillerie était composée d'une multitude de pièces de différents calibres, ce qui nécessitait un grand nombre de munitions différentes ; l'artillerie, du reste, ne formait pas encore un corps à part.

La discipline était très-relâchée ; le soldat ne devait obéissance qu'aux chefs de son régiment, et la différence des grades n'était pas encore bien marquée.

Le général en chef avait sous ses ordres des lieutenants généraux et des maréchaux de camp pour tous les détails du service d'état-major ; ce service se faisait par jour et roulait sur tous les lieutenants généraux de l'armée. Ce ne fut que plus tard que Turenne abolit cet état de choses, qui pouvait permettre au lieutenant général le moins habile d'être de service un jour de bataille. En conséquence, Turenne les attache à des divisions pour toute la durée de la campagne.

BATAILLE DE NORDLINGUE (1645).

Le terrain où se livre la bataille de Nordlingue
(*fig.* 16) est borné au nord et à l'ouest par la
Wardnitz, à l'est par l'Eger, qui passe à Nordlingue
avant de se jeter dans la Wardnitz ; ces deux
rivières sont encaissées ; un mouvement de terrain
demi-circulaire occupe au nord l'espace compris
entre l'Eger et la Wardnitz ; à droite et à gauche
de ce mouvement se trouvent deux monticules :
l'un le Weimberg, l'autre le château d'Allerheim ;
le village d'Allerheim, fortifié, se trouve au centre
du mouvement de terrain, dont Mercy avait fait
couronner le plateau de retranchements ; un petit
ruisseau, partout guéable, s'échappe d'Allerheim
et va se jeter dans l'Eger.

Mercy occupait le Weimberg, qui n'était pas
accessible à la cavalerie, avec deux régiments d'infanterie ; sur la pente, il avait placé deux corps de
cavalerie, l'un de cinq et l'autre de dix escadrons.
Le village d'Allerheim était défendu par de l'infanterie ; six bataillons occupaient le derrière du
village, et deux corps de huit escadrons la gauche
et la droite de cette troupe, dont le front était
couvert par des retranchements où Mercy avait
établi son artillerie.

Mercy commande le centre, et les généraux
Jean de Vert la gauche, et Gleen la droite.

L'armée française était ainsi disposée : Condé
au centre, vis-à-vis Allerheim, avec, en première
ligne, sept bataillons d'infanterie, trois bataillons
en seconde ligne, et, en troisième ligne, la réserve
composée d'infanterie et d'une partie de la maison
du roi. L'aile gauche, commandée par Turenne,
compte en première ligne six escadrons, quatre
bataillons en seconde ligne, et sa troisième ligne
est composée de six bataillons et de quatre escadrons.
L'aile droite, commandée par Grammont, compte
en première ligne six escadrons, en deuxième ligne
quatre escadrons, et sa réserve, en troisième ligne,
est de quatre bataillons et de quatre escadrons.

L'artillerie occupe le front de Condé et les intervalles compris entre les ailes et le centre.

Cet ordre est essentiellement logique, car l'ennemi occupe une position très-forte, qui ne peut
être enlevée que par une succession d'efforts, et
des réserves importantes sont nécessaires.

La bataille commence par des engagements de
tirailleurs qui protégent les reconnaissances. Le
général envoyé par Grammont annonce que le
petit ruisseau d'Allerheim n'est pas guéable, et,
se croyant à l'abri de toute attaque, Grammont,
trompé par ce rapport, néglige toutes précautions.
Condé commence l'action par l'attaque du village
d'Allerheim, où ses troupes pénètrent sans pouvoir
s'y maintenir. Un feu terrible détruit son infanterie, qui n'était pas appuyée par une artillerie
assez nombreuse. Le comte de Mercy est tué dans

ce combat. Pendant ce temps, Jean de Vert passe
le ruisseau et fond sur l'aile gauche de Grammont,
auquel la surprise ne permet pas de se défendre,
et il est forcé de fuir à plus de deux lieues du
champ de bataille ; Jean de Vert commet la faute
de le poursuivre.

Condé, battu au centre, va joindre Turenne, et
tous deux, bravant les feux de flancs d'Allerheim,
s'avancent sur le Weimberg, s'emparent de la position des batteries du général Gleen, et font ensemble un changement de front par le flanc droit,
pour tomber sur le centre des Bavarois, qu'ils
attaquent avec vigueur. Jean de Vert, instruit de
l'état des choses, revient de sa poursuite, et, au
lieu de marcher droit à Turenne, va d'abord à son
poste et y exécute un changement de front qui lui
fait perdre un temps précieux, pendant lequel
non-seulement le centre a été violemment repoussé, mais encore l'infanterie du village, se
croyant cernée, a capitulé. Dès lors, la victoire ne
peut plus être disputée, et Jean de Vert se retire.

Le prince de Condé eut tort d'attaquer de front,
sans une artillerie assez nombreuse, une infanterie aussi bien retranchée ; mais il doit être loué
pour n'avoir pas désespéré de la bataille, et avoir
joint ses efforts à ceux de Turenne. La victoire fut
restée aux Bavarois si Jean de Vert, au lieu de
poursuivre si loin la cavalerie de Grammont, l'eût
seulement maintenue avec la moitié de ses forces
hors du champ de bataille. Il commit une seconde

faute par manque d'audace en allant faire un cro-
chet pour changer de front, ce qui lui fait perdre
une demi-heure ; car il eût été vainqueur s'il
fût venu se mettre immédiatement à la tête du
centre, privé de son chef par la mort de Mercy.
Enfin il pouvait encore disputer la victoire, si
l'infanterie d'Allerheim, s'assimilant mal à pro-
pos à une garnison de place forte, n'avait pas
honteusement capitulé, comme son code le lui
permettait à la vérité, mais comme l'honneur le
lui défendait.

COMBAT DE BLENAU.

Le maréchal d'Hocquincourt vient d'être battu ;
Turenne, pour sauver son armée, doit s'opposer
avec 4,000 homme à Condé qui les poursuit,
ayant 12,000 hommes sous ses ordres. Turenne
doit donc prendre une position qui n'engage que
les têtes de colonnes ; en conséquence, il se place,
après plusieurs reconnaissances, dans le terrain
près de Blénau, dont il fait un défilé, et dont il
occupe l'intérieur et l'issue.

Il dispose son armée de la manière suivante
(*fig.* 17). Ses escadrons occupent l'entrée du
défilé pour amorcer l'ennemi dans l'axe du défilé,
et à son issue, il place son artillerie de manière à
pouvoir tirer en avant et aussi sur la lisière intérieure et latérale du bois qui se trouve à sa gauche

Fig. 17.

Combat de Bléneau.

Bois

Chemin de Bléneau

Fig. 18.

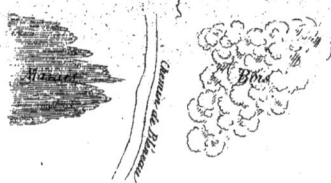

Bataille de Fontenoy.

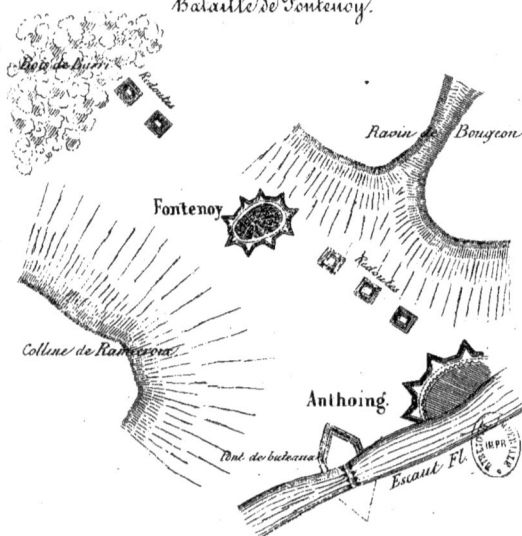

Bois de Barri

Ravin de Bourgeon

Fontenoy

Colline de Ramecroix

Anthoing.

Pont de bateaux

Escaut Fl.

et qu'il n'occupe pas. Sa droite est protégée par un étang ; le reste de ses escadrons et l'artillerie sont placés entre le bois et l'étang; son infanterie ferme le défilé en arrière. Condé débouche sur le défilé, culbute les six escadrons de Turenne, et s'empare du bois après un effort très-léger contre quelques tirailleurs qui se retirent aussitôt; mais, à la sortie du bois, son infanterie est reçue par un feu nourri d'artillerie qui l'arrête court. Condé veut alors dissimuler un mouvement de flanc, que le peu de mobilité de son armée fait échouer complétement, et après lequel il est obligé de se retirer en laissant Turenne rassembler tous les débris de l'armée d'Hocquincourt.

Le combat de Blenau est peut-être, comme tactique, le plus remarquable de tous ceux qu'ait livrés Turenne : en effet, il invente, pour ainsi dire, un défilé, il n'occupe pas un bois, où ses troupes, beaucoup moins nombreuses que celles de Condé, eussent été écrasées; enfin, il dispose son artillerie, de manière à produire son maximum d'effet sur le point où il sait amener son ennemi, en l'amorçant avec six escadrons.

La bataille des Dunes, qu'il gagne quelque temps après, est le premier cas d'ordre oblique que nous trouvions ; son armée, placée sur trois lignes, se tient sur la défensive jusqu'à la marée basse, et ne reprend qu'alors l'offensive ; Condé est pris à revers par le passage que laisse l'écoulement des eaux; jamais l'influence du talent et de la réflexion n'avait été plus manifeste.

Vᵉ ÉPOQUE.

Art militaire sous Louis XIV et Frédéric II.

Système militaire.

Le recrutement ne fournit guère de bons soldats, car les dispenses de service sont en si grand nombre, que l'ordonnance qui les désigne couvre vingt-deux pages in-folio ; aussi est-on obligé d'accorder une prime aux enrôlés volontaires ; un grand nombre de déserteurs, de Suisses, d'Allemands et d'Anglais servent dans l'infanterie dont Louis XIV possède 243 régiments, composés de bataillons de 500 hommes, dont le nombre varie depuis 1 jusqu'à 4. Le fusil à baïonnette, inventé en 1689, est définitivement adopté en 1703, d'après les modifications de Vauban ; la baguette du fusil est en bois. Les officiers sont armés de la hallebarde. L'ordonnance est sur quatre rangs de profondeur. Le quatrième rang est destiné à réparer les pertes des trois autres. La distance entre les rangs est de deux pas en bataille, et de six pas dans les marches. Désormais, l'infanterie n'a d'action que par les feux ; il en existe de deux sortes. Les feux de peloton ou d'ensemble s'exécutaient, les deux premiers rangs ayant un genou en terre, le troisième rang courbé, et le quatrième debout; et les feux de parapet se faisaient successivement par les files, sortant du rang pour recharger leurs armes. Les feux entraînaient beaucoup de peine, de désordre et de perte de temps; il n'existait aucun règlement relativement au mouvement des troupes; et faute du tact des coudes et du pas cadencé, les marches de flancs amenaient, au moment de la formation en bataille, de grands intervalles empêchant toutes les formations d'être agiles et régulières.

Quarante-quatre régiments d'infanterie reçoivent un uniforme qui permet de les tenir dans une discipline plus sévère. Le nombre de compagnies de chaque régiment varie depuis 60 jusqu'à 8. La réserve est composée de gardes françaises; l'infanterie légère est formée de 200 compagnies de 200 hommes.

La cavalerie est divisée par régiments d'un nombre variable d'escadrons; chaque escadron est composé de 120 hommes, formés en 4 compagnies. La compagnie, d'environ 25 hommes, était commandée par un capitaine, un lieutenant, un sous-lieutenant, deux maréchaux des logis et quatre brigadiers, de telle sorte que les cadres étaient la moitié du nombre des soldats, ce qui était très-nuisible, mais qui rapportait de grands avantages pécuniaires, puisque les grades se vendaient.

La cavalerie se divisait en cavalerie de ligne, dont l'action principale était par les feux, elle n'avait d'autres armes défensives que de fortes bottes; la cavalerie légère se composait de 25 escadrons de carabiniers formant 5 brigades, de plusieurs escadrons de hussards, organisés à l'allemande, et enfin de mousquetaires à cheval armés de lances. C'est de cette époque que date la création des dragons, cavalerie mixte, dont il existait 40 régiments.

L'artillerie est créée en corps royal de 5,000 hommes, et s'augmente de 500 mineurs et sapeurs; l'artillerie de campagne, du reste, n'acquiert pas encore de mobilité, tandis que l'artillerie de place et surtout l'artillerie de la fortification permanente atteint les limites de l'art.

Le génie, organisé par Vauban, atteint le point de perfection qu'il a conservé jusqu'à nos jours.

La hiérarchie de l'armée était encore mal établie; aussi voit-on un lieutenant de la maison du roi avoir le grade de lieutenant général; un fils de colonel, colonel lui-même à 4 ans, par suite de la mort de son père; l'avancement est donc à peu près nul : le capitaine payait sa compagnie et pouvait en vendre des sections; aussi doit-on s'étonner que les armées, ainsi organisées, pussent, sinon gagner une bataille, du moins profiter de leurs victoires.

C'est de cette époque également que date la création de la croix de Saint-Louis; cette croix,

à laquelle des avantages pécuniaires étaient attachés, devint l'objet de l'ambition la plus vive et le
mobile le plus puissant du point d'honneur.

Ce ne fut que plus tard, sous Louis XV, qu'on
organisa un comité de la guerre, présidé par Villars ; c'est de cette époque que datent les casernes,
les hôpitaux et la fixation des étapes, les six compagnies de cadets et la création du recrutement
par les intendants de provinces. Chaque province
est divisée en ban et arrière-ban. La durée du service est fixée à 4 ans, et le remplacement est interdit ; les classes nobles et les classes privilégiées
sont seules exceptées. Les soldats des différentes
provinces forment alors 105 régiments dits *milices*,
7 régiments de grenadiers royaux, et enfin 1 régiment composé des plus vieux soldats, appelés
grenadiers de France. Chaque régiment portait le
nom des provinces où il s'était formé.

Il y eut souvent, sous Louis XIV, jusqu'à
300,000 hommes sous les armes.

Application :

BATAILLE DE FONTENOY (1745).

La bataille de Fontenoy fut livrée à l'occasion
du siège de Tournay, que les coalisés voulaient
nous faire lever. Maurice de Saxe, à leur approche,
choisit un champ de bataille à la hauteur de Fontenoy, village auquel il appuie son centre. Sa gauche est appuyée au bois de Barry, sa droite à Anthoing. Il fait construire trois redoutes entre An-

thoing et Fontenoy, et deux entre Fontenoy et le bois de Barry. Ces deux dernières étaient placées trop loin de Fontenoy (*fig.* 18).

Quelque bonnes que fussent ces dispositions, elles annonçaient l'intention de renoncer à l'initiative, ce qui est toujours fâcheux, surtout lorsqu'on est numériquement le plus fort, car Maurice comptait sous ses ordres, outre les 45,000 hommes qui se trouvaient sur le champ de bataille, 18,000 hommes échelonnés depuis Tournay jusqu'au champ de bataille, et 6,000 hommes qui gardaient les ponts de l'Escaut et les lignes de communication. Les villages et les redoutes sont garnis de canons.

Cumberland, à la tête de 50,000 hommes, Anglais, Hollandais, Hanovriens et Autrichiens, commence l'attaque : trois fois les Anglais sont repoussés de Fontenoy ; deux fois les Hollandais échouent devant Anthoing. Cumberland ordonne alors au major général Ingolsby de pénétrer dans le bois de Barry et d'en emporter la redoute, ce qui entraînerait la perte de l'armée française, en donnant la facilité aux coalisés de prolonger leurs mouvements offensifs sur l'aile gauche, et de nous acculer à l'Escaut sous Tournay. Heureusement, Ingolsby trouve dans le bois un détachement de troupes légères, et s'imaginant être tombé au milieu d'un corps considérable, et que Maurice avait commis la faute de ne pas y placer réellement, il hésite et retourne demander du canon. Cumberland, au désespoir de voir son plan manqué, se résolut alors de passer entre la redoute et Fontenoy, espace que Maurice avait eu l'imprudence de laisser libre, et que défendait mal un corps d'infanterie insuffisant.

Ainsi se forma cette fameuse colonne qui faillit entraîner l'armée française. Elle s'avançait protégée par six canons de front et deux batteries de quatre canons sur les flancs, répondant aux feux de la redoute d'Anthoing, et opposant des feux de peloton et de division à tous les obstacles qu'on lui suscitait, et qui se brisent contre elle. Déjà elle a dépassé Fontenoy et la redoute ; l'ordre va être donné de quitter Anthoing; les munitions manquaient dans Fontenoy, le maréchal faisait prier le roi de se retirer, lorsque le duc de Richelieu ou le maréchal lui-même tentent un effort désespéré. Quatre canons sont à l'instant dirigés sur le front de la colonne, y jettent la mort et le désordre, et la maison du roi, s'élançant aussitôt sur elle en fourrageurs, la détruit complétement en dix minutes.

La bataille, un moment perdue, devient une glorieuse victoire : les Anglais perdent 9,000 hommes, et les Français 3,500.

5

ECOLE PRUSSIENNE.

Système militaire.

Frédéric-Guillaume est le fondateur de l'école prussienne, le créateur des écoles militaires et des écoles de cadets ; son système militaire est complet, et il laisse à son fils, en mourant, 60,000 hommes d'armées actives et 40,000 hommes de réserve.

Frédéric modifie l'organisation de son père, mais il ne détruit pas l'ancien édifice pour en construire un nouveau, car il connaît la force que la stabilité donne à une organisation.

Le recrutement se faisait parmi les nationaux qui composaient exclusivement les régiments de hussards, de cuirassiers et de dragons. L'infanterie était composée mi-partie de nationaux et d'étrangers de tous les pays. Le service était à vie, et quand les fatigues rendaient un soldat impropre au service actif, il était admis dans les bataillons de garnison, dans les invalides, ou enfin obtenait, selon ses moyens, un emploi civil pour le reste de ses jours. Il n'y avait point de grade sans emploi. Il fallait avoir servi au moins trois ans comme cadet gentilhomme pour devenir officier. L'avancement avait lieu sur la proposition du colonel et par l'ordre du roi. Il était au choix pendant la guerre, et à l'ancienneté pendant la paix. La

discipline était très-sévère ; la responsabilité des
généraux accablante. Des mesures extraordinaire
étaient prises contre la désertion , car ; même
pendant la paix, pour se promener hors de la garnison, il fallait une permission signée du capitaine,
et des cordons de soldats étaient établis autour de
chaque ville et sur toute la longueur des frontières. Les semestres s'obtenaient difficilement et
n'étaient accordés qu'aux nationaux. Les exercices étaient très-nombreux ; enfin Frédéric entretenait autant que possible l'esprit de corps
et le point d'honneur dans ses armées.

La Prusse comptait 55 régiments d'infanterie de
ligne, 4 régiments d'infanterie légère, 12 bataillons
de garnison, un corps de grenadiers de réserve
très-nombreux, et un bataillon franc armé d'armes de précision. Chaque régiment était composé de 2 bataillons et de 12 compagnies, dont
deux de grenadiers qui étaient ordinairement dé-
tachées ; chaque compagnie était composée de 120
hommes. Le général était propriétaire du régiment, il avait sous ses ordres, pour le comman-
der, un colonel, un lieutenant-colonel, deux majors remplissant les fonctions d'adjudant-major,
trois capitaines, deux capitaines-lieutenants, deux
cadets gentilshommes, et enfin plusieurs sous-officiers. L'arme du fantassin était le fusil, auquel
on avait adapté une baguette en fer égale de gros-
seur aux deux bouts, ce qui évitait de la faire

5.

tourner dans la charge; la lumière était assez grande pour qu'il suffît de donner une secousse à la charge renfermée dans le canon, pour faire aller la poudre dans le bassinet. Chaque soldat tenait à la main un morceau de cuir gras qui lui permettait de continuer les feux, malgré la chaleur du canon.

Les feux s'exécutaient par bataillons, par divisions, par pelotons ou à volonté; on faisait aussi des feux de parapet qui s'exécutaient par rang et qui étaient assez rapides pour pouvoir tirer six coups par minute. Chaque soldat avait une giberne et un hâvre-sac qui contenaient chacun 60 cartouches. Le fusil était armé d'une baïonnette.

Les marches s'exécutaient en bataille ou par pelotons rompus à droite ou en arrière à droite; vers les derniers temps même on se ployait et déployait en colonne serrée.

La cavalerie était composée de 13 régiments de cuirassiers, 12 régiments de dragons et de 10 de hussards. Chaque régiment de cavalerie de réserve ou cuirassiers était divisé en 5 escadrons. Les régiments de cavalerie de ligne et légère, dragons et hussards, étaient divisés en 10 escadrons; la formation était sur deux rangs. Frédéric fait construire de nombreux manéges royaux, dirigés par des capitaines instructeurs, qui donnent à la cavalerie une instruction dans le sens du choc et du combat à l'arme blanche, laissant les feux pour l'in-

fanterie seule : ainsi vit-on le général Sedlitz exécuter une charge au galop avec 70 escadrons en
muraille.

L'artillerie était composée de 45 compagnies
servant chacune une batterie de 6 à 8 pièces. Il y
avait en outre des batteries dans chaque garnison,
et deux ou trois pièces attachées à chaque bataillon.
Frédéric créa, le premier, des batteries d'obusiers
et un corps d'artillerie à cheval.

Le génie se composait de 4 compagnies de
sapeurs et de mineurs. La fortification passagère
était médiocre et composée généralement d'un système de lignes à intervalles ou de redans.

Le roi avait sous ses ordres des feld-maré-
chaux, des lieutenants généraux et des généraux-
majors ou maréchaux de camp. Il y avait en outre
un corps d'officiers d'état-major, distingués par leur
mérite et leur savoir, et qui étaient chargés des
reconnaissances et des levés topographiques. Frédéric fonde aussi un cercle militaire où se discu-
tent les questions de théorie et de tactique.

L'ordre en bataille était essentiellement subor-
donné au terrain, cependant on peut dire que généralement en plaine l'infanterie était placée sur
deux lignes, à deux cents pas de distance. Les intervalles entre chaque bataillon étaient de huit
pas ; les compagnies de grenadiers réunies fer-
maient ce grand rectangle creux ; les batteries se
plaçaient entre les intervalles ; la cavalerie occu-

pait les ailes, rangée sur deux lignes, l'une de cuirassiers, l'autre de dragons; les hussards occupaient l'extrémité de l'ordre de bataille, formés en colonne à distance entière, et pouvant, par conséquent, se rabattre immédiatement à droite en bataille.

La manière la plus habituelle d'attaquer l'ennemi était de prendre position parallèlement à lui, de l'occuper sur son front par des corps d'avant-gardes, et, à la faveur de ce mouvement, d'exécuter une marche de flanc pour transporter la ligne de bataille le plus perpendiculairement possible à celle de l'ennemi, qui était aussitôt attaqué par une marche concentrique. Il fallait des troupes aussi solides et aussi bonnes manœuvrières que celles de Frédéric, pour exécuter cette marche de flanc qui était très-délicate devant l'ennemi.

Les marches s'exécutaient sur trois colonnes précédées d'une avant-garde. L'avant-garde était composée d'infanterie de ligne et d'infanterie légère, du corps de grenadiers, de hussards et de cuirassiers; le roi la dirigeait ordinairement en personne; les trois colonnes étaient formées : la première, de la première ligne dans l'ordre de bataille, la seconde colonne, de la seconde ligne, enfin, la troisième, de la réserve et des équipages. L'artillerie marchait avec les colonnes. Enfin des bataillons et des escadrons dispersés en tirailleurs éclairaient la marche.

Bataille de Rosbach?

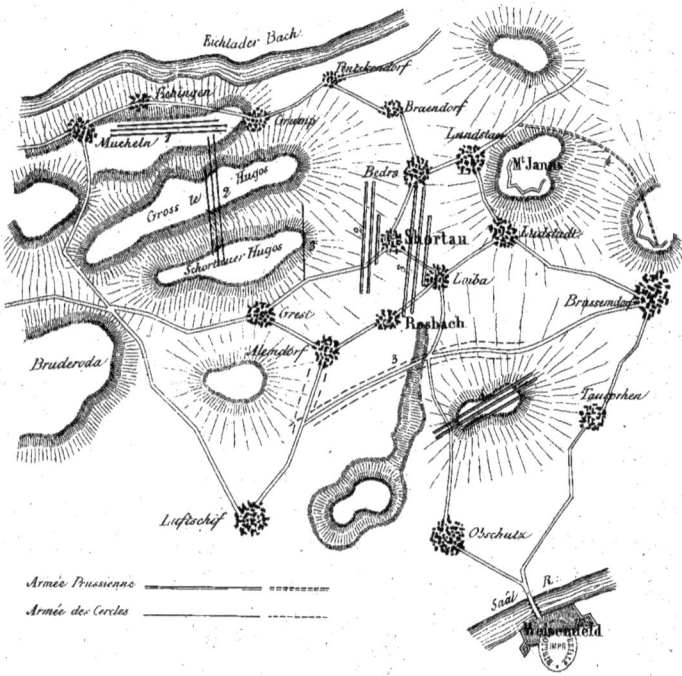

Eichlader Bach

Antekendorf

Fichingen

Cropnis

Braendorf

Mucheln

Landstan

Hugos

Bedra

Mt Janus

Gross W.

Schortauer Hugos

Schortau

Aindstadt

Loiba

Crest

Brassendorf

Rosbach

Bruderoda

Alendorf

Taugephen

Lufeschif

Osschutz

Saal

Weisenfeld

Armée Prussienne

Armée des Cercles

Application :

BATAILLE DE ROSBACH (*fig.* 19).

Soubise commande l'armée des Cercles composée de 35,000 Allemands et de 25,000 Français. Frédéric ne peut opposer à ces 60,000 hommes que 30,000 Prussiens. Mais ces derniers sont aussi aguerris que leurs adversaires le sont peu, aussi braves et expérimentés que leurs adversaires sont présomptueux et indisciplinés.

Soubise fait choix d'un champ de bataille très-accidenté entre la Saal et l'Eichtader ; ce terrain, élevé près des bords des deux rivières, présente en son milieu une large vallée dominée au nord-est par le mont Janus (*fig.* 19).

Soubise forme d'abord son armée en bataille parallèlement à l'Eichtader, appuyant sa droite à Mucheln, et sa gauche à Grump.

Frédéric jette un pont sur la Saal à Weisenfeld, passe cette rivière, vient se former en bataille un peu en avant d'Obschutz, et de cette position examine l'ennemi, et conçoit l'idée de s'établir perpendiculairement à son flanc gauche. A cet effet il vient ranger son armée en bataille en avant de Shortau. L'armée des Cercles quitte aussitôt sa position et vient se placer parallèlement à Frédéric, sur les hauteurs de Grossle-Hugos et de Shortauer-Hugos. L'ordre de bataille est sur trois lignes, dont deux d'infanterie et une de cavalerie.

Frédéric, qui veut attirer Soubise dans le terrain qu'il vient d'étudier, quitte aussitôt Shortau et va s'établir sur trois lignes devant le mont Janus, appuyant sa droite à Bedra et sa gauche à Rosbach. Soubise, s'imaginant que Frédéric veut battre en retraite, se résolut à lui couper la route de Weisenfeld ; l'idée était bonne, il lui manqua le tact pour l'exécuter. Soubise envoie de forts détachements, sous les ordres du comte de Saint-Germain, pour chasser les avant-postes que Frédéric avait laissés à l'entour de Shortau, et pendant ce temps il commence sa marche de flanc sans la protéger par aucun autre mouvement de troupe, sans la masquer par aucun mouvement de terrain, car il compte suivre la route de Luftschif à Brussendorf. La tête de sa colonne est formée par toute la cavalerie ; l'infanterie vient ensuite. Frédéric voit ce mouvement et dispose aussitôt sa défense ; il couronne les hauteurs du mont Janus d'une formidable artillerie, dispose deux gros corps d'infanterie en face du col où les alliés doivent déboucher, et toute sa cavalerie, commandée par le prince royal de Prusse, se tient sur le versant du mont Janus. Les alliés, en effet, ne tardent pas à déboucher par la route de Brussendorf : aussitôt les batteries du mont Janus dirigent contre la cavalerie allemande un feu écrasant qui met le trouble dans ses rangs. La

cavalerie française veut voler à leur secours, mais
des charges successives de la cavalerie prussienne,
qui descend du mont Janus, les mettent en déroute. Cette fuite porte le désordre dans le reste
de la colonne, qui, cernée de toutes parts, s'é-
branle, se désunit, et ne présente bientôt plus que
le spectacle d'un sauve-qui-peut général.

Cette victoire décisive, et peu après celle de
Leuthen, marquent la plus glorieuse époque du
talent militaire de Frédéric.

On voit ici combien la tactique a fait de progrès;
les ordres de bataille changent rapidement pour
arriver à être le plus fort sur un point donné; la
mobilité augmente dans ce but et Rosbach nous
fait prévoir Austerlitz.

VIᵉ ÉPOQUE.

Art militaire sous Louis XVI et sous la République.

Système militaire.

Pleine d'admiration pour Frédéric, la France
s'occupe, sous Louis XVI, d'organiser son armée
à la *Prussienne*, et il surgit alors une grande polé-
mique sur l'unité de force et les formations. Les
uns, et à leur tête Guibert, veulent une formation

mince et développée, se prêtant à la marche et aux feux ; les autres, et à leur tête Ménil-Durand, se fondant sur le récent ouvrage, *les Rêveries du maréchal de Saxe*, veulent une formation très-profonde, propre à donner un grand choc et à le recevoir. Un camp est formé pour résoudre la question, et prouve que les deux partis ont tort ou raison suivant le combat qui peut se livrer ; en effet, pour le combat de près, c'est l'ordre profond qu'il faudrait adopter, et pour le combat à distance, c'est l'ordre mince, qui comprend aussi le déplacement en tirailleurs ; c'est de cette époque que date la formation des carrés.

La cavalerie est organisée comme en Prusse ; sa formation est sur deux rangs, ayant entre eux deux pas de distance, et divisés par sections de quatre files formant des carrés qui se prêtent aux mouvements de flanc. C'est au marquis de Compiègne que l'on doit ce perfectionnement. L'artillerie et le génie restent ce qu'ils étaient du temps de Louis XIV.

Le recrutement s'exécute encore comme du temps de Louis XV. Les officiers sont divisés en trois catégories : 1° noblesse de cour ; 2° noblesse de province ; 3° parvenus. Les officiers de la seconde catégorie sortaient de l'Ecole militaire ou des cadets ; leur avancement avait lieu à l'ancienneté pour les grades de capitaine, de major ou de lieutenant-colonel, et au choix, en outre, pour ceux de colonel et de brigadier. Ce dernier grade dans le combat était supérieur à celui de colonel. Les officiers de fortune passaient par les emplois d'enseigne, d'adjudant-major ou de comptable, et enfin de lieutenant dans les compagnies de grenadiers. Arrivés dans ce grade, ils rentraient dans les conditions d'avancement de la deuxième catégorie.

Les officiers de la première catégorie étaient nommés par le roi, sans avoir besoin de passer par tous les grades inférieurs à celui que leur donnait leur brevet.

La discipline est très-sévère et soumise à un Code pénal exagéré, où les peines corporelles sont permises comme en Prusse.

L'infanterie se compose de 100 régiments d'infanterie de ligne ou légère, et de 40 régiments étrangers. La comptabilité se fait par des quartiers-maîtres responsables et par un conseil d'administration créé dans chaque corps. Les 12 régiments de la plus ancienne création sont composés de 4 bataillons privilégiés. Les autres régiments ne sont formés que de 2 bataillons.

La cavalerie de réserve est composée de 30 régiments de cuirassiers, chacun de 3 escadrons; la cavalerie de ligne, de 20 régiments de dragons, et la cavalerie légère, d'un corps de cavalerie légionnaire et de 4 régiments de hussards.

La réserve se composait des gardes françaises,

des suisses, des grenadiers de France et de la maison du roi. Les corps privilégiés qui composent la maison du roi sont abolis par monsieur de Saint-Germain. On doit à ce ministre la création des compagnies d'élite, la division des régiments de cavalerie en 5 escadrons, ce qui donne le même chef à l'unité de force comme à l'unité d'administration, l'abolition des survivances et des grades sans emploi et de la vénalité des charges ; il n'y a plus que quelques grades, tels que celui de colonel, qui sont réservés à la noblesse. On doit encore à ce ministre le classement de la France en divisions territoriales, où les régiments en garnison sont surveillés par des généraux de division, et qu'un inspecteur général visite chaque année. Le comte de Saint-Germain crée le comité de la guerre permanent, et établit la solde pour les trente-un de chaque mois, qui avait été supprimée jusqu'alors. Il attache à chaque régiment cinq chefs d'escadron, organise les brigades et les divisions auxquelles il donne des chefs permanents, et abolit la cavalerie légionnaire, qu'il remplace par des régiments de chasseurs.

La révolution éclate ; quelques officiers émigrent et sont remplacés par des sous-officiers élus aux voix dans les bataillons de volontaires. L'organisation de l'armée varie essentiellement aux époques de 1791, 1792, 1793, 1794. En 1789, le recrutement se faisait par enrôlements volontaires ; en 1792, on établit un système de réquisition. L'Assemblée législative lève, équipe, organise 100 bataillons en quinze jours. La Convention fait une levée en masse de 300,000 hommes, et plus tard, une de 1,200,000 hommes, qui enlève tout ce qui pouvait servir de 18 à 25 ans. Enfin, le Directoire établit la conscription, dont le mode de recrutement était tel qu'il existait encore à peu près en 1830.

L'Assemblée législative promulgue une ordonnance sur l'avancement qui fut désastreuse, car l'ancienneté de service, qui en était la base, fit parvenir en quelques jours à des grades supérieurs de vieux soldats qui en étaient totalement incapables. Tous les désastres de 1793 viennent de cette loi : aussi la Convention se réserva-t-elle alors de nommer les officiers par l'intermédiaire de ses commissaires.

La discipline, à peu près nulle dans les commencements, s'établit peu à peu. Les chefs surtout ont une responsabilité si grande qu'elle peut les mener à l'échafaud. Dubois-Crancé divise, en 1793, l'armée par brigades de trois bataillons, dont un d'infanterie de ligne et deux de volontaires. Chaque bataillon était composé de huit compagnies de fusiliers et une de grenadiers. A chaque brigade étaient attachées deux batteries servies par des canonniers volontaires. En 1793, l'armée se composait de 100 brigades, de 14 bataillons de chasseurs à pied et de 25 régiments d'infanterie légère, n'ayant avec l'infanterie de ligne de différence que l'uniforme.

La cavalerie de réserve ayant été écrasée en 1793, est bien lente à se réorganiser ; il n'en restait plus que quelques régiments, ainsi que quelques uns de dragons. La cavalerie légère, au contraire, comptait jusqu'à 23 régiments de chasseurs à cheval.

L'artillerie s'organise peu à peu en l'an 3. Elle formait alors un corps de 40,000 hommes, et se composait de 8 régiments d'artillerie à pied et de 8 régiments d'artillerie à cheval ; ce corps était excellent, car ses officiers n'avaient été nommés que d'après des examens et n'avaient point émigré.

Le génie était composé d'ouvriers mis en réquisition, et se composa, un peu plus tard, de 12 bataillons de 200 hommes.

Généralement, un corps d'armée était de 14,000 hommes.

On institua, à cette époque, trois compagnies d'aérostiers, dont le but est de faire des reconnaissances en ballons. Nous ne les voyons se rendre utiles qu'à Fleurus. Dans les guerres suivantes, il n'en est plus question, et, dès l'an 8, ils furent abolis.

D'après les avis du général Grimoard, nos troupes, qui ne possédaient pas en 1792 l'instruction nécessaire, sont menées au combat dispersées en tirailleurs appuyés par des réserves ; c'est ainsi que fut gagnée la bataille de Fleurus et que pouvait seulement se défendre l'armée française.

L'armée était commandée par un général en chef, et dirigée par une fraction du comité de salut public et par le comité de défense générale, à la tête duquel se trouvait Carnot. Ce général avait sous ses ordres un commissaire de la Convention et des généraux de division et de brigade, aidés eux-mêmes par des adjudants-généraux du grade de colonel ou de chef de bataillon. C'est à cette direction, partie d'un centre trop éloigné, que les troupes de la République durent plusieurs échecs. Bonaparte sut s'en affranchir et organisa lui-même l'armée avec laquelle nous allons le voir conquérir l'Italie.

Application :

CAMPAGNE D'ITALIE (1796).

Napoléon Bonaparte, lieutenant dans le 4e d'artillerie le 1er septembre 1785, capitaine le 6 février 1792, chef de bataillon le 17 octobre 1793, général de brigade le 6 février 1794, général de division le 5 octobre 1795, commandant en chef de l'armée d'intérieur le 5 octobre 1795, prend le commandement de l'armée d'Italie le 2 mars 1796. Son armée se compose de 40,000 hommes, formés en quatre divisions, ayant à leur tête Laharpe, Auge-

reau, Masséna et Serrurier ; Berthier est le chef
de l'état-major.

Il faut diviser cette guerre en : 1° invasion, 2°
défense (notamment défense de l'Adige).

L'armée étend ses cantonnements d'Orméa à
Voltri, par Loano et Savone, sur le littoral de la
Méditerranée ; la position est mauvaise, car la
seule ligne de communication est la mauvaise route
de la Corniche.

Les Austro-Sardes, sous Beaulieu et Colli, occupent tous l'espace compris entre la Ceva, où ils
ont un camp retranché, et la Bochetta, en avant
de Gênes. Les nombreux contreforts des Apen-
nins rendent également leurs communications
difficiles.

Bonaparte prend l'initiative. Trompé par des
démonstrations de notre aile droite qui menace
Gênes, Beaulieu se forme en trois corps, l'un
couvre Voltri et Gênes, l'autre, Montenotte et Savone, le troisième, la Ceva. La victoire de Montenotte sépare les corps autrichiens de l'aile sarde ;
et celle de Millesimo, gagnée sur ces derniers,
nous livre les routes de Turin et de Milan. Le
combat de Dego, en nous délivrant pour le moment des Autrichiens, nous permet de chasser les
Piémontais de toutes leurs positions et de les
battre à Mondovi. L'armistice de Cherasco nous
livre les principales places du Piémont.

Les Autrichiens, à la nouvelle de l'armistice,

passent le Pô pour couvrir Milan. Bonaparte descend ce fleuve et le traverse à Plaisance, tournant ainsi Beaulieu qui croyait que le passage se ferait à Valence, et qui rétrograde vivement derrière l'Adda. Le passage de cette rivière est forcé après le combat de Lodi, qui nous livre Crémone et Milan. Beaulieu passe l'Aglio, la Chièze, et s'arrête derrière le Mincio, flanqué, à droite, par le lac de Garda et les montagnes du Tyrol, et, à gauche, par les marais et la place de Mantoue. Il y dispose son armée, la droite à Peschiera, le centre à Vallégio, la gauche à Goïto et la réserve à Villafranca.

Bonaparte débouche de Brescia, menace les communications de Beaulieu avec le Tyrol, ce qui lui fait dégarnir le centre et renforcer son aile droite ; aussitôt le centre est attaqué, le Mincio passé à gué, le pont de Borghetto rétabli ; le centre est alors coupé et les débris de l'armée de Beaulieu sont rejetés jusque sur Roveredo et Trente.

C'est en ce moment que Bonaparte institue le corps des guides pour veiller à sa sûreté ; car, sans le manque d'audace des Autrichiens, il eût été enlevé à Vallégio. L'armée atteint l'Adige.

Mantoue située entre la basse et la haute Italie, en arrière des principaux débouchés du Tyrol, promettait d'immenses avantages à son possesseur. Bonaparte en fait faire le siège par Serrurier et attend dans cette position des nouvelles de l'armée d'Allemagne ; il envoie en même

6

temps Augereau et Vaubois dans les États de l'Église, chasser les Anglais de Livourne et conclure un traité avec le pape. Lognao, Vérone, le Montebaldo étant les seuls débouchés par où l'armée assiégeante pourrait être inquiétée, Bonaparte les fait occuper.

Trois routes principales conduisent du Tyrol en Italie : l'une, à gauche, suit les gorges de la Brenta jusqu'à Bassano, où elle se divise en trois branches ; l'autre, la route de Trente à Vérone (rive gauche de l'Adige); l'autre, enfin, conduit de Serravalle, par Rivoli et Garda sur Vérone.

Wurmser arrive avec 60,000 hommes pour faire lever le siège de Mantoue. Il partage son armée en trois corps ; l'un se porte sur Vérone, l'autre, conduit par Wurmser, débouche par le Montebaldo et la plaine entre le fleuve et le lac de Garda ; le troisième, que commandait Quasdanowich, se dirige par la Chièze pour couper nos communications avec Milan. Déjà tous nos avantpostes ont reculé ; Bonaparte fait cesser le siège de Mantoue, repousse Quasdanowich à Brescia, rétablit nos communications et le bat complétement à Lonato, le forçant à fuir au delà de la Chièze. Wurmser fait son entrée à Mantoue ; son triomphe est court ; vaincu à Castiglione, il se retire précipitamment, et Mantoue est assiégée de nouveau. Wurmser recrute une nouvelle armée et, précédé du corps de Davidowich, il marche sur Bassano. Davidowich, vaincu à Roveredo, à

Calliano et sur les bords du Lavis, laisse Trente en notre possession. Wurmser n'en marche pas moins sur Mantoue ; la victoire de Bassano nous livre toutes ses communications, et Wurmser est heureux de trouver un refuge dans Mantoue qu'il croyait délivrer. Il essaie pourtant quelques jours de tenir campagne sur la chaussée Saint-Georges, mais il y est complétement défait et forcé de s'enfermer définitivement dans la place.

L'Autriche envoie Alvinzi pour délivrer Mantoue et Wurmser ; ce général, à la tête de 40,000 hommes, compte se joindre à Davidowich à Vérone. Ce point de jonction de deux corps séparés par de grands obstacles naturels devant en outre s'effectuer sur un terrain occupé par l'ennemi ne pouvait que faire tourner ce plan à la confusion de son auteur. Nos avant-postes sont d'abord refoulés, Vaubois est forcé d'abandonner Trente et annonce qu'il est près d'être chassé de Montebaldo. L'ennemi pourtant repoussé devant Vicence est forcé de repasser la Brenta et ne se reporte ensuite sur Vérone, en s'emparant de la forte position de Caldiero, qu'en apprenant la nouvelle que notre armée s'était repliée pour secourir Vaubois.

Alvinzi avait couvert son front par des redoutes et de formidables batteries. Il appuyait sa droite au marais d'Arcole et sa gauche au mont Olivetto, d'où nous essayons vainement de le débusquer. L'armée française est découragée de son petit

6.

nombre, car elle n'a que 24,000 hommes, dont 8,000 sont à Rivoli avec Vaubois, à opposer aux 40,000 hommes d'Alvinzi.

Le 14 novembre, à la nuit tombante, le camp de Vérone prend les armes en silence, marche sur trois colonnes, traverse la ville, passe l'Adige sur trois ponts et se forme sur la rive droite. Serait-ce une retraite? Cependant, au lieu de suivre la route de Peschiera, l'armée tout à coup tourne à gauche, longe l'Adige et arrive avant le jour à Ronco, Andréossy achevait d'y jeter un pont; au point du jour nous sommes sur la rive gauche. Kilmaine reste dans Vérone avec 1,500 hommes; le silence et la nuit cachent notre mouvement à l'ennemi; ainsi Bonaparte tournera Caldiero qu'il n'aurait pu enlever de front et transportera le champ de bataille sur des chaussées entourées de vastes marais où les têtes de colonnes décideront de la victoire; ainsi, avec 14,000 hommes pourra-t-il lutter contre 40,000!

Arcole (*Pl.* VI), situé à la sortie du marais, est le point objectif dont la possession assurera le succès; possession d'autant plus difficile que l'armée ne peut l'aborder que par une seule chaussée, à l'extrémité de laquelle se trouve un pont de pierres jeté sur l'Alpont; qu'il faut nécessairement franchir. Bonaparte, autant pour couvrir son pont sur l'Adige que pour donner le change à Alvinzi et lui ôter toute idée d'attaquer Vérone, dirige la division Masséna sur la deuxième chaussée qui

PLANCHE 6.me

Arcole

de Ronco va aboutir au village de Porcil, où Alvinzi
appuyait sa gauche. L'attaque commence le matin,
15 novembre 1796; Masséna est vainqueur, mais
Bonaparte, qui dirige la colonne sur Arcole, ne
peut forcer le pont et ne parvient enfin à s'en emparer, ainsi que d'Arcole, qu'en faisant passer une
brigade à Albaredo qui attaque de flanc pendant
qu'il agit lui-même de front. Alvinzi prend alors
position parallèlement à l'Alpont, le front couvert par Arcole qu'il venait de reprendre à la
nuit tombante. Bonaparte est instruit alors de la
perte de Rivoli, que Vaubois avait été dans l'impossibilité de conserver. Content d'avoir sauvé
Vérone en transportant en ces lieux le théâtre
des opérations, il fait repasser son armée sur la
rive droite de l'Adige. Le 16, l'attaque recom-
mence et se termine comme la première journée, sans qu'on pût se maintenir à Arcole. Le
17, jusqu'à midi, l'attaque et la défense ne présentent aucun nouvel incident, mais Bonaparte,
jugeant que le moral de ses troupes était assez
puissant pour qu'il pût suppléer au nombre, se
résout alors à combattre en plaine. L'armée passe
l'Alpont sur des ponts qui venaient d'y être construits, et s'avance vivement par la droite, appuyant sa gauche au marais et se déployant dans
la plaine devant les Autrichiens qui acceptent la
bataille. Pendant l'action, un corps, parti de Legnano, tourne l'aile gauche des Autrichiens et
vient les charger sur leurs derrières à grand ren-

fort de tambours et de trompettes dont on avait doublé le nombre ; cette ruse décida de la victoire qui fut complète, l'ennemi perdit 18,000 hommes, dont 6,000 prisonniers, 4 drapeaux et 18 pièces de canon.

Arrivé à Villanova, Bonaparte fait poursuivre Alvinzi par la cavalerie, et passant par Caldiero avec l'infanterie, il se rabat sur Vérone pour porter secours à Vaubois qui avait été chassé de toutes ses positions et rejeté sur Castelnovo où Davidowich s'apprêtait à l'attaquer. Masséna part le premier, joint Vaubois et reprend Rivoli. Augereau se porte sur Dolu par la rive gauche de l'Adige et y fait éprouver un échec à l'arrière-garde ennemie. L'armée se repose un moment.

Cependant, Alvinzi revient du Tyrol avec une nouvelle armée qu'il divise en deux corps d'opérations indépendants l'un de l'autre : Alvinzi avec le corps principal doit déboucher par le Montebaldo, et Provera avec le second parviendra par le bas Adige pour secourir Mantoue ; une fois Mantoue débloquée, Wurmser doit prendre le commandement de ce corps et courir au secours du Saint-Siége. Ce plan inquiétait tous les points occupés par les Français, mais il n'avait que ce seul avantage. En effet, si l'attaque principale réussissait, le corps de Provera devenait inutile, et, en cas de défaite, il était insuffisant pour dégager Mantoue et ne pouvait qu'en grossir la garnison ou rester exposé à mille dangers.

PLANCHE 7me
Rivoli.

L'armée française était alors formée en cinq divisions placées au Montebaldo, Dezenzano, Vérone, Legnano, Mantoue, formant un total de 43,000 hommes sous les armes.

Une première attaque de Provera sur Saint-Michel et des démonstrations sur Legnano nous laissent dans l'indécision du point attaqué; mais Joubert ayant donné avis que deux colonnes autrichiennes filaient sur ses flancs, en troupes soutenues, Bonaparte juge sainement que l'orage descend du Tyrol et fait ses dispositions en conséquence.

Bonaparte prévient les Autrichiens qui croyaient le surprendre, quitte Vérone à la nuit tombante et arrive à Rivoli à deux heures du matin. L'armée d'Alvinzi formait un immense cercle autour de sa position (*Pl. VII*), mais son front et sa droite n'étaient formés que d'infanterie, car les croupes du Montebaldo étaient inaccessibles aux autres armes; par conséquent, la cavalerie, l'artillerie et les grenadiers de Quasdanowich, prolongés sur une longue colonne, au pied des escarpements, devaient attendre, inactifs, pour déboucher sur le plateau de Rivoli que nous tenions encore, que l'infanterie s'en fût emparée. La grande route suivie par l'infanterie se dirige d'abord entre l'Adige et le pied des montagnes, mais, à Inkanallé, le fleuve vient baigner le pied même des hauteurs, ne laissant plus de place pour longer sa rive. La route, en serpentant, gravit alors le plateau qui domine l'Adige et est dominé lui-même par le Montebaldo ; du reste, le plateau commande la route et les deux rives du fleuve.

Joubert n'occupait déjà plus ce poste important du plateau que par une arrière-garde. Bonaparte y fait porter tout de suite une division, et ses ordres sont précisés de manière que les divisions Rey et Masséna arriveront juste pour soutenir une lutte trop inégale. Ce mouvement bien exécuté, Alvinzi ne pouvait s'emparer du plateau, et demeurait ainsi privé de sa cavalerie, de son artillerie, et des divisions Quasdanowich et Wukassewich restées dans la vallée de l'Adige. Le combat pour s'emparer du plateau continue. En vain, Quasdanowich se porte en avant avec tous ses grenadiers et toute l'infanterie, il est repoussé, culbuté, battu ; une combinaison des trois armes l'emporte sur une seule, et la victoire se décide encore en notre faveur. Pendant que l'on agit ainsi sur les hauteurs, le corps de Luzignan, qui avait tourné notre aile gauche pour intercepter notre retraite sur Vérone, se trouve alors cerné lui-même et est détruit. A peine Alvinzi se sauva-t-il avec 20,000 hommes.

Bonaparte apprend, après la bataille, que Provera ayant surpris le passage de l'Adige, marchait sur Mantoue ; il laisse aussitôt Joubert et Rey pour achever Alvinzi, et se dirige vers la citadelle de Mantoue. Cependant, Provera, à son arrivée, essaie de forcer la chaussée de Saint-

Georges, dont Miollis le chasse à coups de canons, et tournant alors ses efforts contre celle de La Favorite, il se trouve pris entre les assiégeants et les troupes qui reviennent de Rivoli, et est forcé de mettre bas les armes.

Alvinzi, traqué de toutes parts, se retire en toute hâte dans le Tyrol, et Mantoue, dénuée de tout secours, met fin par sa capitulation (2 février 1797 à cette glorieuse campagne d'Italie.

Que de choses à dire! Que de remarques à faire! Notons en passant, car nous ne pouvons tout dire, la rapidité et la sûreté incroyables des *marches exécutées par Bonaparte*, le bon choix de toutes ses positions, les ordres clairs et précis qui rassemblent dans la minute donnée les troupes de ses lieutenants. Quelle habileté pour transporter le théâtre de la guerre dans les lieux choisis à l'avance. Enfin, quelle constante application au principe d'être toujours le plus fort sur un point donné, et d'égaliser les forces de ses troupes à celles de l'ennemi, soit en faisant du combat une affaire de têtes de colonnes, comme dans les deux premières journées d'Arcole, soit en réduisant à l'inaction forcée une partie des forces ennemies, comme à Rivoli.

VIIe ÉPOQUE.

Art militaire sous le Consulat et l'Empire français.

Système militaire.

RECRUTEMENT.

Pendant les campagnes d'Espagne, et au moment d'entrer en Russie, la conscription ne fournissant plus un recrutement suffisant, Napoléon fait une levée rétroactive sur les hommes de 22 à 26 ans. Il colore cette mesure aux yeux de la nation, en divisant cette milice en trois catégories, qui reçurent le nom de bans. Le premier ban, composé de tous les hommes échappés à la conscription, fut mis à la disposition immédiate du ministre de la guerre ; 88 cohortes de ce premier ban firent la campagne de 1813. Chaque cohorte formait un bataillon de 8 compagnies, dont 6 de fusiliers, 1 de dépôt et 1 d'artillerie. Cette dernière ne fut jamais complétement organisée.

INFANTERIE.

En 1813, l'effectif de l'infanterie était de 750,000 hommes, formant 168 régiments et plusieurs corps, bataillons et compagnies, se divisant en 120 régiments d'infanterie de ligne, 32 régiments d'infan-

terie légère, 23 régiments et 2 bataillons étrangers, et 4 corps de troupes hors ligne, bataillons
coloniaux, chasseurs des montagnes, pionniers,
compagnies de réserve des départements. Le
shako remplaça le chapeau après la bataille d'Austerlitz. L'habit fut soumis à une nouvelle coupe
qui diminua fortement les basques.

CAVALERIE.

Napoléon continua de partager cette arme en
cavalerie de réserve, de ligne et légère. En 1807,
la grosse cavalerie se formait de 2 régiments de
carabiniers, et 12 de cuirassiers. Chaque régiment
comptait 5 escadrons de 2 compagnies de 200 hommes chaque. Un décret du 24 septembre 1809,
supprime le 5ᵉ escadron. Un décret du même jour
donne aux carabiniers les cuirasses qu'ils portent
actuellement, et leur supprime le fusil de dragons
qui, depuis longtemps, remplaçait l'arme dont ils
tiraient leur nom. Il existait en 1807, 30 régiments,
à 4 escadrons de dragons ; l'escadron était divisé
en 2 compagnies de 128 hommes. Pendant la
guerre d'Espagne, le nombre de régiments de dragons fut porté jusqu'à 40. Un décret du 15 juillet
1811, convertit 9 de ces régiments en chevau-
légers-lanciers. La cavalerie légère se composait,
en 1807, de 24 régiments de chasseurs et de 10 de
hussards. Tous les régiments de cavalerie étaient
de même force et même formation. En 1809, Na-

poléon établit l'école de Saint-Germain sur le modèle de celle de Saint-Cyr, d'où sortaient annuel-
lement de 150 à 200 officiers ; elle fut supprimée
en 1814.

ARTILLERIE.

Napoléon augmente considérablement le matériel de cette arme et attache aux divisions de cavalerie des batteries d'artillerie à cheval. L'École polytechnique ne pouvant suffire pour donner des officiers à cette arme, celle de Saint-Cyr est appelée à
y fournir des officiers. Le personnel se composait,
indépendamment de la garde, de : 1° un état-major, à la tête duquel était un premier inspecteur
général ; des généraux de division et de brigade ;
2° 9 régiments à pied ; 3° 6 régiments à cheval ;
4° 9 bataillons du train ; 5° 2 bataillons de pontonniers ; 6° d'un grand nombre de compagnies isolées, ouvriers, artificiers, canonniers sédentaires
ou vétérans. Le système de Gribeauval fut suivi
sans déviation jusqu'en 1803, où pour donner plus
de mobilité aux pièces et utiliser les munitions de
l'ennemi on allongea l'ancien obusier de 6 pouces
et l'on créa celui de 24 pouces. Les canons furent
allégés et réduits aux seuls calibres de 6 et 12.

GÉNIE.

Ce corps se composait comme auparavant et
depuis, savoir de : 1° un état-major comprenant les

régiments proprement dits ; on y trouvait, comme dans l'artillerie, un premier inspecteur général, des généraux de division et de brigade, et tous les autres grades de l'échelle hiérarchique ; 2° 5 bataillons de sapeurs ; 3° 2 bataillons de mineurs ; 4° 2 escadrons du train ; 5° 2 compagnies d'ouvriers attachés aux arsenaux de construction d'outils de Metz et d'Alexandrie ; 6° 3 bataillons d'équipages de transports militaires ; 7° 10 compagnies d'infirmiers d'hôpitaux ; 8° plusieurs compagnies de boulangers de munitions.

ARMES SPÉCIALES.

Bonaparte s'était créé un corps de guides en Italie et en Egypte ; ils furent le noyau de la garde consulaire d'abord, et enfin de la garde impériale dont le nombre alla toujours croissant, au point de former une véritable armée où figuraient, dans toutes leurs nuances et tous leurs accessoires, l'infanterie, la cavalerie, l'artillerie et le génie. La brièveté que nous nous sommes imposée ne permettant pas de suivre la garde dans toutes ses phases, nous nous contenterons d'en présenter le tableau. De 1812 à 1814, la garde comprenait, savoir :

INFANTERIE..

Vieille garde. . . . .
  2 régiments de grenadiers,
  2   —   de chasseurs.

Jeune garde. . . . .
  2 régiments de fusiliers.
  13   —   de tirailleurs grenadiers.
  13   —   de tirailleurs voltigeurs.
  1   —   de garde nationale.
  2   —   de flanqueurs
  1   —   de pupilles.

CAVALERIE.	Vieille garde.	1 régiment de gendarmes d'élite.
		1 — de grenadiers.
		1 — de dragons.
		1 — de chasseurs.
		1 — de lanciers polonais.
		1 escadron de mamelucks.
	Annexés à la garde sans en avoir toutes les prérogatives. .	1 régiment de lanciers hollandais.
		3 — d'éclaireurs.
		4 — de gardes d'honneur.
ARTILLERIE.	Vieille garde.	1 régiment à pied.
		1 — à cheval.
		1 bataillon du train.
	Annexés sans en avoir toutes les préroga-tives.	1 escadron des équipages.
		Plusieurs compagnies d'artillerie à pied, attachées à la jeune garde.
GÉNIE. . . .	Vieille garde.	1 bataillon de sapeurs.
MARINE. . . .	Vieille garde.	— de matelots.

ÉTAT-MAJOR.

Il ne prit sous l'Empire aucune consistance, ne forma point de corps et n'avait point d'école d'où il tirât ses membres. Tous ceux qui voulaient faire la guerre commodément et arriver de plein saut aux honneurs et au pouvoir se jetaient dans l'emploi d'aide de camp. Napoléon essaya d'enchaîner leurs demandes d'avancement, et décida que pour avoir droit à un grade supérieur, les aides de camp devraient servir dans un corps d'infanterie et de cavalerie où l'on apprend à conduire les soldats, en vivant avec eux. L'influence des alentours du souverain contraria souvent les saines doctrines de l'Empereur; mais, si la règle souffrit de fréquentes infractions pour les aides de camp, il n'en fut pas de même pour les autres fonctions de l'état-major. L'empereur leur ferma les portes de l'avancement, et, comme s'il eût redouté qu'un état-major capable eût contrarié quelquefois ses vues en pénétrant ses secrets, il prenait la plupart du temps parmi les colonels dont il avait à se plaindre les officiers d'état-major, et en exigeait une besogne en quelque sorte unique ; partout et à toute heure, ils devaient lui fournir les tableaux les plus circonstanciés de la force et de l'emplacement de ses troupes, de son matériel et de ses dépôts.

DISCIPLINE. — PEINES.

Cours prévôtales, juges d'honneur, commissions secrètes, une foule de lois contradictoires, le plus souvent l'arbitraire, tels furent les éléments de la législation militaire depuis Philippe III, où l'on en trouve les premiers éléments, jusqu'à la Révolution.

Il y a en permanence, par division militaire territoriale ou par corps d'armée, deux conseils de guerre et un conseil de révision. Les membres de ces conseils réunissent les attributions de juges et de jurés, ils prononcent sur la culpabilité et la peine. Le plus ancien des deux conseils de guerre proprement dits, fut institué le 3 novembre 1791; le second, ainsi que le conseil de révision, le 9 octobre 1797. Le second conseil de guerre fut créé pour connaître des jugements rendus par le premier, lorsqu'ils seraient cassés ou annulés par le conseil de révision. Les membres de ces conseils sont à la nomination du lieutenant général commandant la division; voici leur composition :

1 colonel, président.

1 officier supérieur.

2 capitaines.

1 lieutenant.

1 sous-lieutenant.

1 sous-officier.

Si le conseil juge un officier-général, le président et deux des membres sont remplacés par trois généraux du grade du prévenu.

Lorsque c'est un officier supérieur, le lieutenant, le sous-lieutenant et le sous-officier sont remplacés par des officiers du grade du prévenu.

Un greffier, qui n'a point voix délibérative et qui peut ne pas être militaire, est chargé de la rédaction des procès-verbaux. Deux capitaines, l'un remplissant les fonctions de procureur du Roi, l'autre, celles de rapporteur, complètent le personnel du conseil.

Le conseil de révision est composé de cinq membres, savoir :

1 général, président ;

1 colonel, juge ;

1 chef de bataillon juge.

2 capitaines juges.

1 greffier, au choix du président,

1 rapporteur choisi dans le sein du conseil.

1 intendant ou sous-intendant militaire, remplissant les fonctions de procureur du Roi.

Les membres de ce conseil doivent avoir 30 ans d'âge et 6 années de service.

Les débats sont publics, et les jugements portés sans désemparer comme dans les autres conseils.

Il existe encore aujourd'hui dans les corps deux

sortes de tribunaux, qui, sous le nom de conseils de discipline, sont chargés de connaître des fautes qui ne sont pas de nature à être portées devant les conseils de guerre. Le but de cette institution est de purger les régiments d'hommes incorrigibles, en les faisant passer dans les compagnies de discipline.

Ces conseils se composent d'un chef de bataillon ou d'escadron, de trois capitaines et de trois lieutenants; ils sont pris dans un bataillon ou escadron autre que celui du prévenu, et parmi les plus anciens de leurs grades respectifs.

Ajoutons, pour ne rien omettre d'essentiel, qu'il est pour les officiers un tribunal analogue : ce sont les *conseils d'enquête* prescrits par l'art. 296 du règlement sur le service intérieur Ils sont institués pour connaître des torts ou des fautes qui, sans être de nature à entraîner la perte du grade, sont néanmoins assez graves pour ne pouvoir être réprimés par les peines de la discipline.

RÉCOMPENSES.

A l'imitation de Louis XIV, qui avait créé une caisse spéciale de l'ordre de Saint-Louis, pour doter ceux d'entre les chevaliers que l'éclat de leurs services ou la médiocrité de leur fortune rendaient plus dignes de sa munificence, Napoléon se servit merveilleusement des trois ordres de la Légion d'honneur, de la Couronne de fer et de la

Réunion, dont il était le fondateur et le grand-maître, et il y joignit comme complément les pensions et les dotations. Des armes d'honneur, des places choisies de bataille, des surnoms glorieux, excitaient l'émulation et récompensaient la bravoure. Ainsi voyons-nous, à la bataille de la Favorite, la 55ᵉ division recevoir le surnom de *Terrible*, pour avoir enfoncé le centre de la ligne ennemie.

MANOEUVRES.

Il y avait un demi-siècle environ que les éléments de la tactique moderne avaient été fixés dans les camps prussiens. Napoléon ne trouva rien d'essentiel à y changer, mais il en étendit l'application à des circonstances nouvelles. L'ordre en colonne acquit un nouveau crédit; on en outra même quelquefois les proportions; c'est au point que dans les derniers temps, à Albufera, à la Moscowa, à Waterloo, on en forma de 12 bataillons déployés l'un derrière l'autre. Mais ce ne furent que des exceptions qui ne détruisirent pas la préférence que l'on continua d'accorder à la colonne d'une division de front, et surtout à la colonne centrale de l'ordonnance. On fit front et l'on combattit par le troisième rang; le carré devint une formation de règle non moins employée dans l'offensive que dans la défensive. On adopta contre la cavalerie le feu successif par rangs. Les troupes furent exercées à remuer de la terre; elles élevèrent des fortifications ou creusèrent des ports. Une louable émulation qu'entretenait la présence de l'Empereur portait les colonels à se surpasser les uns les autres dans l'instruction et la tenue de leurs régiments. Les grands simulacres de guerre de Boulogne éclipsèrent les camps et les exercices prussiens.

A l'expérience qu'ils avaient de la guerre, les généraux ajoutèrent la science des grandes manœuvres qu'ils ne possédaient qu'imparfaitement. On les vit introduire dans les mouvements des brigades, des divisions, et même des corps d'armée, une précision que l'on ne trouvait auparavant que dans les manœuvres du bataillon. Des camps où, comme à Boulogne, l'ennemi, sans être à craindre, n'est cependant point éloigné, sont pour les troupes, et surtout pour les chefs, une école par excellence, plus favorable peut-être au perfectionnement des méthodes et aux progrès de l'instruction que la guerre même.

L'organisation générale des armées reçut, dans cette circonstance, une modification importante à signaler. Les divisions, au lieu de rester composées, comme elles l'avaient été sous la République, de troupes de toutes armes, ne le furent plus que de troupes de la même arme, infanterie ou cavalerie, en conservant néanmoins pour accessoire une batterie d'artillerie à pied ou à cheval, selon leur nature. La réunion de plusieurs divisions

7.

forma, sous le nom de corps d'armée, une fraction
nouvelle des grandes armées, dont le commandement fut confié aux maréchaux de l'Empire ou à
des lieutenants généraux de choix. Les divisions
d'infanterie et de cavalerie se combinaient dans
des proportions variables pour former les corps
d'armées; mais il y eut telles campagnes où l'on
vit des corps d'armées entièrement composés de
cavalerie. Cette extension, donnée à un système
d'ailleurs excellent, a fait perdre des à-propos audacieux et décisifs, tantôt parce que le terrain ne
s'est pas prêté au déploiement de plusieurs milliers
de chevaux, tantôt parce qu'une rivalité funeste
a empêché les deux armes de s'entr'aider. En compensation de ces deux inconvénients, on réunissait plusieurs avantages, et notamment celui de
fournir contre des lignes non entamées d'infanterie
et de cavalerie, des charges qui pouvaient décider d'une bataille, comme à Eylau, par exemple.

Application :

Les guerres de 1805 et de 1814 nous donnent,
la première, un modèle de guerre offensive, la
deuxième, un modèle de guerre défensive. Nous
allons esquiser ces deux campagnes aussi succinc-
tement que le comporte notre ouvrage, appuyant
seulement, comme nous l'avons fait dans la campagne d'Italie, sur les batailles les plus remarquables et les plus instructives sous le rapport de

la tactique et sur les marches extraordinaires de l'Empereur.

CAMPAGNE DE 1805. — *Modèle de guerre offensive.*

La campagne de 1805 se divise en :

1° Opérations préparatoires ;

2° Marche de concentration sur le point objectif préalable ;

3° Marches et manœuvres devant l'ennemi ;

4° Opérations sur le point objectif principal ;

5° Voies et moyens qui complètent le succès.

Sur le point de débarquer en Angleterre, Napoléon réunit Gênes à l'Empire. Cette réunion, au moment où cette puissance cimentait par des traités de subsides et des instances réitérées une alliance offensive et défensive avec la Suède et la Russie, décida l'Autriche à entrer dans la coalition et à commencer la guerre, ce qui fit échouer le projet de descente, que les incertitudes de l'amiral Villeneuve avaient déjà gravement compromis.

L'Empire était donc menacé, 1° par les armées suédoises, russes et anglaises, qui devaient marcher sur la Poméranie, le Hanovre et la Hollande ; 2° par les armées russes et autrichiennes, qui devaient pénétrer par la vallée du Danube ; 3° par une autre armée autrichienne, qui devait descendre en Italie ; 4° enfin, au sud de l'Italie,

par une autre armée qui, se formant à l'improviste par une réunion de Russes, d'Anglais et de
Napolitains, devait combiner ses opérations avec
celle de l'armée qui agirait en Lombardie.

Heureusement, la Prusse n'était pas encore
entraînée dans la coalition, et cette indécision,
que la crainte de nos succès avait fait naître, en
nous sauvant d'une attaque qui eût menacé tout
le nord de l'Empire, gêna la marche des coalisés autour du territoire neutre de cette puissance, et réduisit les alliés à tourner leurs plus
grands efforts sur la Bavière et la Lombardie.

Heureusement encore, n'écoutant pas les conseils du prince Charles, qui voulait garder la
défensive jusqu'à la réunion de toute la coalition,
mais cédant aux sollicitations de l'Angleterre et
aux vues du général Mack, l'Autriche prend
l'offensive : 60 mille hommes commandés par le
prince Charles descendent en Italie ; 80,000
hommes commandés par l'archiduc Ferdinand,
sous la tutelle du général Mack, vont envahir
la Bavière et s'établir sur le Danube, jusqu'au
défilé de la Forêt-Noire, attendant dans cette
position que l'armée russe qui s'organise vienne
par sa jonction lui permettre de se porter en
avant. L'archiduc Jean, avec 30,000 hommes
dans le Tyrol, coordonne les opérations des deux
armées.

Napoléon, par sa profonde conception, devine
les projets de la coalition et les mouvements du

général Mack. Il résolut de détruire les Autrichiens imprudemment avancés sur le Danube, avant que les Russes ne pussent arriver, pour pouvoir battre ses ennemis l'un après l'autre. Sûr de les vaincre avec l'armée qu'il a si bien instruite à Boulogne, ce n'est pas une victoire qu'il veut ; quelque décisive qu'elle puisse être, elle n'en aurait pas moins pour conséquence de rejeter les Autrichiens, vaincus, il est vrai, sur les Russes, dont il veut à tout prix empêcher la jonction : c'est donc une nouvelle victoire de Marengo devenue nécessaire ; c'est dire qu'il faut tourner la position d'Ulm, où le général Mack s'est établi, et le faire prisonnier avec son armée, pour n'avoir plus affaire qu'aux Russes et aux corps peu nombreux des réserves autrichiennes.

Napoléon donne immédiatement ses ordres de Boulogne, le 26 août ; deux courriers partant le 27 devaient être rendus, l'un dans le Hanovre le 1er septembre, l'autre en Hollande, le 30 août, auprès de Bernadotte et de Marmont. On connaît ses ordres de départ à Boulogne, le 27 au soir, pour en partir le 30. Voici l'itinéraire des troupes pour le camp d'Ambleteuse : Cassel, Lille, Namur, Luxembourg, Deux-Ponts, Mannheim ; pour le camp de Boulogne : Saint-Omer, Douai, Cambrai, Mézières, Verdun, Metz, Spire ; pour le camp de Montreuil : Arras, La Fère, Reims, Nancy, Saverne, Strasbourg, ce qui, en comptant les séjours, formait 24 étapes. L'armée, toute réunie par conséquent sur le Rhin, devait y attendre l'Empereur vers le 24 septembre.

Napoléon garde profondément le secret des ces marches que la plupart de ses ministres eux-mêmes ignoraient; il avoue officiellement seulement la marche d'un corps de 30,000 hommes sur le Rhin, pour observer les Autrichiens, masquant ainsi la curiosité que le passage de ses troupes ferait naître, et permettant à ses colonnes d'arriver avant que l'ennemi ne pût seulement le supposer. Il envoie Murat et ses aides de camp Savary et Bertrand, sous des noms supposés, pour reconnaître toutes les routes qui du Rhin débouchent sur le Danube, et il reste encore lui-même sept à huit jours à Boulogne. Pendant ce temps, il prévient l'électeur de Bavière de ses projets, en les confiant à son honneur, et, le rassurant ainsi, s'assure un allié fidèle et dévoué; il envoie Masséna prendre le commandement de l'armée d'Italie (70,000 hommes), destinée à combattre le prince Charles. Il organise la défense de Boulogne et de sa flottille, et arrive enfin à Paris, le 4 septembre. Un sénatus-consulte, fondé sur l'urgence des circonstances, ordonne la levée de la conscription de 1806 (contingent qui embrassait plus d'une année entière) et règle l'organisation des gardes nationales. Napoléon arrive enfin à Strasbourg, le 26 septembre, où il apprend bientôt que l'électeur de Bavière, dont on vient d'envahir les États pour s'établir à Ulm, se réfugie à Wurtzbourg avec ses troupes, s'échappant ainsi des mains du général Mack, qui, trouvant tout le pays soulevé contre lui, s'établit aussitôt sur le Haut-Danube, le front couvert par l'Iller, appuyant sa droite à Ulm et sa gauche à Memmingen, comme le lui ordonnait le conseil aulique.

Cependant, conformément aux ordres qu'il avait reçus, Bernadotte laisse dans Stameln, approvisionné pour un an, une forte garnison à qui il fait jurer de défendre cette ville jusqu'à la mort, et achève le rassemblement de son corps d'armée, le 6, à Gœttingue ; il part aussitôt, traverse les deux Hesses, comme s'il se rendait en France, et arrive le 27 à Wurtzbourg, où sa présence nous assure définitivement de l'électeur de Bavière. Marmont, de son côté, part le 1er septembre, avec son corps d'armée, suit les bords du Rhin, passe à Mayence, Francfort, et arrive à Wurtzbourg le 29. Les forces que l'Empereur réunissait contre la coalition, dans la vallée du Danube, se trouvaient donc, par ces marches extraordinaires, rassemblées vers la fin de septembre, c'est-à-dire en une vingtaine de jours, et lorsqu'à peine pensait-on qu'elles eussent quitté Boulogne. Il est impossible de décrire l'étonnement profond que causa cette armée, que l'Empereur baptisa de nom de Grande Armée, et qu'il divisa en 7 corps, complets en toutes armes, et

pouvant agir séparément comme une armée. Ces
corps étaient commandés, en suivant l'ordre des
numéros, par les maréchaux : Bernadotte (17,800
hommes) ; Marmont (20,800 hommes) ; Davoust
(25,700 hommes) ; Soult (41,000 hommes) ; Lannes
(17,800 hommes) ; Ney (25,000 hommes) ; Augereau (14,000 hommes) ; ce septième corps ne prit
point part aux premières opérations, et s'organisait encore aux environs de Brest. Ce ne fut que
plus tard que l'armée d'Italie, commandée par
Masséna, prit le nom de 8ᵉ corps. Napoléon tenait
ainsi son armée dans la main ; il organisait alors,
pour s'assurer le fruit de ses opérations, une réserve de cavalerie, commandée par Murat et sous
sa dépendance immédiate. Elle était composée de
6,000 cuirassiers, 9,000 dragons à cheval, 6,000 dragons à pied et 10,000 artilleurs à cheval. Enfin, la
réserve générale de la Grande Armée était la garde
impériale, dont nous avons donné la composition
dans la septième période de l'histoire militaire.

Le 25, Napoléon donne l'ordre de passer le
Rhin. Murat et les grenadiers d'Oudinot, aussitôt après leur passage, se présentent aux principaux défilés de la forêt Noire et attirent sur ce
point toute l'attention de Mack, qui s'attend à les
voir traverser d'un moment à l'autre par l'armée.
Pendant cette diversion, Ney passe le Rhin sur un
pont de bateaux, entre Lauterbourg et Carlsruhe ;
Soult, sur un autre pont de bateaux près de Spire ;
Davoust sur le pont de Mannheim. Ces trois maré-

chaux, protégés par Lannes, qui occupe, à cet effet, la route de Stuttgardt, en avant de Strasbourg, doivent parcourir transversalement les vallées qui descendent des Alpes de Souabe.

Napoléon passe le Rhin le 1er octobre ; arrivé dans le grand-duché de Baden et dans le Wurtemberg, il conclut avec les deux princes régnants deux traités d'alliance qui lui fournissent 13 à 14,000 hommes de troupes alliées, et reste après son départ de Stuttgardt trois jours à Louisbourg pour donner à ses corps de gauche le temps d'arriver en ligne. C'était une position des plus délicates que celle de côtoyer, pendant une quarantaine de lieues, un ennemi fort de 80,000 à 90,000 hommes sans lui donner trop d'éveil, et sans s'exposer à le voir déboucher à l'improviste sur l'une de ses ailes. Napoléon y pourvoit avec un art et une prévoyance admirables. Trois routes traversaient le Wurtemberg et aboutissaient à ces extrémités abaissées des Alpes de Souabe qu'il s'agissait d'atteindre, pour arriver au Danube, entre Donauwerth et Ingolstadt. La principale était celle de Pfargheim, Stuttgardt et Heidenheim, qui longeait le flanc même des montagnes, et qui était, par une foule de défilés, en communication avec la position des Autrichiens à Ulm. C'était celle qu'il fallait parcourir avec le plus de précaution, à cause du voisinage de l'ennemi. Napoléon l'occupait avec la cavalerie de Murat, le corps du maréchal Lannes, celui du maréchal Ney et la garde. La seconde, celle qui, partant de Spire, passait par Heilbronn, Hall, Ellwangen, pour aboutir dans la plaine de Nordlingen, était occupée par le corps du maréchal Soult. La troisième, partant de Mannheim, passant par Heidelberg, Neckar-Elz, Ingelfingen, aboutissait à Octingen. C'est celle que parcourait le maréchal Davoust. Elle se rapprochait de la direction que les corps de Bernadotte et Marmont devaient suivre, pour se rendre à Wurtzbourg sur le Danube. Napoléon disposa la marche de ces diverses colonnes de manière qu'elles arrivassent toutes du 6 au 7 octobre dans la plaine qui s'étend au bord du Danube, entre Nordlingen, Donauwerth et Ingolstadt. Mais, dans ce mouvement de conversion, sa gauche pivotant sur sa droite, celle-ci avait à décrire un cercle moins étendu que celle-là. Il fit donc ralentir le pas à sa droite, pour donner aux corps de Marmont et de Bernadotte, qui formaient l'extrême gauche, au maréchal Davoust qui venait après eux, enfin, au maréchal Soult qui venait après le maréchal Davoust, et les liait tous au quartier général, le temps d'achever leur mouvement de conversion.

Après avoir suffisamment attendu, Napoléon se mit en marche le 4 octobre avec toute la droite. Murat, galopant sans cesse à la tête de sa cavalerie, paraissait, tour à tour, à l'entrée de chacun des défilés qui traversent les montagnes, ne faisait que s'y montrer, et puis en retirait ses escadrons

dès que les parcs et les bagages étaient assez avancés pour n'avoir plus rien à craindre. Napoléon,
avec les corps de Lannes, de Ney et la garde, sui-
vait la route de Stuttgardt, prêt à se porter avec
50,000 hommes au secours de Murat, si l'ennemi
paraissait en force dans l'un des défilés. Quant aux
corps de Soult, Davoust, Marmont et Bernadotte,
formant le centre de la gauche et l'armée, le danger ne commençait pour eux que lorsque le mouvement qu'on exécutait en parcourant le pied des
Alpes de Souabe serait achevé, et qu'on débou-
cherait dans la plaine de Nordlingen. Il se pouvait,
en effet, que le général Mack, averti assez tôt,
se repliât d'Ulm sur Donauwerth, passât le Danube et vînt combattre dans cette plaine de Nordlingen, pour y arrêter les Français. Napoléon
avait tout disposé pour que Murat, Ney, Lannes,
et avec eux les corps des maréchaux Soult et Davoust au moins, convergeassent ensemble, le 6 octobre, entre Heidenheim, OEttingen et Nordlingen, de manière à pouvoir présenter une masse
imposante à l'ennemi. Mais, jusque-là, ses soins
tendaient toujours à tromper le général Mack
assez longtemps pour qu'il ne songeât point à dé-
camper, et qu'on pût atteindre le Danube à Donauwerth, avant qu'il eût quitté sa position
d'Ulm.

En se mettant en mouvement, Bernadotte et
Marmont sont arrêtés un moment à la frontière du territoire d'Anspach, qui jusqu'alors,

à cause de sa position en Franconie, avait été hors de la ligne de neutralité ; malgré la protestation des magistrats prussiens, Napoléon donne l'ordre de passer outre, en payant tout ce que l'on prenait et observant la plus stricte discipline.

Le 6 octobre, nos six corps d'armée étaient arrivés sans accident au delà des Alpes de Souabe, le maréchal Ney à Heidenheim, le maréchal Lannes à Néresheim, le maréchal Soult à Nordlingen, le maréchal Davoust à OEttingen, le général Marmont et le maréchal Bernadotte sur la route d'Aichstedt, tous en vue du Danube, fort au delà de la position d'Ulm.

Pendant ce temps, Mack, trompé complétement, n'avait pris, pour ses derrières, aucune précaution ; seul, le général Kienmayer, avec quelques 1,000 hommes à Ingolstadt, observait les Bavarois. Cependant la division Vandamme, du corps du maréchal Soult, quitte le 6 octobre la plaine de Nordlingen, et surprend la nuit le pont de Munster. Soult s'empare le lendemain du pont de Donauwerth. Murat, passant immédiatement le Danube à Munster, court sur Rain, et s'empare de son pont sur le Lech pour enlever toute chance de retraite au général Mack. Davoust, de son côté, passe le Danube à Neubourg, et se dirige sur Ingolstadt pour se joindre à Marmont et Bernadotte, et boucher toutes les issues du cercle fatal dont Mack ne se croyait pas encore enveloppé.

Après le terrible combat de Wertingen, Soult, vainqueur, entre le 8 octobre à Augsbourg. Murat et Ney s'emparent aussi, après un violent combat, des ponts du Güngbourg, Leipheim et Reisembourg. Éclairé enfin sur les projets de l'ennemi, Mack change de front, et, appuyant ses derrières sur l'Iller, il exécute comme un demi-tour complet en prenant son centre comme pivot fixe, sa droite se trouvant alors où était précédemment sa gauche, et réciproquement.

Une faute de Murat faillit compromettre tout le succès de la compagne. Heureusement la résistance héroïque et fabuleuse de la division Dupont, restée seule sur la rive gauche du Danube, et qui tint cinq heures avec 6,000 hommes contre 25,000 hommes au village de Hasbach, et fit 4,000 prisonniers, ferma ainsi en apparence aux Autrichiens la route de Bohême imprudemment découverte, et qu'ils croyaient alors défendue par l'armée entière.

Au comble de l'incertitude du parti à prendre dans cette circonstance, Mack, au milieu de projets contraires, finit par adopter un parti qui les conciliait tous et qui, par la division de ses troupes, devait assurer sa perte. Par suite de cette décision, les généraux Sellachid et Biese vont, l'un renforcer le point de Memingen, l'autre s'emparer de la position d'Elchingen, et Werneck s'établir sur la rive gauche du Danube. Napoléon accourt d'Augsbourg et arrive, le 13, sur les lieux.

Ney rétablit le pont d'Elchingen sous le feu de l'ennemi et se précipite sur Werneck. Après un violent combat, il se ressaisit de la rive gauche, secourt Dupont et renferme définitivement les Autrichiens dans Ulm. Soult, pendant ces événements, s'était emparé de Memingen, mais n'avait pu empêcher le corps de Sellachid de se sauver par Krempten dans le Tyrol.

Cependant Mack, réduit par divers combats et par la fuite de Sellachid à 50,000 hommes, se trouvait dans une position désespérée ; il résolut d'attendre à Ulm l'arrivée des Russes.

L'archiduc Ferdinand fuit avec 7,000 chevaux et 20,000 hommes d'infanterie, pendant la nuit ; poursuivi par Murat jusqu'à Nuremberg, il y fut battu complétement, laissant tout son corps prisonnier et se sauvant presque seul sur la route de Bohême. Mack et les 30,000 hommes qu'il a conservés ne doivent plus espérer de salut que dans une honteuse capitulation. Le 15, Ney et Lannes s'emparent des hauteurs de Michelsberg qui dominent la ville, malgré des efforts désespérés. Le 16, M. de Ségur vient sommer les Autrichiens de mettre bas les armes. Cerné par plus de 100,000 Français, pendant que 60,000 autres occupent la ligne de l'Inn, Mack, après huit jours de trève, dépose les armes, et, le 20 octobre 1805, l'Empereur voit défiler devant lui toute l'armée autrichienne qui se rend prisonnière en France. Les officiers seuls, à la condition de ne plus combattre contre la France pendant cette guerre, peuvent se rendre en Autriche.

Il serait trop long d'énumérer tous les trophées qui furent le résultat de cette capitulation ; qu'il nous suffise de rappeler qu'on avait fait en quinze jours 60,000 hommes prisonniers, et anéanti une armée en faisant, comme le disaient si heureusement les soldats, *la guerre seulement avec leurs jambes*, et que nous avions eu à peine, dans toute la durée de la campagne, 2,000 hommes tués.

Quelques jours après, on apprit la funeste nouvelle de la bataille de Trafalgar ; mais le retentissement de cette défaite, profitable seulement à l'Angleterre, fut bientôt étouffé par l'éclat de la capitulation d'Ulm. Napoléon eut aussi des nouvelles de Masséna, qui, après avoir battu l'archiduc Charles à Caldiéro, le poursuivait assez vivement à travers le Frioul pour l'empêcher de se porter au secours de Vienne, sur laquelle il allait se diriger. Cependant la Prusse, pressée par Alexandre, empereur de Russie, était sur le point d'entrer dans la coalition ; Napoléon ne veut pas laisser à cette puissance le temps de se déclarer et de fermer ses derrières qui eussent été alors menacés par les armées russes au nord, les Prussiens au centre et le prince Charles au sud, et de nouveaux succès, aussi prompts que ceux d'Ulm, déjoueront, il le faut, les projets de la Prusse et de la coalition. Mais laissons un moment Napoléon à Munich s'informer des irrésolutions de la Prusse et arrêter

8

ses nouvelles dispositions, et voyons un peu la position des armées qu'il nous restait à combattre.

Deux armées russes de 60,000 hommes chacune s'étaient avancées, l'une par la Pologne, sous le général Buxewden, avec la garde impériale russe de l'archiduc Constantin, et se trouvait alors commandée par l'empereur Alexandre en personne, en marche sur Ollmütz.

L'autre, sous le général en chef Kutusoff et les lieutenants Bagration, Doctorow et Milarodowich, après avoir traversé la Gallicie, avait rallié les débris des corps autrichiens cernés à Ulm et commandés par les généraux Kienmayer et de Merfeeld, et se trouvait alors entre l'Empereur et Vienne, décidé à la défensive la plus opiniâtre pour retarder l'invasion et essayer de sauver Vienne par une grande bataille lorsqu'on aurait pu se joindre à Alexandre et au prince Charles, à qui on donnait aussi le temps d'arriver.

Mais la marche rapide de l'Empereur devait déjouer ces combinaisons.

Napoléon avait disposé sa marche de la manière suivante; il était réduit à cheminer entre le Danube et la chaîne des Alpes sur une route resserrée entre le fleuve et les montagnes. S'avancer avec une armée nombreuse sur cette route étroite était également dangereux pour se procurer des vivres et pour la sûreté de la marche, car, outre l'archiduc Charles qui pouvait passer de Lombardie en Bavière, et se jeter dans notre flanc, il y avait en

Tyrol 25,000 hommes environ sous l'archiduc Jean. Napoléon prit donc la sage précaution de confier au corps de Ney la conquête du Tyrol. Il prescrivit à ce maréchal de quitter Ulm, de remonter par Kempten, pour pénétrer dans le Tyrol, de manière à couper en deux les troupes disséminées dans cette longue contrée. Celles qui seraient à la droite du maréchal Ney devaient être rejetées sur le Vorarlberg et le lac de Constance, où arrivait le corps d'Augereau, après avoir traversé toute la France, de Brest à Huningue. Ney, privé de la division Dupont, qui avait concouru avec Murat à la poursuite de l'archiduc Ferdinand, était réduit à 10,000 hommes environ. Mais Napoléon, se confiant en sa vigueur et dans les 14,000 hommes amenés par Augereau, croyait que c'était assez de forces pour la tâche qu'il avait à remplir. Le Tyrol ainsi occupé, il destinait Bernadotte à pénétrer dans le pays de Salzbourg ; il enjoignit à celui-ci de s'acheminer de Munich vers l'Inn, et d'aller le franchir ou à Wasserbourg ou à Rosenheim. Le général Marmont devait appuyer Bernadotte. Napoléon s'assurait ainsi deux avantages : celui de se couvrir entièrement du côté des Alpes, et celui de se ménager la possession du cours supérieur de l'Inn, ce qui empêchait les Austro-Russes d'en défendre le cours inférieur contre le gros de notre armée. Quant à lui, avec les corps des maréchaux Davoust, Soult et Lannes, avec la réserve de la cavalerie et la garde, il aborda de front la grande barrière de l'Inn dans l'inten-

tion de la franchir de Muhldorf à Braunau. Murat
avait ordre de partir le 26 octobre, avec les dragons des généraux Walther et Beaumont, la grosse
cavalerie du général d'Hautpoul, et un équipage
de pont, pour se porter directement sur Muhldorf,
en suivant la grande route de Munich par Hohenlinden, et en traversant ainsi les champs immor-
talisés par Moreau. Le maréchal Soult devait
l'appuyer à une marche en arrière. Le maréchal
Davoust prit la route de gauche par Freisingen,
Dorfen et Neu-OEttingen. Lannes, qui avait con-
tribué avec Murat à la poursuite de l'archiduc
Ferdinand, dut marcher plus à gauche encore que
Davoust, par Landshut, Vilsbibourg et Braunau.
Enfin, la division Dupont, qui s'était fort engagée
dans la même direction, descendit le Danube pour
aller s'emparer de Passau. Napoléon, avec la garde,
suivit Murat et Soult sur la grande route de Munich.

Avant de quitter Augsbourg, Napoléon y ordonna un système de précautions dont on le verra
toujours plus occupé, à mesure que l'échelle de
ses opérations s'agrandira, et dans lequel il est
demeuré sans pareil, par l'étendue de sa prévoyance et l'activité de ses soins. Ce système de
précautions avait pour but de créer sur sa ligne
d'opérations des points d'appui qui lui servissent
également à s'avancer ou à rétrograder, s'il était
réduit à ce dernier parti. Ces points d'appui, outre l'avantage de présenter une certaine force, de-

vaient avoir celui de contenir des approvisionnements immenses en tout genre, fort utiles à une
armée qui marche en avant, indispensables à une
armée qui se retire : il choisit en Bavière, sur le
Leck, Augsbourg, qui offrait quelques moyens de
défense et les ressources propres à une grande
population ; il y ordonna les travaux nécessaires
pour la mettre à l'abri d'un coup de main, et voulut
qu'on y réunit des grains, des bestiaux, des draps,
des souliers, des munitions, et surtout des ressources pour les hôpitaux; il fit des commandes de
draps et de souliers à Nuremberg, à Ratisbonne, à
Munich, en les payant et en exigeant une prompte
exécution, avec ordre de rassembler à Augsbourg
les objets confectionnés. Cette ville devenant le
point principal de la route de l'armée, tous les détachements durent y passer pour se pourvoir de
ce dont ils manquaient. Ces précautions prises,
Napoléon se mit en route afin de suivre ses corps
qui le devançaient d'une ou deux marches.

Le but de cet abrégé et la concision que nous
nous sommes prescrite ne nous permettront pas de
suivre tous les détails des marches de l'Empereur
et de ses lieutenants jusqu'à Vienne.

Après les combats d'Amstetten, de Polten et
Dirsten, Kutusoff avait repassé le Danube à Krems,
et Murat, avant d'entrer à Vienne, en avait surpris
les ponts par où l'Empereur s'empressa de diriger
l'armée en Moravie à la poursuite de Kutusoff, dont
les arrière-gardes avaient été si souvent battues.

Après le violent combat d'Hollabrunn, toute
l'armée se concentre près de Brünn où l'Empereur
établit son quartier général le 20 novembre, et
feint dans cette position de n'oser avancer, en-
tame même diverses trompeuses négociations qui,
en donnant une folle présomption aux alliés, les
décident à quitter Ollmütz pour marcher sur
Brünn, et à lui livrer une bataille décisive. Une
marche rétrograde accomplie avec une feinte indécision, jusqu'au terrain qu'il avait étudié entre
Brünn et Austerlitz, achève d'exalter les Russes
qui viennent d'eux-mêmes alors livrer cette bataille que Napoléon avait tant désirée : car,
comme le dit à cette occasion le comte Mathieu
Dumas : « Une armée de 160 mille hommes ayant
« derrière elle toutes les ressources de la Hongrie,
« marchant sur Vienne, et manœuvrant sur les
« deux rives du Danube, aurait certainement
« obligé les Français à évacuer la Moravie et l'Au-
« triche inférieure. Ce plan de guerre était le plus
« raisonnable ; c'était aussi celui que l'Empereur
« Napoléon redoutait le plus, parce que la Prusse
« n'aurait pas manqué d'y prendre part, et que ses
« armées, soldées par l'Angleterre, et déjà en
« mouvement, n'avaient que quelques marches à
« faire pour se porter sur le Haut-Danube, couper
« la ligne d'opération de la grande armée fran-
« çaise et rendre, en cas de revers, sa retraite
« difficile, sinon désastreuse. »

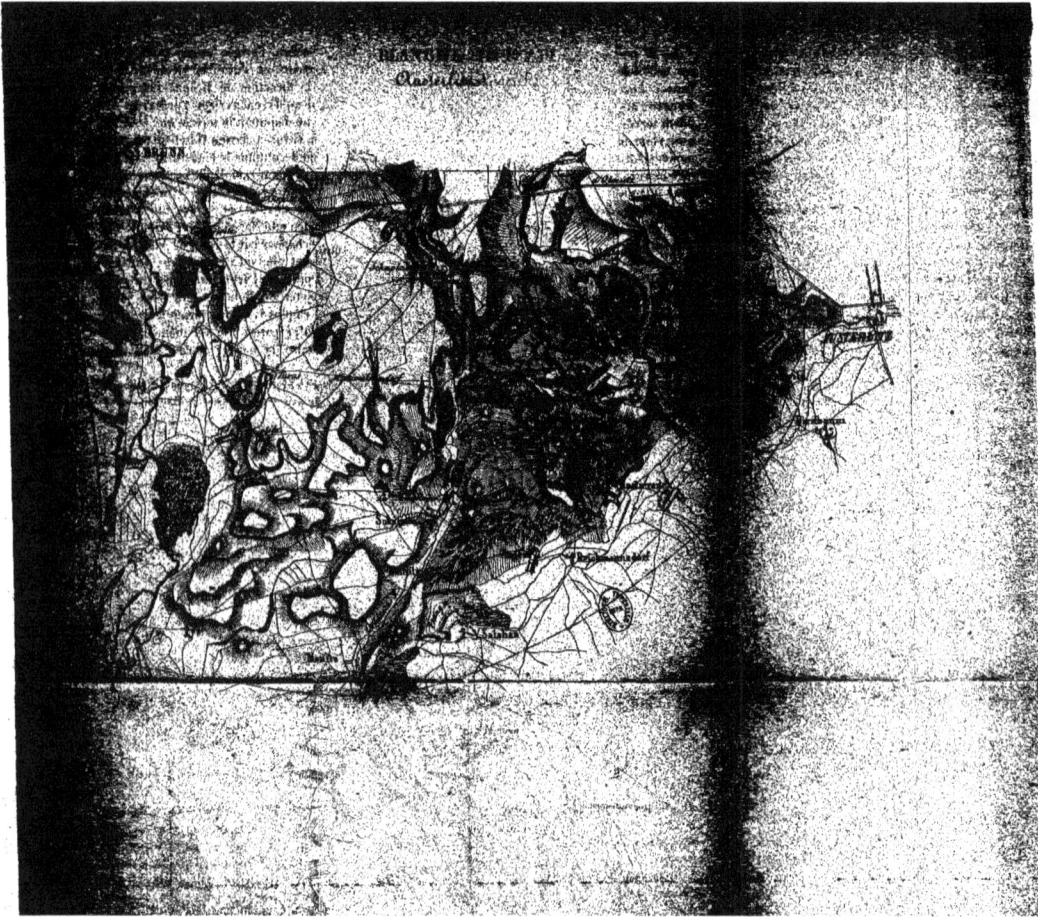

Le 27 novembre, l'armée austro-russe quitte ses cantonnements et s'avance, pleine de confiance, dans la direction de Brünn. Les postes français, ainsi qu'ils en avaient l'ordre, se replient serrés, ne disputent le terrain que pour attirer l'ennemi. Celui-ci occupe Wischem : dans ce mouvement qu'il continue le lendemain, son armée marche échelonnée, la droite en tête, comme pour attaquer et tourner notre aile gauche, mais tout à coup ce dessein se trouve abandonné. Frappés de l'idée que Napoléon veut éviter la bataille et leur échapper par la route de Vienne, les alliés ne songent plus qu'à manœuvrer par leur gauche, pour prévenir l'armée française sur cette route et la rejeter en Bohême. Les deux jours suivants sont employés à bouleverser leur ordre de bataille et à préparer, à la vue même de leur vigilant adversaire, la marche de flanc qu'ils ont projetée.

Napoléon les a bientôt devinés, mais il n'a garde de les troubler avant la jonction de Bernadotte et de Davoust. Certain que ceux-ci arriveront en temps utile, il attend avec calme et cède même encore du terrain, voulant accroître ainsi la sécurité de l'ennemi.

BATAILLE D'AUSTERLITZ (2 décembre 1805).

En jetant les yeux sur le champ de bataille (*pl.* VIII), on distingue tout d'abord l'angle droit que fait à Brünn la grande route de Moravie qui, partant de Vienne, se dirige de Brünn à Ollmütz, formant ainsi les deux côtés d'une espèce de triangle dont la base circulaire passerait à Austerlitz, au versant extérieur du plateau de Pratzen, aux étangs de Satschau, Ménitz, et enfin à Gross-Raigern. L'aire stratégique de ce triangle est coupée à peu près vers son milieu par un ruisseau marécageux nommé Goldbach, qui se jette dans les étangs, et dont le cours est défendu par les villages de Gazikowich, Pantowich, Kobenitz, Sokolnitz, Telnitz et Menitz. Vis-à-vis Kobenitz et Sokolnitz se dresse le Pratzen couronné d'un plateau dont les pentes les plus raides sont du côté des étangs, et aboutissent au village d'Augez, et les pentes les plus douces s'étendent jusqu'aux environs d'Austerlitz. De ce plateau au Santon, dernier mamelon des montagnes de Moravie de ce côté, le terrain présente une belle plaine peu accidentée, et aussi propre à la cavalerie que le terrain qui du plateau de Pratzen s'étend aux étangs, l'est fort peu : l'Empereur concentre toutes ses forces sur ce terrain, appuyant sa gauche au Santon, sa droite au village de Sokolnitz, assez près des étangs pour pouvoir protéger la route de

Vienne, mais pas assez pour ne pas laisser à l'ennemi la possibilité de passer entre son armée et les étangs, et de lui intercepter cette route par un mouvement de flanc autour de son armée, que l'Empereur avait prévu et dont il se garda bien d'entraver le commencement d'exécution. L'Empereur gardera donc la défensive jusqu'au moment où les manœuvres de l'ennemi lui permettront de prendre l'offensive. La division Friant, qui occupe Gross-Raigern, doit s'emparer au bruit du combat des villages qui défendent le Goldbach, et empêcher aux colonnes russes d'aller plus avant. Lannes et Murat occupent la plaine entre le plateau de Pratzen et le Santon ; le centre est occupé par l'Empereur et le maréchal Soult ; la gauche, par les généraux Legrand et Margaron.

Voici les dispositions de l'armée austro-russe : Le prince de Bagration à l'aile droite devait emporter le Santon et marcher sur Brünn, pendant que 82 escadrons commandés par Jean de Lichteinstein détruiraient la cavalerie de Murat. Le gros de l'armée, composé de 4 colonnes qui occupaient le Pratzen, devait en descendre pour tourner les Français, en traversant le Goldbach, aller s'établir sur la route de Vienne, et y donner la main aux troupes du prince de Bagration parvenues dans Brünn.

Toutes ces dispositions avaient été faites le soir. Le lendemain, 2 décembre, la bataille commença ; grande fut la joie de l'Empereur en apercevant les

Russes dégarnir les hauteurs de Pratzen et se
diriger vers les étangs; il leur laissa exécuter
leur mouvement sans s'y opposer, jusqu'au moment où il les jugea assez enfoncés dans les bas-
fonds pour ne pouvoir revenir sur leurs pas; il
ordonna alors à Soult, Vandamme et St-Hilaire, de
s'emparer de Pratzen, dont la possession coupait
en deux les Austro-russes. En moins d'une heure,
le plateau était emporté et l'ennemi en fuite jusque sous les murs d'Austerlitz. Les deux empereurs d'Autriche et de Russie, et Kutusoff, à
la tête de la garde impériale russe, peuvent à peine
rallier quelques fuyards. Cependant, Lannes et
Murat, à la gauche de l'armée, triomphent des
assauts répétés de Bagration et de toute la cavalerie austro-russe, en leur opposant une combinaison d'infanterie et de cavalerie de la manière
suivante : les divisions Suchet et Caffarelli présentaient plusieurs bataillons déployés, et derrière
les intervalles de ces bataillons d'autres bataillons
en colonne serrée pour appuyer et flanquer les
premiers. L'artillerie était espacée sur le front
des 2 divisions. La cavalerie légère du général
Kellermann, les dragons et les cuirassiers de Nan-
souty et de d'Hautpoul étaient placés en arrière :
aux charges violentes et successives des 82 escadrons de Jean de Lichteinstein et aux uhlans du
grand-duc Constantin l'infanterie opposait les
feux et la baïonnette; et au moment où le désordre, causé par ces feux, se produisait, nos esca-

drons, passant par les intervalles, exécutaient des charges terribles. Le résultat de cette combinaison fut l'entier dispersement des escadrons austro-russes qui ne reparurent plus de la journée. Le prince Bagration n'était pas heureux non plus de son côté. Réduit à la retraite par le maréchal Lannes, il l'exécutait en bon ordre, mais la perte de sa cavalerie l'obligea à se retirer vivement, en laissant à Lannes 4 mille prisonniers.

Pendant ce temps, les colonnes russes étaient parvenues au Goldbach; les villages de Sokolnitz, Telmitz et Menitz, furent pris et repris vingt fois, défendus avec un acharnement admirable par les 8 mille combattants du général Friant contre 35 mille Russes. Cependant le général Friant allait être forcé, lorsque l'Empereur, aidé du maréchal Soult, après un combat des plus violents qui avait assuré sa position au Pratzen, malgré tous les efforts des réserves russes de Kutusoff et des deux empereurs vaincus, se reporte à sa droite pour terminer la bataille. Prises entre deux feux, les 3 colonnes de Buxewden sont mises dans un désordre affreux et rejetées sur les étangs dont la glace s'entr'ouve et engloutit des milliers de combattants. Seul, le général Doctorow, après une glorieuse résistance, parvient à sauver une partie de sa colonne par un chemin qu'on vient de découvrir entre les étangs de Satschau et de Ménitz, mais où il laisse encore un grand nombre de prisonniers.

La victoire, si complète et si brillante, était le juste prix des combinaisons admirables de l'Empereur. En effet, devinant avec la pénétration du génie que les Russes voudraient lui enlever la route de Vienne, et qu'alors ils se placeraient entre lui et les étangs, Napoléon les avait, par son attitude même, encouragés à y venir, puis affaiblissant sa droite, renforçant son centre, il s'était jeté avec le gros de son armée sur les hauteurs de Pratzen par eux abandonnées, les avait ainsi coupés en deux, et jetés dans un désordre dont ils n'avaient pu sortir. La majeure partie de ses troupes, gardée en réserve, n'avait presque pas agi, tant une pensée juste rendait sa position forte, tant aussi la valeur des ses soldats lui permettait de les présenter en nombre inférieur à l'ennemi. On peut dire que, sur 65,000 Français, 40,000 ou 45,000 au plus avaient combattu, car le corps de Bernadotte, les grenadiers et l'infanterie de la garde n'avaient échangé que quelques coups de fusil. Ainsi 45,000 Français avaient vaincu 90,000 Austro-Russes !

Les résultats de la journée étaient immenses : 15,000 morts, noyés ou blessés, environ 20,000 prisonniers, parmi lesquels 10 colonels et 8 généraux, 180 bouches à feu, une immense quantité de chevaux, de voitures d'artillerie et de bagages, tels étaient les pertes de l'ennemi et les trophées des Français. Ceux-ci avaient à regretter environ 7,000 hommes, tant morts que blessés.

Le soir même, le prince Jean de Lichteinstein vint, de la part des empereurs, proposer un armistice, sous promesse de signer la paix dans quelques jours. La nouvelle de l'armistice arracha le maréchal Davoust à la poursuite sans relâche qu'il faisait aux Russes et termina la campagne à laquelle l'Empire dut le traité de Presbourg et l'Empereur la couronne d'Italie.

CAMPAGNE DE 1814 (*Modèle de guerre défensive*).

La campagne de 1814 se divise :

    1° Opérations sur l'Aube;

    2° Opérations sur la Marne et la Seine ;

    3° Opérations sur l'Aisne et l'Aube ;

    Changement de bases d'opérations ;

    5° Opérations indépendantes.

Avant d'étudier les diverses phases de cette campagne, il faut d'abord se rendre compte de la position respective des peuples et des armées au début de la campagne.

Les désastres de Russie et de 1813 avaient désorganisé l'armée; il ne restait presque plus que les cadres ; de nombreuses levées furent décrétées, mais à l'embarras de les instruire se joignit celui de les armer ; on fut obligé de désarmer tous les étrangers, à l'exception des Polonais. Les 160,000 conscrits de 1815 furent seulement dirigés sur l'armée; les autres classes appelées devaient rejoindre un peu plus tard les dépôts où Napoléon avait renvoyé les cadres inactifs, par suite de la formation des régiments en un seul bataillon qui pouvait compter jusqu'à 2,000 ou 3,000 hommes. Pour remonter la cavalerie, on créa l'impôt du 30° cheval, ce qui procura environ 4,000 chevaux, qui furent cantonnés aux environs de la Sarre, et destinés à la formation d'un corps d'éclaireurs qui ne fut jamais complétement organisé. L'Empereur donna tous ses soins à l'artillerie, et surtout à sa garde, et l'armée commençait à grossir. 100,000 hommes, formés en huit corps, étaient disposés ainsi : 1° le duc de Bellune, couvrant l'Alsace et les Vosges ; 2° le duc de Raguse, couvrant la haute Moselle et les croupes des Vosges, vers Béfort ; 3° le prince de la Moscowa, placé entre les sources et dans les hautes vallées de la Meuse et de la Saône ; 4° le duc de Castiglione, aux environs de Bellegarde, pour surveiller les débouchés de la Suisse en Franche-Comté ; 5° et 6° les ducs de Trévise et de Reggio, couvrant les routes de Bâle ou de Metz à Paris ; 7° et 8 les ducs d'Albuféra et de Dalmatie, agissant aux Pyrénées. Le reste de son armée était dispersée dans les places fortes de l'Oder, de l'Elbe, de l'Allemagne et de la Hollande, et les progrès rapides de l'invasion empêchèrent de les utiliser.

Les alliés avaient divisé leurs forces en trois grandes armées, car nous ne parlerons pas ici des ar-

mées d'Espagne et d'Italie, destinées à agir indépendamment des armées principales contre les ducs
d'Albuféra et de Dalmatie, d'une part, et contre
le prince Eugène et Augereau, en Italie. La première, du prince Schwartzemberg, au nombre de
150,000 hommes, sous le nom de grande armée,
devait passer immédiatement le Rhin à Bâle.
La deuxième, du feld-maréchal Blücher, au
nombre de 130,000 hommes, sous le nom d'armée
de Silésie, devait passer le Rhin sur des ponts établis entre Mayence et Strasbourg. Ces points de
Mayence et de Bâle, si heureusement choisis pour
les deux armées, leur permettaient, à l'une, de
tourner les lignes de défense de la Sarre et de la
Meuse, à l'autre, de couper les lignes de défense
de l'Alsace, et de se transporter par la trouée de
Béfort dans les bassins de l'Aube et de la Seine.
La troisième, du prince royal de Suède, au nombre de 60,000 hommes, sous le nom d'armée du
Nord, traversant le Rhin entre Cologne et Dussel-
dorff, devait se joindre à l'armée anglaise du duc
d'York, en longeant la Meuse, pour couper la
Hollande, et prendre la Belgique à revers, pendant que la grande armée et l'armée de Silésie
s'avanceraient concentriquement sur Paris, après
avoir opéré leur jonction dans les bassins de la
Meuse ou de la Marne ; les réserves prussiennes,
russes, autrichiennes, et celles des Anglais, des
Espagnols, des Portugais, portaient à 800,000 ou
900,000 hommes les forces totales de la coali-

tion, auxquelles l'Empereur n'avait à opposer que 300,000 hommes, dont 200,000, comme nous l'avons dit plus haut, ne purent prendre part aux opérations.

Le génie de l'Empereur, au milieu d'une armée découragée par l'immense supériorité de ses ennemis, grandit dans ces graves circonstances. Maître du point objectif principal de l'aire stratégique, il croit que des succès aux environs de Paris suffiront à rejeter l'ennemi au delà de la Vistule, et il se borne d'abord à l'expectative, s'assurant la possibilité de concentrer les six premiers corps de son armée dans un temps donné pour frapper sur les ennemis séparément des coups décisifs.

Ayant déjà donné des exemples des marches extraordinaires de l'Empereur dans la campagne de 1805, nous n'entrerons pas pour le résumé de cette campagne dans des détails qui, tout instructifs qu'ils sont, dépasseraient le but de cet ouvrage. Nous allons donc suivre rapidement la marche des événements.

Le 28 janvier, Napoléon bat Blücher à Brienne. Le 1er février, engagé à La Rothière contre des forces triples, il est forcé de se retirer sur Troyes. L'ennemi s'avance avec précaution et passe l'Aube, mais les alliés commettent ici la faute de prendre deux lignes d'opérations. La grande armée suit l'Aube, l'armée de Silésie la Marne; Blücher divise son armée en cinq colonnes qui

marchent à deux jours de distance, se confor-
mant en ceci à ce qui avait été résolu dans le
conseil des souverains tenu à Brienne. Il espère
prévenir Macdonald, dans le bassin de la Marne,
et le couper par la route d'Etoges à Montmirail.
Ce mouvement, pour réussir, devait être exécuté
par des masses, et avec célérité. Or, la lenteur des
opérations fit manquer ce projet. Arrivé à La Fère-
Champenoise, Blücher veut prévenir Macdonald
à La Ferté-sous-Jouarre, en s'y portant de lui-
même par la route d'Etoges à Montmirail, pendant que le duc d'York et le baron Sacken s'y
rendraient de leur côté, en marchant à travers le
pays, à un jour de distance. Arrivées à Montmirail le 9, les avant-gardes de Sacken y sont re-
poussées par Macdonald, qui se retire aussitôt
derrière Meaux, dont il fait sauter les ponts.
L'Empereur, laissant alors 20,000 hommes aux
ducs de Béthune et de Reggio, pour défendre la
Seine, accourt au secours de Macdonald. Blücher,
immobile à Vertus, ordonne à Sacken d'occuper
Montmirail, et York va investir Château-Thierry.
Napoléon, saisissant cette occasion, se porte vers
Montmirail le 4, laisse Raguse et sa cavalerie à
Etoges pour observer Blücher à Vertus, et place
la division Ricard à Pomessone, pendant que les
corps de Ney et de Friant occupaient Marchais
et les routes de Paris, de La Ferté et de Châlons. Au
lieu de nous éviter en se retirant sur Fontenelles,
Sacken va prendre position sur le Petit-Morin,

s'appuyant à la ferme de la Haute-Épine, au village de Blessine, et prolongeant sa cavalerie vers la gauche comme pour tendre la main au duc d'York. 40 pièces de canon défendent la ligne de bataille.

BATAILLE DE MONTMIRAIL.

Après une canonnade insignifiante jusqu'à deux heures, Napoléon, à l'arrivée de Trévise, jugeant que la clef de la position ennemie était la ferme de Haute-Épine, dont il fallait à tout prix s'emparer, ordonne à Ricard de résister faiblement à Pomessone, afin que, enhardi par cet avantage sur le Petit-Morin, Sacken, en voulant le poursuivre, dégarnît la ferme de Haute-Épine. Tout réussit comme l'Empereur l'avait jugé, et aussitôt, le prince de la Moskowa, à la tête de 4 bataillons, se précipite sur ce poste important qu'il enlève à la baïonnette. Ainsi déposté, Sacken veut traverser la route de La Ferté pour se joindre au duc d'York dont on aperçoit les premières avant-gardes, et détache, à cet effet, la cavalerie de son flanc gauche pour se lier aux Prussiens. Au moment où cette cavalerie russe, dans son mouvement, laisse le flanc gauche de Sacken découvert, l'Empereur y fait exécuter une charge par 4 escadrons d'élite, et à peine la tête de la colonne parvient-elle à gagner Fontenelles, où le duc d'York commençait à déboucher, en formant le

projet de tourner notre droite, qu'aussitôt commencé, ce mouvement du duc d'York est brus-
quement interrompu par Trévise qui, renversant
tout ce qui se trouvait devant lui, pénètre alors de
vive force dans Fontenelles.

Sur la gauche des Français, le combat se sou-
tenait avec opiniâtreté. En moins d'une heure,
les villages de Pomessone et de Marchais avaient
été pris et repris plusieurs fois. Ce dernier restait aux Russes, qui venaient de l'enlever à la
division Meunier. Impatient de s'en rendre maître, l'Empereur dispose deux colonnes pour y
marcher de front, tandis que les gardes d'honneur manœuvreront sur les derrières. A la vue
de cette double attaque, que conduisent le maréchal duc de Dantzig et le grand maréchal du
palais comte Bertrand, le général Ricard se
précipite dans le vallon pour mettre l'ennemi
entre deux feux. Les trois colonnes pénètrent en
même temps dans le village, et en chassent, sans
retour, les Russes, qui, trouvant la cavalerie
sur leur passage, se débandent et cherchent un
refuge dans les bois. Poursuivis avec acharnement
par la division Ricard, la plupart sont tués ou
pris. Sacken et York se retirent sur Château-
Thierry.

Laissant le duc de Trévise à son ardente poursuite, revenons à Blücher, qui ignorait à Vertus
le désastre de ses lieutenants et se préparait à
attaquer Raguse qui s'était replié sur Vauchamps.

9.

L'Empereur accourt aussitôt à son secours et, dès qu'il l'a rejoint, donne l'ordre de reprendre l'offensive.

BATAILLE DE CHAMP-AUBERT.

Vers dix heures, la division Ricard se porte sur Vauchamps déjà occupé par les Prussiens; ceux-ci, après l'avoir repoussée, s'élancent imprudemment à sa poursuite. Ils sont chargés par l'escorte du duc de Raguse, qui les rejette en désordre jusque dans le village. L'Empereur saisit ce moment avec ses 4 escadrons de service. L'avant-garde ennemie est culbutée et sabrée à la vue de son corps de bataille, rangé à six cents pas en arrière. Toutes les troupes françaises arrivaient en ligne. A la vue des forces imposantes qui le menacent, Blücher ordonne la retraite ; il forme en carrés son infanterie et couvre ses flancs par sa cavalerie ; l'artillerie occupe les intervalles.

Jusqu'à Janvilliers, le mouvement s'effectue en bon ordre; mais à peine les carrés ont-ils dépassé ce village, que, dans un vaste champ, à gauche de la route, le général Grouchy, avec le premier corps de cavalerie, tombe sur leurs derrières, et en accule plusieurs au bois d'Etoges ; 2,000 hommes sont cernés et pris, 4 pièces et 5 caissons enlevés. L'Empereur, profitant de ce désordre, ordonne une nouvelle charge des escadrons de service. Mal accueillis d'abord, ils parviennent à enfoncer un carré et à ramasser 500 prisonniers.

Pour continuer plus sûrement sa retraite, le feld-maréchal crut devoir adopter l'ordre en échiquier. Dès que l'Empereur s'aperçoit de cette nouvelle disposition, il ordonne de faire avancer toute l'artillerie de sa garde. Pendant deux heures, les masses ennemies sont mitraillées par 30 bouches à feu, sans pouvoir en mettre plus de 6 en action. Toutefois, cette crise n'était pas la dernière réservée à l'armée de Silésie. Prévoyant qu'elle allait continuer sa retraite sur Etoges, Grouchy, à la suite de sa première charge, fila en diligence à travers les bois, et vint se placer sur la grande route en avant de Champ-Aubert. 2 batteries, qui devaient le suivre, n'arrivèrent malheureusement pas pour compléter la défaite de l'ennemi.

En ce moment et sur l'ordre du comte Grouchy, les généraux Doumerc et Saint-Germain se précipitent comme la foudre et simultanément sur les derrières de l'ennemi. Les lignes sont rompues, les carrés enfoncés, les canonniers sabrés sur leurs pièces; la cavalerie de la garde vient achever le désordre et prendre part au carnage. Il fut horrible. Le prince Auguste de Prusse, le feld-maréchal Blücher, les généraux Kleist et Kapzewitsch, entraînés par les fuyards, confondus avec eux, sont foulés aux pieds des chevaux. Pas un fantassin ne serait échappé, si le prince de la Moskowa, craignant de voir s'égarer les cuirassiers dans les bois, n'eût fait sonner le ralliement.

Les débris de l'armée de Silésie ainsi battue continuèrent leur fuite toute la nuit et arrivèrent enfin à Châlons, où s'étaient aussi réfugiés les corps de Sacken et d'York.

Cependant, la Grande Armée a passé la Seine à Nogent et l'Yonne à Sens. Les combats de Marmant, Montereau et Nogent, ont pour but de rejeter cette armée derrière la Seine. Revenant alors sur Blücher, qu'il veut acculer à l'Aisne, l'Empereur lui livre la bataille de Craone, sanglante boucherie, après laquelle Blücher bat en retraite sur Laon. L'Empereur revient alors à Soissons, qu'il ne quitte qu'après en avoir confié la défense au chef de bataillon Gérard.

Mais, au moment de se mettre en marche sur Château-Thierry, Napoléon est informé que, dans la nuit du 12 au 13, le corps russe de Saint-Priest, parti des environs de Châlons, a surpris le général Corbinaux et s'est emparé de Reims. Cet événement, qui aura pour double résultat de rétablir la communication entre les armées alliées et de tourner la ligne de l'Aisne, ne peut être envisagé avec indifférence, et dès le soir même l'Empereur arrive aux portes de Reims. Les Russes, quoique surpris, opposent une vive résistance : on se bat toute la soirée et bien avant dans la nuit. Enfin, le général Saint-Priest est grièvement blessé, et ses troupes, en le voyant emporter, se retirent.

Quelques jours après, l'Empereur apprend

qu'Augereau, forcé dans toutes ses positions, n'a
pu se joindre au prince Eugène, qui avait reçu
l'ordre d'abandonner l'Italie, en laissant des garnisons dans des places fortes, et de marcher avec
lui sur la base d'opération des alliés, après avoir
insurrectionné le Midi. Il apprend aussi la retraite
du duc de Dalmatie, et la nouvelle des renforts
que les alliés reçoivent tous les jours, pour garder
constamment contre lui un effectif écrasant. L'Empereur, avec ses troupes harassées et réduites de
moitié, contre un ennemi trois fois supérieur en
nombre, est alors obligé de reconnaître l'impossibilité de résoudre le problème d'être le plus fort
sur un point donné.

L'armée de Raguse, composée de 12,000 hommes, a vainement défendu la vallée de l'Ourcq
contre 100,000 Russes. Macdonald et Oudinot ont
été écrasés à Bar-sur-Aube, par la Grande Armée
qui se montre à Nogent. Napoléon lui-même a été
forcé, après deux jours de combats, à Arcis-sur-
Aube, de rétrograder vivement. La lutte n'est
plus possible dans l'échiquier actuel; Napoléon
doit être écrasé ou changer son plan de campagne.
Il conçoit alors le projet de s'appuyer sur les
places fortes et les garnisons de l'Est, d'insurrec-
tionner la Champagne, la Brie et tout le pays de
ce côté, et, avec une nouvelle armée composée de
ses dernières ressources et de tous ses corps dispersés, de pousser à fond ses manœuvres contre les
flancs et les derrières des alliés, manœuvres dans

lesquelles il excellait, manœuvres qui avaient fait sa fortune, et desquelles il devait exclusivement alors en espérer la conservation. Mais, au moment d'exécuter ce plan, la considération de Paris, dont la perte peut faire tomber son trône, l'emporte, et il se résout à sacrifier ses dernières ressources au salut de la capitale. Modifiant alors sa première idée, et comptant que Joseph et les maréchaux Trévise et Raguse tiendraient dans Paris, au moins trois jours, l'Empereur se dirige sur Vitry, passe la Marne à Frignicourt, et attend dans une bonne position toutes les troupes qu'il a mandées auprès de lui. C'est là qu'il apprend la marche forcée des alliés sur Paris. Un moment, il se flatte de l'espoir d'arriver à temps pour rallier ses forces sous le canon de Montmartre et discuter en personne les dernières conditions de la paix : mais c'en était fait; Paris était rendu et déjà les souverains s'étaient engagés à *ne plus traiter avec Napoléon Bonaparte, ni aucun membre de sa famille.* En position sur la petite rivière d'Essonne, l'Empereur veut un instant marcher sur Paris, mais la défection d'un de ses maréchaux, les représentations de quelques autres, et surtout la vue des maux qui menaceraient sa patrie par la prolongation d'une telle lutte, tout lui fait un devoir de terminer la guerre : Napoléon abdique et se retire à l'île d'Elbe, voisine de sa patrie, par le traité du 11 avril 1814, en conservant le titre d'Empereur.

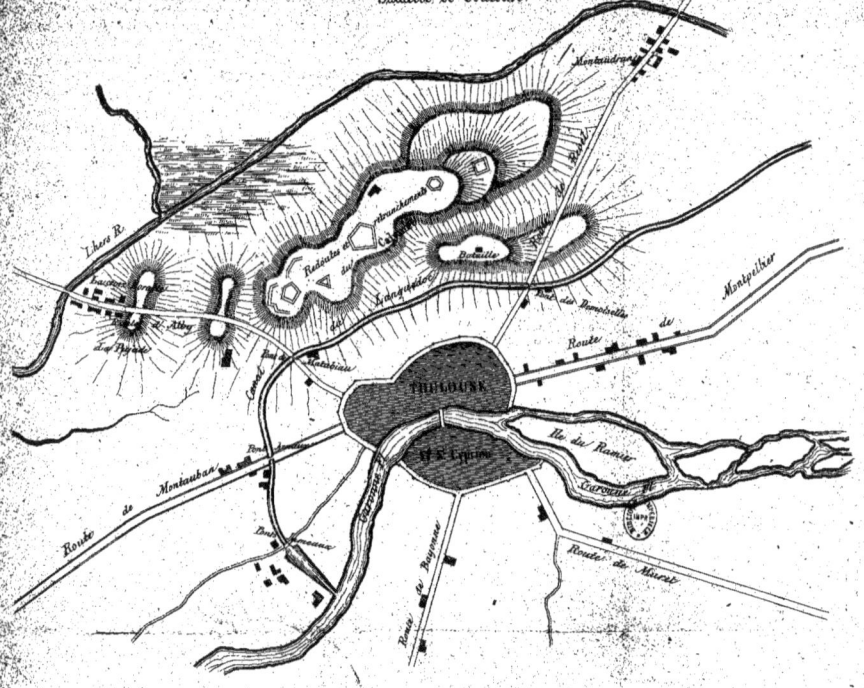

Bataille de Toulouse

Une des opérations indépendantes de la campagne de 1814 présentant de l'analogie avec la bataille d'Austerlitz, que nous avons décrite plus haut, nous croyons devoir donner cette bataille, sans sortir du but que nous nous sommes tracé, puisque nous ferons ressortir ainsi cette vérité importante, formant une des bases de la tactique, savoir, qu'à la guerre, des circonstances analogues se présentent souvent, et qu'en suivant les méthodes observées, on peut prétendre aux succès qu'elles avaient procurés. Nous verrons, en effet, que, si le général T..... s'était bien rendu compte de son devoir, la bataille de Toulouse eût été complétement gagnée.

BATAILLE DE TOULOUSE.

Forcé de battre en retraite devant un ennemi supérieur en nombre, le maréchal Soult arrive à Toulouse le 24 avril, ayant gagné trois jours d'avance sur Wellington.

Toulouse (*pl.* 9), situé sur la rive droite de la Garonne, un peu au-dessus de la prise d'eau du canal du Languedoc, est dominé par les hauteurs de la Pujade, du Calvinet et de Montaudran. Son enceinte, flanquée d'antiques tours, est couverte à l'est et au nord par le canal, et à l'ouest par la Garonne, en sorte qu'elle n'est accessible qu'au midi, entre le canal et la rivière. Réduit à soutenir avec moins de 30,000 hommes une lutte inégale contre plus de 50,000 hommes, le maréchal, attendant l'ennemi dans sa position, met à profit le temps qui lui reste pour en couvrir tous les débouchés et en fortifier tous les points importants. Ainsi, le pont de la Croix-Daurade, sur l'Ers, est défendu par un bataillon et de la cavelerie légère ; les hauteurs du Calvinet sont recouvertes d'un redoutable système de redoutes flanquées ; la double enceinte continue du faubourg Saint-Cyprien est partout réparée ; enfin la ville et les ponts du canal sont fortement occupés.

Wellington veut passer la Garonne en dessous de Toulouse, mais, à peine les trois premières divisions du duc de Beresford arrivaient sur la rive droite, que le pont emporté par une crue subite causée par un orage s'abîma derrière elles. Ce corps resta ainsi isolé pendant deux jours. Le maréchal ne le sut-il que trop tard, ou voulut-il attirer plus sûrement Wellington à Toulouse ? Ce corps ne fut point attaqué, et toute l'armée anglaise se transporta sur la rive droite dès que la baisse des eaux eut permis de rétablir le pont.

Le plan de Wellington était d'attaquer la ville par le midi ; à cet effet, il passe la Garonne au confluent de la Lozère pour se mettre à cheval sur la route de Montpellier et intercepter la retraite du maréchal. Mais, à peine ses troupes eurent-elles traversé la Garonne, qu'il reconnut que le terrain de ce côté était impraticable à la cavalerie et à l'artillerie. Il donne en conséquence l'ordre de ramener les troupes et de faire deux fausses attaques sur le faubourg Saint-Cyprien et sur les ponts du canal, espérant, à l'aide de l'indécision du point d'attaque où se trouverait le maréchal, pouvoir surprendre le pont de la Croix-Daurade et attaquer avec toutes ses forces les hauteurs du Calvinet.

L'attaque des ponts Jumeaux et Arnaut et celle du faubourg Saint-Cyprien échouèrent complétement ; mais la cavalerie française, qui défendait les abords du pont de l'Ers, ayant été vivement repoussée par la cavalerie espagnole de Wellington, la Croix-Daurade, qui n'était pas assez fortement occupée, fut emportée de vive force. Aussitôt les batteries ennemies se forment sur une petite hauteur qui se trouve devant le village, mais elles sont bientôt démontées par celles du Calvinet, contre lequel l'attaque de front échoue complétement. Wellington ordonne alors au duc de Beresford de tourner le Calvinet, en passant par les marais de l'Ers, dont les étroits sentiers ne laissent souvent passer que deux files à la fois. Soult s'aperçoit de cette marche de flanc si imprudente, et donne l'ordre au général T....., de laisser engager la plus grande partie de cette colonne dans les marais, pour fondre sur elle et la couper avant qu'elle eût eu le temps de se reformer. Mais ce général ne sut point choisir ce moment favorable que le maréchal Soult aurait dû peut-être lui préciser lui-même, en le gardant à ses

côtés, comme l'avait fait l'Empereur au moment
de l'attaque du Pratzen. En effet, le général T.....
n'exécute sa charge qu'au moment où les divisions de Beresford, après avoir passé le marais,
se formaient sur le plateau de Montaudran. Il
commet encore ici une seconde faute, plus grande
que la première, car il dirige son attaque tardive
dans le champ de tir des redoutes du Calvinet,
qui sont forcées de cesser leur feu, pour ne pas
tirer sur lui. Repoussé vivement et attaqué lui-
même, il est mis en pleine déroute et emporte,
dans sa fuite, la plus grande partie des défenseurs
des redoutes, qui, après un combat acharné, sont
enlevées à la baïonnette.

Soult détache aussitôt deux divisions pour occuper les ponts de Matabiau et des Demoiselles,
que Wellington, reprenant son premier projet de
se porter sur la route de Montpellier, fait effectivement attaquer tout aussitôt ; mais cette attaque,
ainsi que celle des hauteurs de Pujade et de Bataille, qui ne furent évacuées que le soir, échoue
complétement, et le maréchal forme ses lignes sous
les murs de la ville, comme s'il se préparait à livrer une seconde bataille.

Cette contenance ferme masqua les projets de
retraite du maréchal, qui dérobe son armée vers
minuit et marche sur Montpellier dans le plus
grand ordre.

VIIIe ÉPOQUE.

Art militaire depuis la Restauration jusqu'à la Révolution de Juillet 1830.

Système militaire :

RECRUTEMENT.

Le mode de recrutement, sauf l'abolition des bans, est le même que sous l'Empire. Ce n'est qu'en 1830 que se réorganise la garde nationale telle qu'elle existe de nos jours.

INFANTERIE.

Le premier acte de la Restauration, relatif à l'infanterie, est une ordonnance du 12 mai 1814, qui remet les régiments sur l'ancien pied de 3 bataillons. Cette organisation donne 90 régiments de ligne et 15 d'infanterie légère. Cette ordonnance est abrogée aux Cent-Jours par le licenciement de l'armée derrière la Loire et la création des légions départementales, qui se composaient d'un état-major, 2 bataillons d'infanterie de ligne, un bataillon de chasseurs à pied et 3 cadres de compagnies formant le dépôt; on devait y ajouter une compagnie d'éclaireurs à cheval, qui ne fut jamais formée, et une compagnie d'artillerie, qui ne tarda pas à être incorporée dans les régiments de cette arme. En 1820, les légions furent dissoutes pour former 60 régiments d'infanterie de ligne et 20 d'infanterie légère. Les 40 premiers régiments d'infanterie de ligne furent constitués à 3 bataillons ; les 20 derniers et ceux d'infanterie légère à 2 bataillons. Chaque bataillon était de 8 compagnies, dont 6 de fusiliers et 2 d'élite. Jusqu'à la révolution de Juillet, il n'y eut de changement notable que la création du 3e bataillon en 1823, ainsi que la formation de 4 nouveaux régiments de ligne. La création des tirailleurs de Vincennes, des zouaves, de la légion étrangère, etc., date du règne de Louis-Philippe. La création des fusils d'infanterie tels qu'ils existent aujourd'hui, ainsi que celle des armes de précision des chasseurs de Vincennes, sont aussi de la même époque.

CAVALERIE.

La première Restauration et les Cent-Jours ne présentent rien d'important pour la cavalerie. Licenciée et réorganisée à la fois, par ordonnance du 30 août, la cavalerie, de 1815 à 1830, reste composée de 48 régiments, savoir : 2 de carabiniers, 6 de cuirassiers, 10 de dragons, 24 de chasseurs, 6 de hussards ; chaque régiment devait être composé de 4 escadrons. Le 4e escadron de chaque régiment de chasseurs devait porter la lance. La même ordonnance supprime les escadrons d'élite. La création des 7e, 8e et 9e de hussards, des 3 ré-

giments de spahis et des régiments de chasseurs
d'Afrique, date du règne de Louis-Philippe.

L'état-major reste le même qu'il était sous
l'Empire, à cela près qu'il y fut ajouté un major
du grade de chef d'escadron.

ARTILLERIE.

Cette arme fut modifiée en 1815 et composée
1° de l'état-major, à la tête duquel se trouvaient
8 lieutenants généraux ; 2° 8 régiments à pied ;
3° 4 régiments à cheval ; 4° 8 escadrons du train ;
5° 1 bataillon de pontonniers ; 6° 12 compagnies
d'ouvriers ; 7° une compagnie d'artificiers. Le
total de ces forces présentait environ 12 mille
hommes et 2,400 chevaux de selle et de trait.
Quant au matériel, on revient au système de Gribeauval d'abord, et ce système est lui-même modifié par un comité spécial qui, prenant pour type
l'artillerie anglaise et pour but la mobilité, fit
adopter les pièces qui existent aujourd'hui, savoir : canons de 12, 16 et 24, pour les siéges et les
places ; canons de 8 et 12 pour les pièces de campagne ; les obusiers de siége sont de 8 pouces ;
ceux de campagne, de 6 et de 24 pouces ; les mor-
tiers sont à chambre conique et du calibre de 12,
10 et 8 pouces ; les pierriers sont de 15 pouces.
L'artillerie de montagne se compose d'un seul
petit obusier de 12. Les différences caractéristi-
ques sont dans les affûts, qu'une forme particu-

lière permet de transporter avec les pièces. L'ordonnance du 5 août 1829 met la constitution du corps en harmonie avec les perfectionnements obtenus dans le matériel, et l'artillerie se compose de 1° un état-major; 2° 10 régiments d'artillerie, chacun de 16 batteries, dont 3 à cheval; 3° un bataillon de pontonniers de 12 compagnies; 4° une compagnie d'armuriers qui ne devait être organisée qu'en temps de guerre; 5° 6 escadrons du train des parcs, chacun de 6 compagnies. L'ordonnance établissait le pied de paix et le pied de guerre; ce dernier possédait environ le double de personnel en sous-officiers et artilleurs.

GÉNIE.

Ce corps fut licencié et réorganisé par ordonnance du 6 septembre 1815, et se composa de : 1° trois régiments portant les noms des villes de Metz, Arras et Montpellier, où ils furent organisés. Chacun de ces régiments était composé d'un état-major de 2 bataillons de 6 compagnies; 2° une compagnie d'ouvriers; 3° un escadron du train.

ARMES SPÉCIALES.

Les gardes d'honneur et tous les autres corps de la jeune garde furent dissous à la Restauration, mais la vieille garde, quoique déchue d'une partie de ses prérogatives, continue d'exister sous divers noms. L'infanterie forma 2 régiments, l'un sous le nom de corps royal de grenadiers, l'autre sous celui de corps royal de chasseurs à pied de France. La cavalerie forma 4 régiments, sous des dénominations analogues. L'artillerie et le génie furent incorporés dans les cadres de leur arme. Les ordonnances qui paraissent en 1814 et 1815 font revivre les anciens gardes du corps, les cent Suisses, les gardes de la prévôté et de l'hôtel, et jusqu'à des compagnies supprimées du temps du ministre Saint-Germain. Ces dernières n'existèrent que jusqu'à l'organisation de la garde royale (1ᵉʳ septembre 1815). Organisée activement dès le principe, c'est-à-dire en brigades et divisions, ayant des chefs et un état-major permanents, voici quel fut le tableau de sa composition :

INFANTERIE.
- 1ʳᵉ division.
  - 1ᵉʳ régiment de la garde.
  - 2ᵉ *idem.*
  - 4ᵉ *idem.*
  - 5ᵉ *idem.*
- 2ᵉ division.
  - 3ᵉ régiment de la garde.
  - 6ᵉ *idem.*
  - 7ᵉ *idem.*
  - 8ᵉ *idem.* (Ces deux derniers régiments étaient Suisses.)

Chacun de ces 8 régiments était de 3 bataillons de 8 compagnies de 93 hommes, officiers compris, ce qui formait pour les deux divisions environ 18,000 hommes.

CAVALERIE.
- 1ʳᵉ division.
  - 1ᵉʳ et 2ᵉ régiments de grenadiers (1ʳᵉ brigade).
  - 1ᵉʳ et 2ᵉ régiments de cuirassiers de la garde (2ᵉ brigade.)
- 2ᵉ division.
  - 1 régiment de dragons de la garde. } 3ᵉ brigade.
  - 1 régiment de chasseurs de la garde. }
  - 1 régiment de lanciers de la garde.. } 4ᵉ brigade.
  - 1 régiment de hussards de la garde. }

10

Chacun de ces régiments était de 6 escadrons
de 132 hommes et 120 chevaux, ce qui portait la
force des 2 divisions, état-major compris, à environ 7,000 hommes et 6,000 chevaux.

BRIGADE D'ARTILLERIE.	Un régiment d'artillerie à pied de 8 compagnies, comprenant environ 500 hommes. Un régiment d'artillerie à cheval de 4 compagnies, comprenant environ 300 hommes, Un régiment du train, comprenant environ 400 hommes et 600 chevaux.

Il y avait une batterie attelée pour chaque
brigade d'infanterie, une seulement pour chaque
division de cavalerie, et un caisson de service également attelé pour chaque bouche à feu.

La totalité de la garde formait un effectif d'environ 25,000 hommes ; quatre maréchaux de
France remplissaient alternativement, et par quartier, les fonctions de major général de la garde
auprès de la personne du roi qui s'était réservé
d'en être le colonel général. Les officiers de ces
divers corps avaient dans l'armée le rang et le titre
immédiatement supérieur à leur grade dans la
garde, et pouvaient, après quatre ans, passer avec
un grade supérieur dans la ligne : aussi, dans les
derniers temps, la garde était devenue la filière
en quelque sorte indispensable pour parvenir aux
grades supérieurs. Abolie en 1830, la garde royale,
les gardes du corps, etc., se fondirent dans les
autres armes ; il n'y eut plus de corps privilégiés,
et le service de Paris se fit, conjointement avec la
garnison, par la garde municipale, qui fut dis-
soute à son tour à la révolution de 1848.

ÉTAT-MAJOR.

Ce corps et son école d'application furent créés par une même ordonnance du 6 mai 1818. Le nombre et les grades des officiers appelés à entrer dans sa formation furent déterminés ainsi qu'il suit : 30 colonels, 30 lieutenants - colonels, 90 chefs de bataillon, 270 capitaines, 125 lieutenants. Mais il convient d'ajouter à ces 545 officiers d'état-major proprement dit : 1° 8 lieutenants généraux et 16 maréchaux de camp qui, bien que sans fonctions en temps de paix, entraient néanmoins nominalement dans le cadre ; 2° un nombre assez considérable de lieutenants et sous-lieutenants aides-majors ; 3° les élèves de l'école d'application. De l'école d'état-major où l'on passait, comme aujourd'hui, deux ans, on passait lieutenant dans un régiment d'infanterie, et après deux ans, lieutenant dans un régiment de cavalerie. Après ces quatre années passées dans ces deux armes, ces officiers, au nombre de 100 environ, étaient disponibles comme capitaines pour les emplois vacants dans l'état-major.

Une ordonnance du 10 décembre 1826 supprima les généraux et les lieutenants, et fixa ainsi qu'il suit le cadre des officiers titulaires : 30 colonels, 30 lieutenants-colonels, 100 chefs de bataillon, 290 capitaines. Enfin, après avoir subi diverses modifications, l'ordonnance du 23 février 1833 fixa définitivement la composition de ce

10.

corps ainsi qu'il suit : 30 colonels, 30 lieutenants-colonels, 100 chefs d'escadron, 300 capitaines et 100 lieutenants. Quatre ordonnances parurent successivement les années suivantes, et, sans changer le personnel des 560 officiers de cette arme, fixèrent définitivement leurs fonctions telles qu'ils les remplissent actuellement.

DISCIPLINE.

Le Code pénal ne ressent presque aucune modification sous la Restauration. Les ordres de la Couronne de fer et de la Réunion furent supprimés ; l'ordre de Saint-Louis fut rétabli. Enfin, l'ordre de la Légion d'honneur subsista, mais en supprimant, pour les titulaires autres que les sous-officiers et soldats, la pension que leur accordait antérieurement la loi.

Le personnel actuel de l'armée depuis 1830 se trouve au commencement de cet ouvrage, à l'article *Préliminaires.*

Deuxième Partie.

COURS DE TACTIQUE.

———◄═○═►———

DIVISIONS DE LA DEUXIÈME PARTIE.

———◄═○═►———

LIVRE Ier.

Système militaire des différents peuples de l'Europe.

Préliminaires.

Nous sommes arrivés à reconnaître, par l'histoire militaire, que toujours, ou presque toujours, certaines méthodes observées ont été suivies du succès qu'elles promettaient. Ces méthodes, réunies en corps de doctrine, forment une science complète, fondée sur l'expérience et le raisonnement, que l'on nomme *tactique*. La tactique nous enseignera surtout quelles sont les directions les plus avantageuses à donner à une armée, et les moyens de la faire mouvoir dans le cas d'une guerre offensive ou défensive. Dans les deux cas, l'armée se divisera en deux parties : l'armée active et l'armée de réserve. La force de l'armée varie suivant le but qu'on se propose. Dans l'offensive, l'armée active, de beaucoup supérieure à l'armée de réserve, agit immédiatement; l'autre se forme et s'établit sur la ligne, base d'opération, fournit des escortes aux convois, exerce des recrues, envoie des renforts. Dans la défensive, l'armée active fait tête à l'ennemi, le contient et l'arrête pendant que l'armée de réserve s'organise, se porte sur les flancs de l'ennemi, pour couper les lignes d'opérations ou intercepter ses communications.

Outre que la force de l'armée dépend du but qu'on se propose, elle dépend aussi nécessairement des ressources financières de l'Etat, des circonstances politiques, de la qualité et de la quantité de chevaux que possède l'Etat, enfin de l'ennemi que l'on doit combattre. Ainsi, lors des premières guerres d'Afrique, l'aridité du pays ne permettait pas de mettre alors plus de 10,000 hommes sur pied.

Ainsi, sous l'Empire, plus de 200,000 hommes descendirent en Espagne, tandis qu'en 1823, par suite du changement des circonstances politiques, il suffit d'y envoyer à peine 80,000 hommes.

En réalité, la bonté du système militaire d'un peuple ne se reconnaît qu'à l'épreuve; on ne peut nier pourtant que sa première qualité ne soit de pouvoir passer promptement, et sans grandes secousses, du pied de paix au pied de guerre.

Nous allons commencer ce cours par examiner le système militaire des différents peuples de l'Europe.

Système militaire en France.

Un des plus grands défauts du système militaire, en France, consistait dans la disposition de ses arsenaux et autres établissements militaires placés à proximité des frontières. En 1814 et 1815, les arsenaux de Metz et de Strasbourg, rendus inutiles, les écoles de Metz, de Paris et de Saint-Cyr, forcées de suspendre leurs travaux, la plupart de nos poudreries au pouvoir de l'ennemi, ont fait reconnaître le défaut de cette organisation; et l'établissement des manufactures de Tulle et de Châtellerault, l'importance donnée à la poudrerie d'Angoulême, etc., ont remédié, si ce n'est pallié tout à fait ce qui avait été reconnu fautif.

Nos frontières, si malheureusement combinées par les derniers traités, présentent une quantité,

peut-être trop considérable , de places fortes, exigeant un matériel trop grand pour les entretenir
ou les défendre. Aussi le nouveau système de
guerre, consistant à bloquer et à dépasser ces places tout en assurant ses communications, les fera-
t-elle, tôt ou tard, abandonner, tandis qu'au contraire, les villes de l'intérieur, telles que : Troyes,
Soissons, Vitry, acquerront une importance que
leur rôle pour la défense de la capitale dans la
campagne de 1814 leur a justement attribuée.

Malheureusement, privée par l'état de son sol de
la quantité et de la qualité de chevaux nécessaires
à sa cavalerie , la France , dans le cas d'une
guerre imminente, est obligée d'en acheter à l'é-
tranger et de commencer la guerre avec des chevaux neufs. A ce fâcheux inconvénient se joint
celui de la disposition de ses zones fourrageuses,
qui la force de tenir presque toute sa cavalerie dispersée dans les différents départements du Nord,
de sorte que si, par exemple, une guerre était dé-
clarée avec l'Espagne, il faudrait immédiatement
diriger de grands approvisionnements vers les
Pyrénées, et toute notre cavalerie, ainsi que nos
munitions, auraient 100 et 200 lieues à faire pour
entrer en campagne.

On ajoute encore un dernier reproche à notre
système militaire: il est fondé sur le peu d'instruction militaire que possède l'armée de réserve;
effectivement, nos gardes nationales , surtout
avant la révolution de 1848, étaient fort peu ou pas

exercées, mais, quoi qu'il en soit, par son esprit
vif et pénétrant, son amour-propre et son courage,
le soldat comme le cavalier français se forme très-
promptement, et l'Europe a vu, en 1814, ce que
valaient nos recrues et même nos enfants.

Système militaire en Prusse.

En Prusse, les frontières étant partout facilement pénétrables, les arsenaux et autres établissements militaires ont été sagement disséminés
dans l'intérieur des provinces. On peut néanmoins
reprocher à ses écoles et à quelques arsenaux leur
proximité de Berlin, qui est telle qu'ils suivraient
nécessairement le sort de cette capitale.

En Prusse, tout citoyen est soldat, et doit servir activement pendant trois ans; il passe ensuite
deux ans dans la réserve, sept ans dans la première
landwerh, cinq ans dans la deuxième landwerh,
et enfin il reste jusqu'à cinquante ans dans la
landsturm ou garde nationale.

Le territoire de la Prusse est divisé en arrondis-
sements militaires qui fournissent en cas de guerre
une brigade qui se compose de 3 bataillons de ligne,
3 bataillons de la première landwerh, 2 bataillons
de la deuxième landwerh, 8 bataillons de landsturm
et 2 régiments de cavalerie. Dans chaque arron-
dissement se trouvent des magasins d'armes et de
munitions, et, en un moment donné, les troupes
peuvent se trouver prêtes à marcher, armées,
équipées, et ayant à leur tête des officiers qu'elles

connaissent, et que l'Etat paie jusque dans la première landwehr inclusivement. Ces officiers n'ont
pas perdu, par le fait de cette organisation, leurs
habitudes militaires, et le passage du pied de paix
au pied de guerre se fait, pour tous, promptement
et sans secousses.

Ce système paraît excellent en théorie, la pratique nous montrera ses défectuosités pratiques à
la première guerre. Mais on peut déjà remarquer que l'armée active se compose de jeunes gens
de dix-sept à vingt ans, la landwehr d'hommes
mariés, oublieux de leur instruction militaire et
attachés à leurs foyers par des liens plus forts que
le désir de la gloire, et même peut être-que l'a-
mour de la patrie, et qu'enfin, à partir de cette
première landwehr, tout le reste de l'armée se
compose d'hommes qui ne valent guère mieux que
nos gardes nationaux.

Système militaire en Autriche.

Si l'Autriche a réuni la presque totalité de ses
écoles et de ses autres établissements militaires
dans les environs de Vienne, on ne peut le lui reprocher, car cette capitale, occupant le centre de
son empire, à 150 lieues de Strasbourg, est séparée: de la Prusse, par la Bohême et la Moravie;
de la Russie, par la Moravie et la Gallicie; de la
Turquie, par la Hongrie; enfin le Milanais et Ve-
nise séparent l'Autriche de l'Italie. L'armée autrichienne étant celle de l'Europe qui, depuis près

d'un siècle, a essuyé les revers les plus constants,
il a été prouvé combien l'établissement bien entendu de ses dépôts permanents pour les hommes
et les chevaux donnait de facilités pour réorganiser des armées tant de fois réduites, et toujours
renouvelées.

En Espagne, les établissements militaires sont
judicieusement placés, quoique plusieurs des
principaux soient peut-être trop près des Pyrénées.

L'Angleterre et la Russie, par leur position
géographique, étant à peu près à l'abri d'une invasion, l'emplacement de leurs établissements militaires a été fixé par des considérations d'un
autre ordre. La noblesse, les bourgeois et les mar-
chands étant exempts de service en Russie, le recrutement est peu productif, et, sans la ressource
du knout, le serf que le seigneur désigne pour
l'armée ne s'y rendrait pas souvent. Quelque immenses, du reste, que soient sur le papier les ressources de la Russie, quelque menaçantes que
soient ses colonies militaires, les faits de 1812
nous ont prouvé, et nous ne devons pas l'oublier,
que la Russie n'a pu mettre que 500,000 hommes
sous les armes, dont 300,000 seulement purent
d'abord entrer en ligne.

LIVRE IIe.

De l'armée en général.

L'armée, comme nous l'avons dit dans notre *Abrégé d'histoire militaire*, est une machine destinée à exécuter les mouvements militaires; sa bonté dépend de la constitution de chacune de ses parties qui acquièrent leurs qualités par la discipline, la mobilité et l'agilité, résultat certain d'un fractionnement bien entendu. Le moteur de la machine-armée est le général en chef; les rouages sont l'état-major; l'outil est la combinaison réalisée des différentes armes.

L'infanterie est l'arme de tous les temps ; elle est propre à tous les terrains, aux plaines comme aux montagnes, aux remparts comme en rase campagne, sur mer comme sur terre : conséquemment elle devra prédominer dans l'armée. Il est pourtant facile de se rendre compte comment une armée, composée seulement d'infanterie, ne pourrait, ni résister à un ennemi, ni même profiter des avantages qu'une victoire aurait dû lui procurer. En effet, une armée ainsi composée serait constamment harcelée et inquiétée; ses mouvements en deviendraient très-lents ; le service des avant-postes serait accablant et mal fait ; enfin, vaincue dans un pays ouvert, la ruine de cette armée serait presque certaine; victorieuse, l'ennemi se rallierait à quelque distance de son champ de bataille, sans qu'elle possédât les moyens de s'y opposer. Les batailles de Lutzen et de Bautzen, sous l'Empire, ont clairement démontré ce que nous avançons ici.

La cavalerie devra donc s'adjoindre à l'infanterie dans une armée. La combinaison de l'homme et du cheval donnant au cavalier un maximum de choc et de vitesse, cette arme sera donc indispensable à l'infanterie. Il serait aisé de prouver qu'une armée composée de ces deux armes ne saurait exister dans des conditions de succès à la guerre; il faut donc adjoindre à cette combinaison l'artillerie, le génie et les troupes d'administration : l'artillerie, nécessaire pour les combats à grande distance, l'écrasement des masses, le moral des troupes; le génie, dotant l'armée de tous les travaux, retranchements, ponts, camps, etc., qui lui sont si indispensables; enfin, les troupes d'administration, chargées des convois, approvisionnements, bagages, etc.

Les unités de force, sont dans l'ordre indiqué pour ces différentes armes : le bataillon, l'escadron, la batterie, la compagnie.

Le grand fractionnement a toujours varié du quart au dixième de l'armée; le fractionnement actuel en France est la division. La division se compose de deux ou trois brigades; chaque brigade de deux ou trois régiments. Il existe des divisions d'infanterie et de cavalerie et des brigades mixtes, c'est-à-dire composées de ces deux armes; elles sont rarement employées. Chaque brigade possède en outre une compagnie du génie, une escouade de gendarmerie et des troupes d'administration.

L'expérience a prouvé que le rapport des différentes armes entre elles est, en représentant l'infanterie par 1, de 1/4 à 1/10ᵉ pour la cavalerie, selon les forces de l'ennemi, le but que l'on se propose et la nature du terrain de l'aire stratégique ; de 1/16ᵉ à 1/20ᵉ pour l'artillerie, suivant le terrain, le but et le moral des troupes; de 1/10ᵉ à 1/80ᵉ pour le génie, suivant les travaux à exécuter ; enfin, de 1/30ᵉ pour les troupes d'administration; ce dernier rapport est très-variable. A la suite des armées, formant un imposant *impedimenta*, se trouvent les réserves d'artillerie, les parcs de cette arme, les équipages de ponts, les parcs du génie, et enfin les voitures d'administration au nombre d'environ 500 pour 50,000 hommes.

Du général.

Les armées peuvent être commandées par le chef de l'Etat, un maréchal ou un général de division ; le commandement du souverain ou de ses fils, d'un président ou d'un consul, est celui qui excite le plus l'émulation et le courage des troupes. Le premier devoir du général est de ne pas s'exposer comme un simple soldat; son courage est dans le sang-froid : placé à proximité de l'action, il doit faire exécuter ses ordres avec précision et à la minute donnée, et, comme Napoléon à Austerlitz, donner lui-même le signal de l'attaque décisive du Pratzen. Cependant, le général paiera quelquefois de sa personne, comme encore le général Bonaparte à Arcole quand il faut périr ou emporter un pont, comme Napoléon à Arcis-sur-Aube, quand il fallut rallier sa jeune infanterie, un moment mise en fuite. Le général doit acquérir une connaissance approfondie du terrain qu'il doit parcourir, des directions les plus avantageuses à donner à ses troupes dans les différentes phases des batailles, des positions qu'il doit occuper et de celles de l'ennemi qu'il faudra tourner ou conquérir, enfin, des sous-ordres de son armée. Nul n'a jamais possédé cette qualité à un plus haut degré que l'Empereur Napoléon, et la réputation de ses lieutenants en est une preuve convaincante.

Le général devant projeter et exécuter, ses qualités sont morales et physiques. Les qualités morales sont : la prudence dans la conception, l'audace dans l'exécution, la promptitude de décision : cette dernière qualité est la plus importante et la plus indispensable. Les qualités physiques sont : le coup d'œil appréciateur du terrain, le sang-froid, l'impassibilité, nous devons dire aussi une santé robuste.

De l'état-major.

Au-dessous du général en chef se trouve l'état-major général qui doit posséder la presque totalité des qualités du général en chef lui-même. Certaines positions particulières demandent des conditions exceptionnelles. Ainsi, l'officier chargé de la réserve devra être doué d'une grande ténacité, de la fermeté et de la promptitude d'exécution. Exemple : Oudinot et Ney. A ces qualités nous devons joindre une grande perspicacité pour les chefs d'avant-garde, et une grande intrépidité pour les chefs d'arrière-garde. Exemple : Murat, Lannes, etc.

Outre les qualités déjà énoncées, les généraux de division doivent posséder une connaissance approfondie des propriétés de l'arme qu'ils commandent, ainsi que de ses rapports avec les autres armes ; ils doivent en connaître tous les détails, puisque, généraux de brigade, ils devaient avoir une connaissance parfaite de la tactique élémentaire de leur arme, et de leur effet maximum dans les diverses circonstances de la guerre.

Corps de l'état-major.

Comme intermédiaire entre l'état-major général et l'armée, nous trouvons le corps de l'état-major proprement dit. A la tête de ce corps, dont les membres sont répartis sous les divers généraux, se trouve le major général qui peut être d'un grade égal à celui du général en chef, et avec le-

quel il doit être nécessairement dans une complète intelligence. Cet officier est chargé de la
transmission des ordres et des rapports, de l'organisation des marches et des camps, en un mot
de la logistique ou centralisation de tous les détails. La position des officiers du corps d'état-
major est de trois sortes : envoyés en mission
particulière, employés dans les bureaux, aides de
camp des généraux, portant leurs ordres et veil-
lant à leur exécution. Ces dernières fonctions
peuvent être remplies aussi par des officiers de
l'armée qui s'appellent alors officiers d'ordonnance. L'Autriche a su mieux que nous qu'un
état-major ne devait pas être trop nombreux;
mais elle a peut-être porté trop loin les réduc-
tions à cet égard. Voici, du reste, le tableau de sa
composition en regard du nôtre.

France.	*Autriche.*
30 colonels.	3 colonels.
30 lieutenants-colonels.	6 lieutenants-colonels.
100 chefs d'escadron.	12 majors.
300 capitaines.	24 capitaines.
100 lieutenants.	12 lieutenants.

Indépendamment du corps de l'état-major, il
existe dans les armes spéciales de l'artillerie et
du génie un état-major chargé des parcs, des
ponts, des constructions, etc. Il y a en outre
dans chaque troupe ce qu'on appelle les cadres,
qui se divisent en grand et petit état-major.

11

L'état-major d'une division se compose : du général de division, d'un chef de bataillon d'état-major, d'un chef d'état-major de division, d'un chef d'escadron d'artillerie et de deux capitaines d'état-major, aides de camp des généraux de brigade, conjointement avec des officiers d'ordonnance, d'un capitaine d'artillerie chargé du matériel de cette arme dans la brigade où il se trouve, d'un capitaine du génie qui commande la compagnie de sapeurs ou de mineurs. L'état-major de la division comprend encore le sous-intendant militaire et le sous-intendant adjoint, et enfin, l'officier de gendarmerie.

Il existe de même un état-major dans chaque brigade. Cette division en grand et petit état-major se retrouve jusque dans les régiments ; mais dans les régiments, la composition du petit-état-major diffère essentiellement de celle des divisions et des brigades.

LIVRE IIIᵉ.

Arme de l'infanterie.

L'infanterie se compose de combattants à pied agissant de près et de loin dans une certaine limite. Son entretien est le moins coûteux dans l'armée. En 1835, un fantassin coûtait, en France, par suite de son équipement, 353 fr. ; en Prusse, 240 fr.; en Russie, 120 fr.; en Angleterre, 518 fr.

Facile à former surtout dans notre pays, l'infanterie est toujours bonne quand les cadres sont
bons ; mais de mauvais cadres annulent la meilleure infanterie. Une jeune infanterie, ignorante
des dangers, est préférable même à une vieille infanterie pour de périlleux coups de main ; mais
elle a le désavantage sous tous les autres rapports
et dans toutes les autres conditions, et surtout
quand il s'agit d'utiliser les ressources d'un pays,
de savoir se nourrir et se reposer à temps, d'en-
durer les privations et les souffrances de toute
espèce.

Certains peuples, tels que les Russes, peuvent
avoir besoin de deux espèces d'infanterie ; mais,
en France, où l'aptitude de chaque jeune soldat
est à peu près la même, cette distinction ne consiste que dans la différence des uniformes et n'a
été conservée que pour exciter l'émulation. Néanmoins, on ne peut nier qu'armée et disciplinée,
comme les chasseurs de Vincennes, une infanterie légère taillée sur ce modèle rendrait d'émi-
nents services.

Le fantassin, devant servir sur tous les terrains,
doit être fort et adroit ; il est armé d'un fusil à
baïonnette, dont l'invention remonte à Vauban ;
le modèle à percussion de 1840, qui permet de
tirer dans tous les temps, est la meilleure de toutes
les armes d'infanterie possible. La portée du fusil
est de 1,200 mètres ; mais, à cette distance, le tir
est incertain, car l'on ne peut apercevoir qu'un

11.

point de l'ennemi ; à 700 mètres, on peut blesser et distinguer le cavalier de son cheval ; à 500 mètres, on peut tuer et apprécier les mouvements de l'ennemi ; enfin, à 300, 200, 150 et 100 mètres, le tir devient plus meurtrier qu'à 30 ou 40 mètres de l'ennemi. La baïonnette sert pour les combats de près, le sabre n'est plus qu'un outil tranchant. La giberne, inventée par Gustave-Adolphe contient les cartouches ; elle peut se porter par-derrière et par-devant; le premier mode est commode pour la marche ; le second est nuisible dans les feux ; la meilleure manière est celle qui permet de déplacer la giberne en la faisant glisser de l'arrière à l'avant, comme cela se pratique dans les chasseurs de Vincennes. Le fantassin est chargé en outre d'un havre-sac. Le meilleur système d'attache du havre-sac nous vient encore des chasseurs de Vincennes; il consiste à attacher les courroies du sac à la ceinture, ce qui dégage la poitrine. En Russie, où ces courroies se croisent sur la poitrine du soldat, il en résulte une grande oppression. Le vêtement doit être chaud et couvrir les intestins; la chaussure doit être souple; les couleurs voyantes de l'habillement devraient être évitées ; pourtant des motifs sérieux, tirés de l'économie ou de l'amour-propre, ont empêché, dans la plupart des pays, de suivre ce dernier précepte.

Instruction.

L'instruction du soldat est physique et morale ; la première comprend : le maniement des armes,

l'escrime à la baïonnette, la natation, le pas cadencé ordinaire, accéléré et gymnastique. La seconde comprend la discipline, c'est-à-dire, l'obéissance passive, la connaissance de ses devoirs et
de ses droits, des récompenses et des châtiments.

De la charge à la baïonnette.

L'infanterie, propre au combat à distance comme
au combat de près, n'est pourtant presque jamais
appelée à la lutte à l'arme blanche, dont les effets
sont terribles. La charge à la baïonnette n'est généralement qu'une démonstration contre des troupes déjà ébranlées par des feux meurtriers, et qui se
retirent sans recevoir le choc. Le dernier exemple
d'une lutte sérieuse de ce genre fut donné, en 1805,
par les grenadiers d'Oudinot qui massacrèrent
ceux de Bagration. L'exemple le plus frappant de
l'effet seulement moral et démonstratif de la charge
à la baïonnette fut donné à la bataille de Caldiero,
où deux régiments autrichiens plièrent sans attendre l'ennemi qui les chargeait, et dont ils
étaient séparés par un ravin qui fut reconnu depuis infranchissable.

Des feux.

L'infanterie exerce son action meurtrière par
les feux ; ces feux sont de plusieurs sortes, et
s'emploient suivant les circonstances. Généralement, à 200 mètres, sur 100 coups, il y en a un
qui porte ; à 150 mètres, 20 coups ; à 100 mètres,

40 coups sur 100. Les feux des hommes déployés
en tirailleurs sont beaucoup plus meurtriers. Ainsi,
en 1805, à Caldiero, un officier du prince Charles,
prisonnier de Masséna, lui disait que dans son régiment les feux des bataillons français qui lui
étaient opposés ne lui avaient pas tué 5 hommes
par compagnie ; tandis qu'un simple groupe de
tirailleurs postés dans un bois voisin lui avait
tué près de 40 hommes par compagnie.

Les feux de commandements sont : de régiment, de bataillons, de divisions et de pelotons.

Comme celui de régiment, le feu de bataillon
a pour avantage de produire un maximum d'effet;
mais il a l'inconvénient de dégarnir de feux tout
le front de bataille. Ce feu trouve son application
utile dans une surprise, quelquefois dans un mouvement de retraite, dans l'attaque d'un ennemi
posté dans des haies; du reste, ces feux sont très-
incommodes pour le premier rang. Les feux de
pelotons sont employés pour ralentir l'action de
l'ennemi; ils consomment peu de munitions, et
laissent une grande partie du front armé de ses
feux.

Les feux de divisions rentrent dans des conditions intermédiaires avec les feux de bataillons et
de pelotons. A la guerre, le feu de deux rangs est
le plus habituel; il permet au soldat de mieux viser,
mais il a l'inconvénient de faire souvent blesser les
hommes du premier rang par ceux du troisième,
qui, en présence de l'ennemi, se dessaisissent dif-

ficilement de leur arme chargée pour la passer à
ceux du second rang, comme ils devraient le faire
théoriquement. On pourrait remédier à ce fâcheux
état de choses, en partageant les pelotons en deux
sections, et en faisant commencer les feux de deux
rangs par la droite et la gauche du peloton ainsi
divisé, et les hommes du troisième rang tireraient,
quand ceux du premier rang passeraient l'arme à
gauche. Outre ces feux indiqués par l'ordonnance,
il existe encore les feux de rangs et les feux de
chaussée. Les premiers, qui s'exécutent par chaque
rang, l'un après l'autre, peuvent être d'une application utile contre la cavalerie, mais quant aux
feux de chaussée, ils sont rarement applicables à
la guerre, ils s'exécutent de la manière suivante :

Un régiment poursuivi, se trouvant sur une
chaussée ou dans une rue ou tel autre défilé, s'é-
tant disposé en colonne par peloton ou par division, exécute un demi-tour par peloton ou par
division, de telle sorte que la colonne faisant face
à l'ennemi, le dernier peloton qui s'en trouve le
plus rapproché fait feu, et aussitôt se scindant par
le milieu, s'écoule par les flancs de la colonne, et
va se reformer à la tête ; l'avant-dernier peloton
devenu dernier exécute son feu, et suit l'exemple
du peloton qui le précédait ; et, successivement,
chaque peloton ou division exécute son feu et va
se reformer à la tête de la colonne. Il nous suffira, pour donner une idée de ces feux, de citer
l'opinion du maréchal Bugeaud, alors colonel du

56ᵉ régiment d'infanterie de ligne. « Ce serait une jolie manœuvre de mélodrame, mais impraticable, je crois, dans le grand drame de la guerre. Est-on poursuivi sur une chaussée, le meilleur moyen est de charger la tête des assaillants avec un ou deux pelotons, pendant que le reste s'éloigne au plus vite, car le but d'une retraite est de se soustraire promptement aux coups de l'ennemi. Certaines circonstances accidentelles peuvent exiger une retraite lente, mais ne détruisent pas le principe général, qui est de s'éloigner rapidement, si l'on ne peut plus ou si l'on ne doit plus combattre. Le feu de chaussée ne saurait atteindre ce résultat, car il retarde la retraite : d'ailleurs, un ennemi audacieux ne le laissera pas exécuter, il courra sur le peloton qui a fait feu et le jettera en désordre sur la colonne qu'il obstruera et empêchera de continuer le feu. Ainsi, de deux choses l'une : ou l'ennemi sera très-près de vous, et alors vous n'aurez ni le loisir, ni le sang-froid nécessaire pour exécuter le feu de chaussée ; ou il sera à une grande portée, et alors si vous entendez la guerre, vous ne devez pas tirer, mais marcher, marcher pour maintenir cette portée et la rendre encore plus grande s'il se peut. Si, malgré la rapidité de la marche, l'ennemi a gagné du terrain et serre de trop près, une volte-face et une charge de deux pelotons de la queue de la colonne en retraite sont ce qu'il y a de mieux sous tous les rapports : cela éloigne les dangers de la masse qui

continue de marcher le plus vite possible, et le
moral toujours si prompt à s'affaiblir chez les
troupes qui se retirent, est relevé par cet acte de
vigueur. »

Maintenant que nous connaissons les différents
feux de l'infanterie, nous allons démontrer par
un exemple le parti que l'on peut en tirer. A Austerlitz, le 55ᵉ, commandé par le colonel des Essarts,
marche à l'attaque du Pratzen ; formé en colonne
par divisions à demi-distance, il arrive au pied
de la hauteur et gravit ainsi les premières pentes :
en arrivant sur le plateau il se forme en bataille,
surprend, à la faveur du brouillard, un bataillon
de chasseurs russes, et le fait rétrograder par un
feu de bataillon ; attendant alors des renforts, il
progresse lentement par des feux de pelotons ; puis
les renforts arrivés, le 55ᵉ se porte en avant,
l'arme au bras, jusqu'à 100 mètres de la ligne
russe, et ouvre un feu meurtrier de deux rangs.
Pour en finir sur les feux de l'infanterie, nous
allons encore citer un passage des préceptes que
donnait le colonel Bugeaud à ses officiers : « Tirer
de loin, dit-il, est le type de la mauvaise infanterie, la bonne est avare de son feu. C'est parce
que ce feu fait sa principale force qu'elle ne doit
pas le prodiguer, et qu'elle doit s'exercer à tirer
avec la plus grande justesse ; le feu en général ne
doit être fait que pour décider une question, et
alors il doit être terrible. Si le moment de combattre n'est pas arrivé, tenez-vous hors de portée

ou cachez vos troupes ; quand l'instant est venu, marchez avec cette énergie et ce sang froid qui permettent de tout exécuter ; en joignant l'ennemi avec vos armes chargées, alors que son moral est glacé de terreur par la crainte d'une décharge qui ne peut manquer d'être terrible, faite de si près, et que la plupart du temps il n'attendra pas. »

Formations.

Le bataillon doit avoir une formation qui soit en harmonie avec les armes des hommes qui le composent ; cette formation, comme nous l'avons démontré dans le cours d'histoire, est un rectangle dont le front est d'une longueur de 100 à 120 pas. Les feux étant l'action principale de l'infanterie, la meilleure formation devra donc réunir les conditions suivantes : 1° être en rapport avec les armes employées ; 2° avec les armes que l'ennemi emploie ; 3° avoir égard à ce que les fractions de manœuvre soient autant que possible des fractions administratives ; 4° que ces fractions soient composées d'un nombre d'hommes facile à plier aux différentes manœuvres ; 5° enfin, que la formation soit telle que l'on puisse passer promptement d'une formation à une autre. Les flancs étant la partie faible du rectangle, sont occupés, en France, par les compagnies d'élite, grenadiers et voltigeurs ; d'où il résulte que l'on a 2 bonnes compagnies et 6 de médiocres, sur 8 dont le bataillon se compose. Cet inconvénient n'est pas compensé par

leur position de flanqueurs, car ce flanquement
est tout à fait illusoire, l'expérience ayant prouvé
que quand une troupe faiblit, la fuite commence
toujours par le troisième rang ; au lieu donc de
placer les hommes d'élite sur les flancs ou dans
les divers rangs, il serait probablement plus avantageux de les placer au troisième rang. On dévie-
rait à ce principe dans le cas exceptionnel d'une
attaque ou d'un assaut dans lesquels l'entraîne-
ment est nécessaire, les grenadiers et voltigeurs
seraient placés au premier rang, et quelques officiers et sous-officiers suffiraient en serre-file derrière le troisième rang.

Ordre de bataille.

L'ordre de bataille a pour avantage d'avoir un
effet simultané et de permettre un maximum de
feux. Mais cet ordre, peu maniable du reste, se
plie difficilement au terrain ; et, en règle générale,
est plus propre à la défensive qu'à l'offensive.

Colonne.

Les marches-manœuvres les plus ordinaires
sont les marches de changement de front, les marches de flanc et les marches en colonnes. La marche en colonne la meilleure, et partant la plus
usitée, a pour avantage d'avoir des éléments (de
pelotons, de bataillons ou de régiments) parallèles, qui peuvent agir par succession d'efforts et
se plier aux mouvements du terrain. La marche

en colonne par sections ayant tous les désavantages d'une marche de flanc, nous n'en parlerons
que pour mémoire. La colonne sera rarement formée par peloton, le plus ordinairement par division, et presque jamais par bataillon, comme nous
allons le démontrer.

La colonne à distance entière a l'avantage de
pouvoir se former rapidement en bataille ; la colonne serrée en masse, celui de pouvoir se déployer facilement ; la colonne à demi-distance a
des avantages mixtes. On conclut de ces propriétés
qu'une colonne exposée aux feux de l'artillerie
devra se former à distance entière ; exposée aux
attaques de la cavalerie, la colonne sera serrée en
masse ; enfin, en présence d'une combinaison de
ces deux armes, la colonne sera serrée à demi-
distance. La projection d'un bataillon ainsi formé
sera sur le terrain un carré.

La colonne double se déploie facilement, mais
elle est peu usitée à la guerre. Les marches s'exécutent en colonnes par pelotons. Dans une marche
rapide, on devra toujours faire une halte d'une
demi-heure, après les deux premières heures.

La colonne serrée, dont l'effet moral est très-
grand, est la colonne des attaques. Toute colonne,
et dans tous les cas, doit protéger ses flans par des
tirailleurs.

La profondeur d'une colonne, n'ajoute rien à la
force du premier bataillon qui la compose, les autres bataillons, devront donc suivre le premier, à

une distance telle, qu'ils puissent soutenir le bataillon attaquant, sans risquer de partager sa déroute,
si elle avait lieu. Il nous reste à parler de la colonne par bataillon, employée à Wagram et dans
quelques autres batailles de la fin de l'Empire, et
notamment à Waterloo, ou son emploi fut si funeste. Cette colonne ne pouvant passer rapidement et sans confusion à l'ordre en bataille, ni
prendre promptement de bonnes dispositions contre la cavalerie, et présentant une masse compacte
aux feux de l'artillerie, cette colonne, disons-nous,
est essentiellement vicieuse : car, attaquée brusque-
ment sur ses flancs, soit par de la cavalerie, soit
même par de l'infanterie, elle sera nécessairement
détruite, avant d'avoir achevé ses préparatifs de
défense. Enfin, si on nous oppose son unique
triomphe de Wagram, nous répondrons que deux
cents canons qui la précédaient avaient jeté l'indécision et la terreur dans le centre autrichien.

Carrés.

La formation des carrés sert à l'infanterie, dans les
cas où elle doit opposer un maximum de résistance.

Il en existe de deux sortes : le carré vide et le
carré plein. Le carré vide a l'avantage de former
une espèce de redoute, qui reçoit dans son sein l'état-
major et les blessés, et qui expose un moins grand
nombre d'hommes aux feux de l'artillerie que le
carré plein; celui-ci, à la vérité, offre une résistance
plus grande. Les Prussiens le forment ainsi en lais-

sant dans l'intérieur quatre couloirs, si nous pouvons nous exprimer ainsi, d'une largeur de trois pas pour le passage des officiers. Le carré wurtembergeois tient le milieu entre le carré vide et le carré plein ; il se forme de la manière suivante : la colonne étant formée de quatre pelotons ou divisions serrés en masse, au commandement : Halte, la première et la troisième division s'arrêtent, les deux autres marchent droit devant elles jusqu'à ce qu'elles aient rejoint celles qui les précèdent ; ce carré est aussitôt fermé par les tirailleurs qui flanquaient la colonne et par des sous-officiers des cadres.

Quelle que soit du reste la formation d'un carré, plusieurs carrés disposés en quinconce et se flanquant réciproquement, vaudront toujours mieux qu'un seul grand carré. En effet, en admettant qu'une trouée y soit pratiquée, un carré n'offrira plus aucune résistance, quelles que soient sa force et sa grandeur, tandis que la destruction d'un des carrés du quinconce n'entraînera pas la perte des autres. La formation de carrés en quinconce, outre l'avantage qu'elle a de ne pas, pour ainsi dire, jouer tout son enjeu d'un seul coup, aura encore celui d'offrir une résistance plus longue et d'essuyer en cas de revers des pertes beaucoup moins considérables.

En France, les carrés se forment généralement sur trois rangs de profondeur, et si Bonaparte changea cet usage à la bataille des Pyramides,

c'est qu'il s'était aperçu que l'artillerie des Mameluks était une artillerie de position, et qu'il avait
placé ses carrés hors de leur sphère d'activité.

A la bataille de Sédiman, le général Desaix
forma toute sa division en un grand carré qu'il
flanqua aux quatre coins dans l'aire sans feux, de
quatre petits carrés. Cette ordonnance résista avec
succès ; un seul petit carré fut écrasé pour avoir
fait feu trop tard, car les cavaliers ennemis, qui
ne furent pas renversés par ce feu à bout portant,
passèrent sur le ventre du carré. En 1829, Paske-
wisch, agissant contre les Turcs et devant se renfermer dans une défensive absolue, se formait en
un vaste rectangle dont la cavalerie occupait le
centre, et dont le front et le flanc étaient protégés
par des chevaux de frise.

Échelons.

L'attaque par échelons est celle qui procure la
solution du problème d'être le plus fort sur un point
donné, tout en maintenant le reste du front en
équilibre. Dans cette formation, les carrés se forment facilement et se flanquent réciproquement ;
en outre, les intervalles des échelons donnent à
des corps de cavalerie ou d'artillerie à cheval la
facilité de se porter rapidement en avant. Le flanquement réciproque des échelons entre eux ne va
pas au delà de six bataillons disposés en échelons. L'axe des échelons ne doit jamais, et en aucun
cas, pouvoir être enfilé par l'artillerie; ce précepte

est souvent très-difficile à suivre, l'extrémité de cet axe donnant toujours sur un point de la ligne ennemie, on doit donc toujours la diriger soit vers un obstacle inerte, soit sur un poste difficile à occuper.

La plupart du temps, on forme des échelons dits indirects; ils s'exécutent très-rapidement par des demi-à-droite et des demi-à-gauche par bataillons, le régiment étant en bataille; dans ce cas, les carrés se flanquent fort bien, mais ont le désavantage de risquer des croisements de feux.

Tirailleurs,

On divise les tirailleurs en trois classes : 1° les tirailleurs de marche, 2° les tirailleurs de bataille, 3° les tirailleurs en grandes bandes.

Les tirailleurs de marche sont ceux que l'on jette en avant, et sur les flancs d'une colonne pour fouiller le pays, épier l'ennemi, éventer les embuscades, etc. Ces fonctions spéciales des tirailleurs les ont fait surnommer éclaireurs.

Les tirailleurs de bataille ont un service spécialement marqué par l'ordonnance; ils inquiètent l'ennemi, couvrent ou flanquent un mouvement, une manœuvre, une nouvelle disposition, etc. La meilleure manière de tirailler paraît être, pour la plupart des cas du moins, par le système des tirailleurs groupés par quatre, avec un tirailleur à cheval par groupe, pour ramener les blessés.

Les tirailleurs en grandes bandes agissent pour

leur compte, redoutables à la cavalerie, comme à l'infanterie; ils sont d'un emploi fréquent, pour ne pas dire forcé, dans toutes les guerres dont le but est la défense de la patrie. Nous les avons vus agir au commencement de la République , comme en 1814.

Des lignes.

L'expérience de tous les temps a prouvé que le maximum d'effet était le résultat de la succession d'efforts. Ce principe , appliqué à la tactique de l'infanterie, la fera donc placer sur plusieurs lignes pour combattre. Supposons un terrain plat où nous devions disposer pour combattre une division de douze bataillons, et faisons abstraction de toute autre considération. Notre première ligne sera formée de quatre bataillons déployés, avec des intervalles de vingt-quatre pas; la deuxième ligne, composée de quatre autres bataillons, devra être placée à une distance de la première, assez grande pour être hors d'atteinte des menus projectiles, assez petite pour pouvoir porter secours à la première dans un temps donné. Dans notre terrain plat nous fixerons cette distance à 200 mètres. Nous avons formé la première ligne de bataillons en bataille pour donner aux feux leur maximum d'effet, la deuxième ligne ne devant pas encore prendre part à la fusillade, mais bien au contraire devant se tenir prête à se porter en avant et à manœuvrer, sera formée en colonnes doubles

12

par divisions; la place que ces colonnes occupe-
ront sera soit sur les axes des bataillons de la
première ligne, soit vis-à-vis des intervalles de
cette même ligne; dans le premier cas, on cachera
ainsi sa force et ses mouvements à l'ennemi; dans
le second cas, on pourra plus rapidement se porter
en avant de la première ligne. De quelque manière, d'ailleurs, que ces colonnes soient placées,
il faudra toujours déployer les deux bataillons des
ailes et les placer aux flancs de l'ordre de bataille.
L'espace vide qui résultera de cette disposition devra toujours être du côté le moins exposé. La troisième ligne, étant une réserve qui doit secourir les
deux premières et s'opposer quelquefois aux manœuvres de l'ennemi, ne doit être exposée à aucuns
projectiles, nous la placerons donc à 800 mètres de
la deuxième ligne. Cette réserve devra être concen-
trée sous la main de son chef et occuper le moins
d'espace possible, nous la placerons donc vers le
centre en arrière des deux lignes, formée en colonnes serrées par divisions avec des intervalles
de vingt-quatre pas. Ainsi formée, cette réserve
pourra se porter en avant ou en arrière, à droite
ou à gauche, et se tenir toujours prête à marcher.

Le passage d'une ligne à l'autre s'exécute de
deux manières : ou par un mouvement de retraite
de la première ligne, filant derrière la deuxième
en passant par ses intervalles, ce qui est presque impraticable à la guerre ; ou par un mouvement offensif de la deuxième ligne, se portant en avant de

la première par ses intervalles, et se déployant devant elle ; cette méthode est toujours préférable.
Dans toutes les circonstances, il faut se rappeler
ce mot de Kléber : « Les soldats, dit-il, ont toujours
un œil derrière le dos, qui regarde s'ils sont appuyés, et ils ne tiennent ferme que dans cette circonstance. » Il est donc inutile de dire que la
deuxième ligne ne devra jamais être distraite de
ses fonctions pour opérer d'autres manœuvres.

Retraite.

Jusqu'à présent, on a toujours cru que la retraite ne devait se faire qu'au pas ordinaire, et le
plus lent possible; c'est une grave erreur. En effet,
quel est le but d'une retraite ? c'est, le combat n'é-
tant plus possible, de fuir l'ennemi et de se soustraire à lui avec la promptitude la plus grande. En
conséquence, une partie de l'armée en retraite devra contenir l'ennemi pour donner au reste le
temps de s'écouler. Il ne faudra donc pas marcher
au pas ordinaire, mais souvent au pas de charge,
qui relève le moral des troupes ; nous dirons plus,
souvent la fuite est nécessaire, méthodique même
au pas de course dans certains cas, nous le prou-
verons par un exemple, tiré de la retraite du Portugal par Masséna. Le maréchal Ney fut chargé,
à l'arrière-garde, d'arrêter les Anglais, pour donner le temps aux bagages de franchir un défilé ;
il remplit ce rôle avec son énergie accoutumée;
mais l'armée anglaise se renforçant toujours, la

12.

position n'était plus tenable; pour la quitter, il fallait se jeter dans un vallon étroit et remonter un coteau peu éloigné, pendant ce temps, on serait resté sous les coups de l'ennemi, qui ne pouvait manquer d'occuper la position abandonnée. Le maréchal jugea qu'une retraite lente lui ferait éprouver de grandes pertes. Il ordonna aux drapeaux et guides généraux, conduits par des officiers d'état-major, d'aller rapidement tracer une nouvelle ligne sur le plateau opposé, et, un instant après, il renvoya les bataillons, à la course, s'encadrer dans cette ligne, qui se reforma comme par enchantement; sans cette admirable précaution on aurait perdu beaucoup de monde, et probablement la déroute s'en serait suivie. Il est évident que cette manœuvre ne peut être employée, quand on redoute la cavalerie; dans ce cas, il faut accélérer beaucoup le pas, tout en conservant un ordre respectable.

LIVRE IV.

Arme de la cavalerie.

On nomme cavalerie la réunion des combattants à cheval. Par cette combinaison de l'homme et du cheval, le cavalier acquiert une plus grande vitesse et une plus grande puissance de choc. La puissance de cette arme réside donc dans la vitesse et le choc par le fait même de son principe. La cavalerie ne pourra, conséquemment, défendre qu'un point situé devant elle, mais elle ne saurait ni l'occuper, ni y prendre des formations de résistance. La cavalerie n'est pas apte à l'action des feux par le fait même de son organisation; cette arme est dispendieuse, mais indispensable aux armées dans tous les cas qui demandent de la promptitude, c'est dire toujours. Les proportions de la cavalerie, par rapport à l'infanterie, ont varié aux différentes époques de l'art militaire. L'infanterie étant représentée par 1, on trouve que la cavalerie, sous les Romains, est égale à 1/10 de l'infanterie, 1/8e sous Alexandre, 1/2 au moyen âge, 1/3 sous Turenne, 1/4 en France actuellement, et 1/10 dans les pays où la cavalerie peut difficilement agir. L'instruction du cavalier est lente et très difficile; il devra être choisi de préférence dans les pays où l'on élève des chevaux. Les chevaux, par rapport à la cavalerie, se divisent en trois classes, qui forment naturellement trois espèces de cavalerie, qui sont : 1° la cavalerie de réserve, ou grosse cavalerie (carabiniers et cuirassiers) ; 2° la cavalerie de ligne (dragons et lanciers) ; 3° la cavalerie légère (chasseurs et hussards) ; le rôle de chacune de ces cavaleries est bien tracé.

Cavalerie de réserve.

La cavalerie de réserve, par la force de ses chevaux et la nature de ses armes, qui la rendent moins agile, mais d'une puissance de choc plus grande, ne sera employée que dans les circonstances décisives. La création des carabiniers et cuirassiers date de 1803 et de 1809. La taille et la force des hommes doivent être supérieures. L'arme blanche sera droite et propre à pointer; un pistolet dans une fonte et une hache dans l'autre les rendront susceptibles de pouvoir servir d'éclaireurs dans certains cas. La cuirasse donnera de la confiance au soldat, en lui permettant de braver l'arme blanche et les balles tirées à 40 mètres. La cuirasse sera double pour préserver le dos des blessures dans le cas d'une mêlée ou d'une retraite nécessaire.

Cavalerie de ligne.

La cavalerie de ligne tient le milieu entre la cavalerie de réserve et la cavalerie légère. Elle sera armée d'un sabre, un peu recourbé, pour pouvoir tailler à l'occasion, quoique son principal usage soit de pointer; elle sera armée, en outre, d'un pistolet et d'un fusil-mousqueton, dit fusil de dragon. Les dragons furent créés par le maréchal de Brissac. Ils n'étaient, en principe, que de l'infanterie à cheval; de différents, mais infructueux essais furent tentés par Napoléon, pour réaliser l'utopie du dragon à la fois fantassin et cavalier habile, mais les dragons ne sont et ne doivent être considérés que comme une cavalerie mixte. Cependant, dans plusieurs circonstances,

les dragons ayant à défendre un pont, un défilé ou
une barricade, pourront faire mettre pied à terre à
une partie de leurs soldats, et dans le cas où ils
occuperaient l'arrière-garde d'un corps en retraite,
contenir l'ennemi par leurs feux. La troupe en
retraite gagnant du terrain, les cavaliers remonte-
ront à cheval et la rejoindront. Une avant-garde
de dragons peut empêcher un ennemi en retraite
de couper un pont, de faire des préparatifs de défense dans un défilé, et son feu arrêtera ou, pour
le moins, retardera toujours ces opérations. C'est
ainsi que les dragons français, ayant mis pied à
terre, empêchèrent les Anglais, dans leur retraite
vers la Corogne, en 1808, de faire sauter les ponts
de Puente-Ferreira et de Berceira. C'est ainsi que
le 14e de dragons soutint à Usagre, en 1811, la
retraite de deux régiments de même arme, imprudemment engagés dans un défilé. Les lanciers,
créés en 1811, supprimés en 1815, et rétablis en
1830, sont aptes surtout à la poursuite; ils ont pour
arme, la lance, le pistolet et le sabre : la lance
produit sur le soldat et même sur le cheval qu'elle
menace, un effet moral si grand, que plusieurs
auteurs ont désiré en faire étendre l'usage aux
cuirassiers.

Cavalerie légère.

La cavalerie légère doit être très-mobile ; on
l'emploie principalement dans les opérations de
détail, reconnaissances, détachements et pa-

trouilles ; il faut des hommes adroits et souples
et des chevaux légers, comme en produisent le
Limousin, les Vosges et les Pyrénées.

Les hussards furent créés en 1692, les chasseurs
en 1783 ; ils sont armés d'un mousqueton et d'un
sabre courbe, spécialement propre à tailler, mais
pouvant pourtant pointer, ils ont en outre le pistolet. Napoléon eut un moment l'intention de créer
une quatrième espèce de cavalerie-éclaireurs, dont
le rôle eût été d'accompagner partout l'infanterie,
et dans laquelle on eût admis des chevaux de 4
pieds 4 pouces, les éclaireurs eussent été armés de
la lance : commencé en 1813, ce projet ne reçut
qu'un commencement d'exécution.

Du cavalier.

Avant de mettre les hommes à cheval, il faut les
dégrossir, leur apprendre l'exercice à pied et la
gymnastique ; on procède ensuite à l'équitation et
à l'escrime à cheval de leur arme. L'instruction
procède du simple au composé ; quand ces hommes sont individuellement, puis partiellement instruits, on les réunit pour les manœuvres.

Escadron.

L'escadron est à la fois l'unité de force, l'unité
tactique et administrative de la cavalerie. L'escadron n'est pas aussi nombreux que le bataillon ; les
nombreux détails d'une surveillance nécessaire, les

facilités à donner aux manœuvres, l'espace qu'occupent les chevaux sur le terrain, enfin le bruit inhérent à cette arme qui, dans un corps nombreux, étoufferait la voix de son commandant, tout a concouru à limiter la proportion numérique de l'escadron entre 48 et 96 files. Le chiffre de 64 files, pris entre ces deux extrêmes, présente le meilleur effectif. L'ordonnance de 1766 prescrit la formation de l'escadron sur deux rangs; le premier rang seul, à la vérité, peut frapper l'ennemi, mais le second lui donne une force morale utile, remplit les vides qui s'y forment, combat dans la mêlée, enfin oblige le premier rang à marcher plus aligné et plus correctement qu'il ne le ferait, s'il n'avait pas à craindre des atteintes. La position embarrassante et gênante autant que gênée d'un rang intermédiaire, a fait abandonner la formation sur trois rangs.

Chaque cavalier occupe dans le rang un rectangle de 2 mètres de large et de 3 mètres de long; l'escadron se divise en 4 pelotons égaux, il est commandé par 2 capitaines, 2 lieutenants et 2 sous-lieutenants ; en 1848, on a augmenté du double le nombre de sous-lieutenants. La place de bataille des officiers est en avant de la troupe qu'ils commandent ; car il ne s'agit plus ici, comme dans l'infanterie, de maintenir des troupes dans le rang, mais bien de s'en faire suivre et de les enlever. Les pelotons de l'escadron seront encadrés par les sous-officiers, et le capitaine en second surveillera et soutiendra le deuxième rang. (Voir *pl*. X, *fig*. 1re, la place de bataille des officiers et sous-officiers dans l'escadron.)

Si l'escadron veut se porter en avant, il exécute une marche en bataille; pour marcher obliquement, chaque cavalier fait faire à son cheval un angle de 45 degrés avec la ligne de bataille, et se porte droit devant lui dans la direction donnée. Pour marcher par le flanc, le cavalier occupant un rectangle dans la formation en bataille, ne pourrait faire un à-droite ou un à-gauche comme le fantassin : plusieurs modes de marche furent inventés.

La Wiedezaruk était un mouvement qui consistait à faire porter en avant toutes les files paires; les impaires, pendant ce temps, exécutaient un à-droite ou un à-gauche, et ce mouvement était suivi par les files paires; puis, dans cette position, l'escadron se portait en avant avec ensemble. Cette manœuvre était longue et incommode. Le marquis de Conflans ayant observé que la projection sur le sol horizontal de 4 cavaliers était un carré, inventa les mouvements par 4 qui s'exécutent aujourd'hui : du reste, les mouvements de l'escadron se font, le plus souvent, par pelotons; comme les mouvements de régiment se font, le plus souvent aussi, par escadrons à distance entière ou serrés en masse.

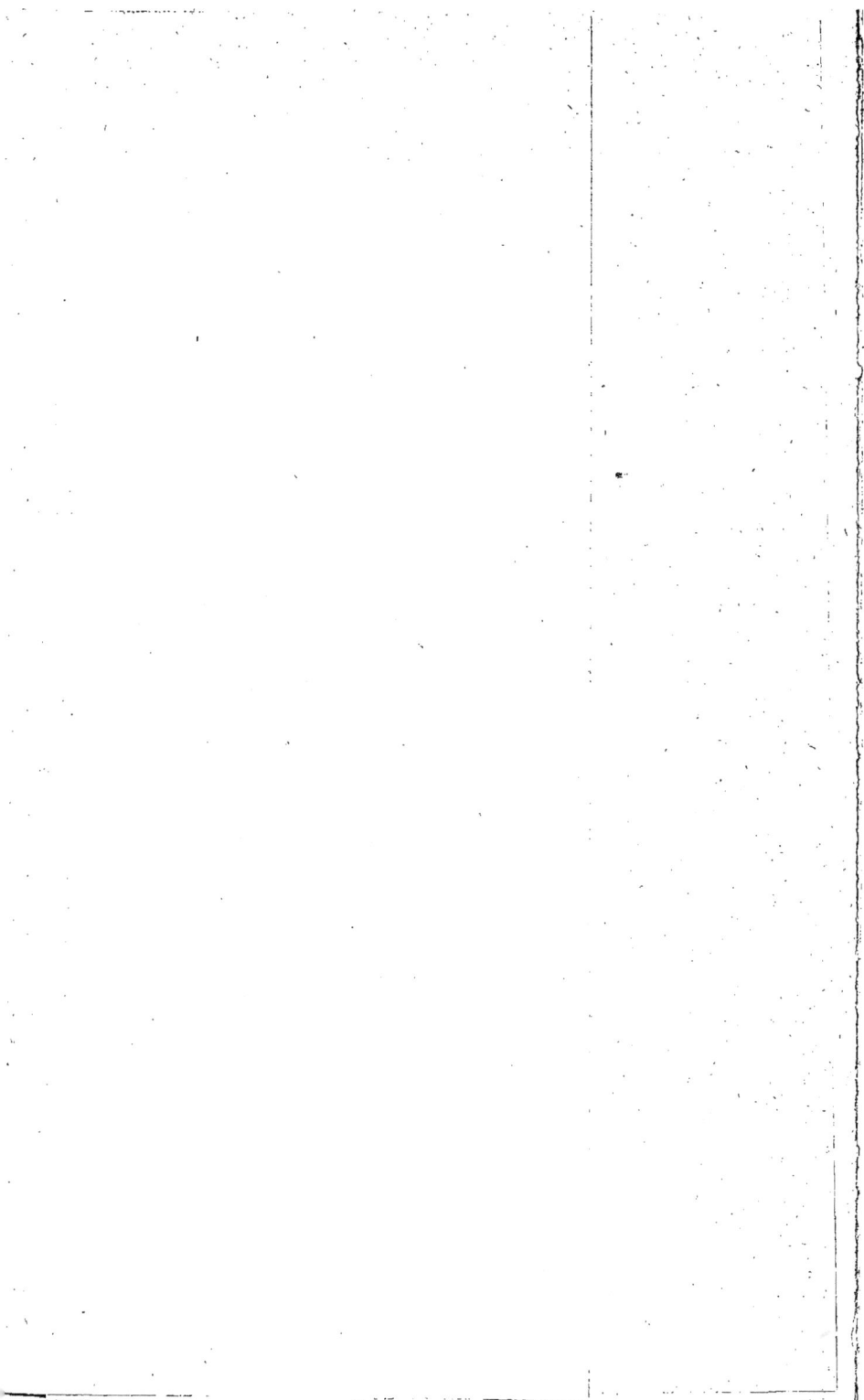

PLANCHE 10ᵉ.

Fig.1.

Fig. 4.

Fig.2.

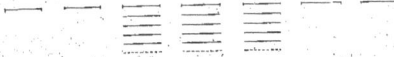

Fig. 3.

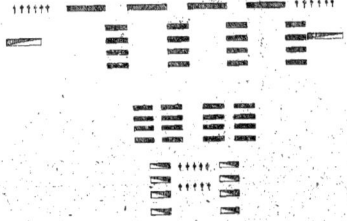

Fig. 5. Plateau de Craône

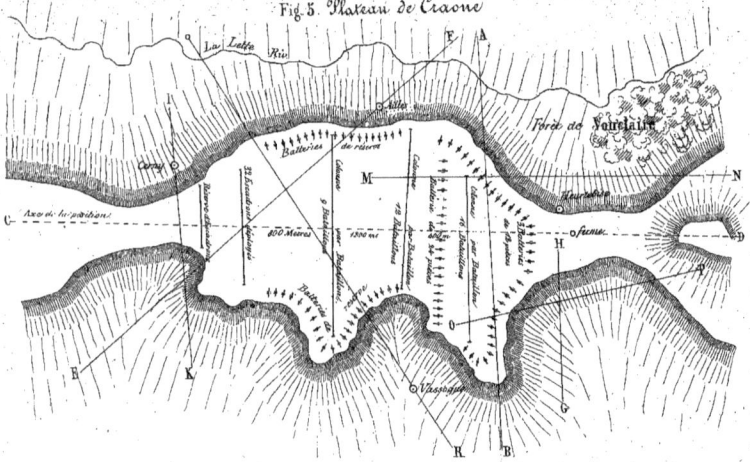

Fig. 6. Profil de la Fig. 5.

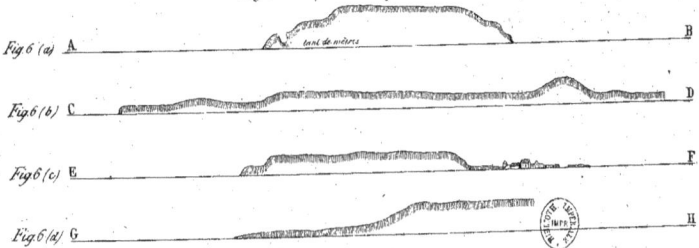

Colonne.

La colonne par pelotons est la colonne de route; elle peut faire au pas 5 à 6,000 mètres par heure et le double au trot. Le temps de repos nécessaire au cheval, après une marche, étant beaucoup plus long que celui qui est nécessaire au fantassin dans la même position, on conçoit donc qu'à la longue l'infanterie pourrait atteindre la cavalerie.

La colonne par escadrons est la colonne de manœuvre; cet ordre a l'avantage de cacher l'effectif des troupes à l'ennemi. Cette colonne ne doit pas être trop profonde pour ne pas entraver la rapidité nécessaire aux déploiements. Ainsi, la colonne ne devra pas être composée de plus de 15 escadrons; l'expérience a prouvé la gêne qu'un plus grand nombre apporte aux manœuvres. La distance d'un escadron à l'autre est celle du front d'un peloton. Quand la colonne est serrée, cette disposition met la colonne plus spécialement sous la main de son chef. Cependant, à proximité de l'ennemi, la colonne est toujours à distance entière, tant pour donner moins de prise à ses feux, que pour pouvoir se déployer en bataille contre une troupe qui l'attaquerait à la fois en tête et en flanc; ce qui est l'attaque la plus perfide, et à laquelle une colonne serrée pourrait difficilement résister, étant obligée de prendre d'abord les distances par la tête de la colonne, ce qui serait souvent impraticable.

Système des contraires.

Le système des contraires est d'une bonne application contre la cavalerie ; ainsi, nos cavaliers réunis en bataille sabraient les Mameluks, toujours vainqueurs dans l'action individuelle. La manœuvre de la cavalerie irrégulière consiste à entourer l'ennemi et à tomber dessus avec furie ; la meilleure méthode à leur opposer est de se former en plusieurs colonnes par escadrons parallèles, puis d'allonger la ligne de bataille par d'autres escadrons déployés ; l'ennemi pour les entourer est forcé d'étendre ses ailes et de dégarnir son centre que les colonnes percent, puis exécutant un à-droite et un à-gauche, prennent l'ennemi à revers pendant que les escadrons déployés le chargent par le flanc. (Voir *pl.* X, *fig.* 2.)

Le même système nous démontrera que des hussards devront attaquer en tirailleurs des cuirassiers dont le choc est beaucoup plus terrible que le leur.

Charges.

La cavalerie n'ayant pas d'action par le feu et n'en possédant que par le choc, pour le rendre le plus intense possible, on exécute une charge. La charge est une marche impétueuse dont l'ennemi est le but ; la charge s'exécute en muraille, en échelons et en colonne. Pour réussir, cette manœuvre doit s'exécuter de sorte que le maximum

de densité et de vitesse soit atteint au moment où
l'on joint l'ennemi ; on ne devra donc pas prendre
carrière de trop loin. Les chevaux seront mis
d'abord au pas pour prendre haleine et s'aligner,
ensuite au trot, puis au galop ordinaire, et, enfin
au galop abandonné ou au galop de charge. Une
charge commencée devra presque toujours être
poussée à fond : en effet, il y a devant l'ennemi
autant de pertes à craindre en faisant un demi-
tour qu'en étant repoussé. La charge pourra
s'exécuter contre l'infanterie, la cavalerie et l'artillerie ; du reste, quelle que soit la troupe que
l'on attaque, la charge devra toujours être précédée par des feux d'artillerie, et ne devra s'exécuter qu'au moment précis où la confusion et le
trouble se mettront dans les rangs que l'on doit
charger. Ainsi, quand on verra les soldats ennemis tourner souvent la tête en arrière, ou ne pas
recharger leurs armes, le moment sera venu,
et il importe au succès de savoir le bien choisir.

L'infanterie agissant par feux et se formant
presque toujours en carré contre la cavalerie,
celle-ci ne devra donc l'attaquer que de manière
à souffrir le moins possible de ses projectiles. Ainsi
dans l'attaque d'un carré, elle devra en forcer le
point à proximité d'un saillant qui ne pourra être
défendu que par des feux obliques ; la cavalerie
formée en colonne par escadron, à double distance, pourra agir par succession d'efforts.

Le moment de la charge est critique pour les

deux armes; ainsi, en général, la charge réussira si, après la première ou la seconde charge, les 1er et 2e escadrons s'étant repliés, le 3e escadron peut arriver sur les ennemis avant qu'ils n'aient eu le temps de recharger leurs armes. Cependant, après une première charge avortée, si on s'aperçoit que l'ennemi recharge ses armes sans trouble ni précipitation, ou bien dans le cas où l'on agit contre la cavalerie, si l'ennemi a une intensité de choc plus grande, il vaudra mieux renoncer à la charge pour le moment.

Si la charge ne doit être qu'une démonstration ou un effort dont le but précis n'est pas déterminé, la charge en muraille sera la plus opportune; seulement, dans ce cas, il faudra avoir une seconde ligne en colonne qui puisse élargir les trouées que la première ligne aura pu faire et empêcher l'ennemi de se reformer. Contre de l'infanterie en colonne, la charge s'exécutera sur les flancs, et aura pour objet de couper quelques divisions de la colonne.

Dans les dernières guerres, les charges de cavalerie furent très-fréquentes; Kellermann, à Waterloo, s'empare de l'artillerie ennemie par une charge; et si l'on était parvenu à en enclouer les pièces, défendues par des feux d'infanterie placés à proximité, c'en était peut-être fait pour les coalisés du gain de la bataille.

La charge en bataille est la plus difficile à exécuter: car elle a tous les inconvénients de la

marche en bataille, doublés par l'accélération des
allures. La charge en colonne a l'avantage de procurer la succession d'efforts; la charge en échelon
joint à cette dernière qualité celle de pouvoir
déborder et attaquer concentriquement l'ennemi.

Si une charge exécutée n'a pas l'effet voulu,
chaque colonne après son demi-tour devra se rallier à une longue portée pour se préparer à recommencer. Si la charge réussit, il faut alors tâcher
de diriger l'ennemi loin des intervalles de sa
deuxième ligne, ce qui pourra, en jetant le désordre
dans ses éléments, la forcer à plier elle-même.

La cavalerie n'a jamais eu de tirailleurs en
grandes bandes, des tirailleurs de bataille n'ont
point réussi et les compositions de tirailleurs mixtes
n'ont été d'un service utile qu'en Algérie. La charge
en fourrageurs s'exécute souvent contre l'artillerie, l'action devient individuelle, et l'on souffre
moins des feux par cette disposition.

Enfin, le succès d'une charge dépendra toujours
de la minute où elle sera ordonnée, moment précis
que le génie indique, que l'expérience conseille,
mais que la plume ne saurait démontrer davantage. Ainsi la bataille de Medelin, en 1810, était
sur le point d'être perdue, la retraite s'effectuait,
et les Espagnols nous suivaient de fort près; sou-
dain un escadron de hussards qui formait le dernier échelon s'arrête; son chef commande l'aligne-
ment avec un grave sang-froid, les Espagnols surpris, s'arrêtent, ce moment est saisi par l'escadron

qui, à la voix de son chef, charge les Espagnols à fond de train; ce mouvement est bientôt appuyé par les autres escadrons et la défaite prochaine se changea en glorieuse victoire.

LIVRE Ve.

Arme de l'artillerie.

L'artillerie est l'arme des combats à distance par excellence; elle est utile en raison directe de sa mobilité. Cette arme ne peut agir sur tous les terrains, n'a pas d'action de choc et ne peut se défendre par elle-même; elle est de plus fort dispendieuse, et diminue d'importance dans les pays montagneux; mais tous ces inconvénients sont rachetés par l'immense force morale qu'elle procure et par ses feux terribles. L'effet réel dépend du calibre et du nombre des pièces. Dans les guerres de l'Empire et notamment à Wagram, l'artillerie fut employée par grandes masses. Les feux sont directs ou courbes, selon qu'ils proviennent du canon ou de l'obusier. Il existe plusieurs calibres de pièces, ce sont :

Le canon de 8 $^{\text{dont le but en blanc es}}$ à 506^{m} $^{\text{et l'effet utile est}}$ à 1000^{m}.
Id.   12   à 526^{m} à 1600^{m}.
L'obusier de 16   à 300^{m} à 2200^{m}.
Id.   15   à 280^{m} à 2000^{m}.
Id.   12   à 230^{m} à 1200^{m}.

Il est bien entendu que nous parlons ici de l'artillerie de campagne, le tir à cartouche à balles n'a
d'effet utile que jusqu'à 500 mètres. Chaque bouche
à feu doit avoir un approvisionnement de 400 coups,
ce qui suffit pour les campagnes, même les plus
actives. Des pièces sont attachées aux divisions,
en raison de 2 canons pour mille fantassins et 3 canons pour mille cavaliers; chez les puissances
étrangères, un plus grand nombre de pièces leur
sont attachées; mais ces puissances, au lieu de canons de 2 calibres, en possèdent de 12, 8, 6, 4 et
même de 3. Le tir de l'obus n'a pas autant de précision que celui du boulet, mais ses éclats en sont fort
craints et son effet moral est supérieur. Au reste,
un seul projectile peut causer de grands ravages;
ainsi, à la bataille de Zorndorff, un seul boulet prus-
sien, mit 42 Russes hors de combat. Les différents
tirs sont : le tir de plein fouet, le tir roulant et le
tir fichant. Les différentes manières de tirer sont :
le tir direct, le tir d'écharpe et le tir d'enfilade,
selon que l'on tire directement ou obliquement
sur la ligne ennemie, ou dans le dernier cas, selon
qu'on tire en enfilant la ligne elle-même, ce dernier tir est le plus redoutable ; le tir d'écharpe a
l'avantage de croiser ses feux avec une autre batterie placée à une autre aile.

La bonté des différents tirs dépend de la juste
appréciation du terrain et de la distance où l'on
se trouve de l'ennemi, et sur laquelle il faut cal-
culer les buts en blanc. Le terrain par lui-même

13

est plus ou moins avantageux aux différents tirs : ainsi, un tir rasant, fichant ou ricochant, conviendra sur un sol solide ; un tir de plein fouet sur un terrain mou ou marécageux.

Les batteries de fusées de guerre, connues depuis longtemps, mais abandonnées généralement, sont fort transportables et avantageuses contre la cavalerie, et dans les montagnes, où les sinuosités des ravins donneraient à ces projectiles la direction qui leur manque totalement.

Des qualités de l'artilleur.

Les qualités de l'artilleur sont : la justesse du coup d'œil, la taille et la force ; ses qualités morales, le courage du sang-froid. Outre les manœuvres, son éducation doit lui apprendre l'appréciation des distances. L'artilleur, quoique protégé par d'autres troupes, pouvant se trouver seul pour défendre ses pièces, sera armé du sabre et du mousqueton. Les artilleurs sont à pied ou à cheval.

Artillerie divisionnaire.

Les artilleurs à pied sont attachés à l'artillerie divisionnaire qui suit les mouvements de l'infanterie. Les réserves sont à pied et à cheval ; celles à pied sont formées de 4 canons de 12 et de 2 obusiers de 16 ; celles à cheval se composent de 4 canons de 8 et de 2 obusiers de 15. Les canons de 12 et les obusiers de 16 nécessitent 3 caissons de munitions pour chacun ; les canons de 8 et les

obusiers de 15 n'ont que 2 caissons. Il y a de plus
2 affûts de rechange, 2 forges, 2 chariots de batterie ; enfin la division traîne à sa suite 6 caissons
de cartouches d'infanterie ou 2 pour la cavalerie ;
toutes ces voitures sont attelées de 6 chevaux,
excepté les affûts qui ne sont traînés que par quatre chevaux.

Batterie de montagne.

La batterie de montagne se compose de : 6 obusiers de 12, portés par 6 mulets ; 9 affûts, dont 3 de
rechange, portés par 9 mulets ; 48 caisses à munitions, portées par 24 mulets, et contenant 366 coups,
dont 30 à balles ; 12 caisses à cartouches, contenant 12,000 coups, portées par 6 mulets ; 6 caisses
d'outils de rechange, portées par 3 mulets ; 3 forges, traînées par 3 mulets ; enfin 6 caisses pour la
comptabilité et 12 mulets haut le pied.

Position d'une batterie.

La position la plus avantageuse sur le terrain
pour l'établissement d'une batterie doit être telle
que le terrain soit exempt de pierres, car les boulets ennemis, en frappant le sol, le rendraient très-
dangereux ; un ressaut devant les pièces serait fort
utile pour faire passer les boulets ricochants par-
dessus la batterie ; enfin une dépression derrière
la batterie protégerait les caissons. La meilleure
pente pour le tir est telle que sa hauteur soit la

13.

centième partie du but en blanc des pièces en batterie (Voir *pl* X, *fig*. 3).

L'unité de force de l'artillerie est la batterie, qui se compose de 6 pièces ; comme nous l'avons vu plus haut, elle se divise en trois sections de deux pièces.

Pendant les feux, l'avant-train est séparé de sa pièce par la distance de 6 mètres, 4 mètres jusqu'aux chevaux. Cette distance est comptée à partir du levier de pointage ; en troisième ligne et à 10 mètres de la deuxième, se trouvent les caissons. La batterie est commandée par un capitaine, les sections des ailes par les deux lieutenants, la section du centre par l'adjudant. Les hommes non employés sont en arrière et à la disposition du capitaine ; à chaque pièce se trouve un maréchal des logis ; les caissons sont sous la garde du maréchal des logis chef. La batterie que nous venons de voir en bataille peut marcher en colonne par section. L'artillerie n'a pas de formation de résistance, quoiqu'elle puisse se former en carré.

Le rôle de l'artillerie dans une bataille est : 1° renverser les obstacles, hommes, chevaux, murs, haies, etc. ; 2° arrêter la marche d'une ligne ou d'une colonne ; 3° faire une trouée dans un point donné de la ligne ennemie ; 4° entretenir le combat jusqu'au moment décisif.

LIVRE VIe.

Arme du génie et de l'administration.

Génie.

Le génie exécute les travaux d'art, la construction de la fortification passagère, les ponts, etc. Chaque régiment d'infanterie possède une compagnie de génie. Le soldat du génie doit avoir 1 mètre 70 centimètres de taille; être fort, adroit, et posséder un des métiers industriels de cette arme (charpentier, menuisier, charron, etc.); de plus, il doit être apte à défendre les postes qu'il a construits, et à cet effet est armé du fusil de voltigeur; son outil sera placé, l'instrument dans le sac, le manche en dehors. Chaque compagnie de 100 à 150 hommes est suivie d'une voiture ou prolonge chargée des outils de rechange. Les ponts que le génie construit sont permanents, l'artillerie étant chargée de ceux à supports mobiles; cependant, dans ces circonstances, les deux armes doivent se prêter un mutuel appui. Le génie entretient et fraie les routes, et exécute les travaux d'attaque et de défense des places.

Troupes d'administration.

Les troupes d'administration sont assermentées; l'unité de force est la compagnie; elle prépare, transporte et communique les diverses munitions de bouche. Les soldats faisant partie des convois sont armés du sabre et du mousqueton pour les défendre.

LIVRE VII°.

Combinaison des différentes armes.

La combinaison des différentes armes peut s'exécuter de quatre manières : 1° infanterie et cavalerie combinées ; 2° infanterie et artillerie ; 3° cavalerie et artillerie ; 4° les trois armes réunies.

Infanterie et Cavalerie.

1° L'infanterie a son action par les feux et la démonstration à la baïonnette ; la cavalerie a son action par le choc. Ces deux armes peuvent être appelées à se défendre ou à attaquer mutuellement un même obstacle. D'ordinaire, ce sera la cavalerie qui protègera l'infanterie, mais il peut arriver le contraire. L'infanterie et la cavalerie combinées dans un même but devront agir dans la même sphère d'action ; l'action des feux de la première arme étant à 200 mètres, et cet espace étant restreint pour prendre l'élan nécessaire à la charge, on conçoit que les deux armes ne se placeront pas sur la même ligne, d'autant mieux qu'une ligne de bataille ainsi composée d'éléments hétérogènes n'aurait pas assez de liaison. Ces lignes devront être parallèles pour se soutenir les unes les autres. L'infanterie occupera sur deux lignes le terrain à défendre; la cavalerie sera placée sur les flancs, et à 300 mètres en arrière : ce qui la mettant à l'abri, lui donnera de l'espace pour charger sur le terrain ennemi; s'il se trouve des obstacles aux flancs, la cavalerie se placera en arrière pour n'y être pas acculée.

La bataille d'Austerlitz nous donne un bon exemple de cette combinaison. La cavalerie russe, qui était plus nombreuse que la nôtre, était placée vis-à-vis de nos escadrons, lesquels étaient appuyés par des colonnes par bataillons qui en masquaient la réserve : notre première ligne exécutait sa charge et courait se rallier à sa réserve, en passant par les intervalles laissés entre les colonnes d'infanterie, qui aussitôt se formaient en carré, écrasant les Russes qui nous poursuivaient par des feux formidables, qui n'étaient interrompus que par les nouvelles charges qui s'exécutaient successivement. Cette manœuvre devait nécessairement triompher.

La combinaison de ces deux armes est fréquente dans la guerre à petite échelle et dans les détachements.

Infanterie et Artillerie.

2° La combinaison d'infanterie et d'artillerie
ayant un même mode d'action, les feux, sera
essentiellement propre à la défensive. L'artillerie
ne pourra se placer ni en avant, ni en arrière de
l'infanterie; en avant elle nuirait aux feux de l'infanterie; en arrière elle serait obligée d'exécuter
des feux courbes par-dessus la tête de l'infanterie, ce qui est toujours pour elle une cause de
démoralisation, même quand ces feux partent
d'une hauteur. Enfin, ces deux combinaisons ont
l'inconvénient d'offrir aux coups de l'ennemi un
but double. Ces deux armes ne pourront pas non
plus être placées sur la même ligne, car on s'ex-
poserait à de grandes pertes par l'explosion possible des caissons. En avant du front et vis-à-vis
des intervalles de la ligne d'infanterie, l'artillerie
n'obtiendrait que des feux directs; sa place la plus
avantageuse est donc sur les flancs et sur une ligne
parallèle à celle de l'infanterie, d'où elle tirera
d'écharpe sur l'ennemi.

Artillerie et Cavalerie.

3° La combinaison d'artillerie et de cavalerie
sera propre à l'offensive ; en effet, l'artillerie vo-
lante, par ses feux, préparera le succès des charges
de la cavalerie.

Les trois armes réunies.

4° La combinaison des trois armes nous servira

dans toutes les circonstances. Généralement l'infanterie sera en première ligne, la cavalerie en deuxième, la réserve en troisième ligne, et l'artillerie aux flancs ou en avant des intervalles. Supposons, par exemple, qu'il s'agisse de ranger en bataille une division mixte composée de 12 bataillons, de 8 escadrons et de 3 batteries (Voir *pl.* X, *fig.* 4.) Nous prendrons pour réserve 4 bataillons, 4 escadrons et une batterie. Le terrain étant supposé plat et sans aucuns obstacles ou accidents, l'infanterie se placera sur deux lignes de 4 bataillons ; la première ligne déployée, la deuxième en colonne double, à 200 mètres de la première. A 800 mètres en arrière se trouvera la réserve en colonne serrée en masse par bataillons, et sous la main du chef ainsi que la batterie de réserve ; les deux autres batteries placées aux flancs droit et gauche de la première ligne tireront d'écharpe, appuyées chacune par deux escadrons déployés à la hauteur de la deuxième ligne. Les 4 escadrons de réserve seront formés en arrière de la réserve d'infanterie, en colonnes par escadrons à droite et à gauche de la batterie de réserve.

Telle pourrait être la combinaison des trois armes ; mais on conçoit fort bien que le terrain peut et doit apporter bien des modifications à cette formation hypothétique.

Ainsi, pour résumer ce que nous venons de dire, les bases fondamentales de la combinaison des trois armes sont : l'action d'une arme doit fa-

ciliter celle des autres ; et si ces trois actions réunies en forment une collective assez puissante,
on remportera la victoire. L'artillerie doit préparer, l'infanterie décider, et la cavalerie achever.
La théorie des manœuvres à faire exécuter à la
combinaison des trois armes n'a pas été écrite
en France ; on a pensé avec raison que le terrain
étant essentiellement variable, les manœuvres l'é-
taient aussi. Cette partie est donc laissée à la sagacité du général et à l'appréciation des écrivains
militaires. En règle générale, les différents mouvements doivent se faire autant que possible par
ligne, et simultanément ; et les dispositifs de marche ou de campement doivent toujours être établis
d'après l'ordre de bataille primitif. En Allemagne,
il existe une théorie de ces mouvements curieuse
à étudier. Cette théorie est basée sur des terrains
fictifs représentant des cas particuliers, que nous
savons varier à l'infini. Cette théorie est donc in-
complète.

L'influence du terrain étant immense, nous
allons étudier les moyens de le reconnaître, c'est-
à-dire faire une étude des positions. Disons,
avant de terminer ce chapitre, que la combinaison
des trois armes est celle qui produit les plus
grands résultats, quand ces armes savent bien
s'entr'aider. Ainsi, dans l'offensive, l'infanterie
et la cavalerie voulant contraindre l'ennemi à
quitter ses positions, l'artillerie, chargée dans ce
cas de préparer les attaques par l'effet de ses feux,

doit régler tous ses mouvements sur ceux des autres armes ; celles-ci, au contraire, suivent les
mouvements de l'artillerie quand on est sur la défensive ; car son feu peut à lui seul arrêter l'ennemi et même porter le désordre dans ses rangs.

LIVRE VIII.

Des positions.

Généralement une position est occupée dans
l'intention d'attaquer l'ennemi sur un ou plusieurs
points, et de lui résister sur un ou plusieurs autres. Ainsi, dans les circonstances les moins favorables, avec l'infériorité numérique la plus marquée,
on ne peut jamais adopter sans danger la défensive
absolue et renoncer à profiter des fautes de l'ennemi ou des éventualités pour prendre l'offensive
avec avantage sur un ou plusieurs points. Ainsi
Napoléon, que sa faiblesse numérique oblige à
se tenir sur la défensive, entre l'Aube et la Haute-
Loire, voyant qu'une partie de l'armée du prince
de Schwartzemberg avait renforcé celle de Silésie sur son front, et que celle du comte de Wrède
menaçait sérieusement le flanc gauche de notre
armée, résolut de couvrir son mouvement rétrograde à la faveur d'une charge vigoureuse, qui,
bien que repoussée, lui permit d'effectuer sa ré-
traite en bon ordre.

Les mouvements de terrain devant modifier les formations primitives, nous devons chercher quel serait le terrain qui offrirait le plus d'avantages à son occupation. Un terrain horizontal ne donne ni commandement, ni vue sur l'ennemi que masque la première ligne, l'action de l'artillerie y sera médiocre. Ce terrain donnerait égalité entre les combattants ; un terrain dominant donnerait donc la supériorité, et un terrain dominé, l'infériorité : cela est évident. C'était sur un terrain dominant et en arrière d'un défilé qu'était placée l'armée russe à la bataille de Craonne ; elle était formée sur un plateau dont les conditions dominantes étaient avantageuses. La formation primitive y fut ainsi modifiée. (Voir *pl.* X, *fig.* 5.) En première ligne, vis-à-vis l'issue du défilé et sur ses flancs, 3 batteries de 12 pièces chacune. L'infanterie était disposée en arrière sur trois lignes : la première, à 400 mètres de l'artillerie, formée de 16 bataillons en colonne par bataillon ; la deuxième, à 400 mètres de la première, de 12 bataillons en colonne par bataillon. Entre ces deux lignes se trouvait une réserve de 24 pièces d'artillerie ; enfin, à 1,200 mètres de la deuxième ligne d'infanterie se trouvait la troisième ligne forte de 9 bataillons en colonne par bataillon. La réserve formée de cavalerie était disposée à la sortie du plateau sur deux lignes : la première comptait 32 escadrons déployés dont la deuxième ligne était la réserve ; le reste de l'artillerie était dis-

posé sur les flancs du plateau dans une position
d'attente. Les villages d'Ailles, Heurtebise, Vassogne, et la ferme étaient occupés par des tirailleurs.

Quelle que soit la forme d'un terrain dominant à
occuper, il sera toujours limité par certaines lignes
d'une dénomination fixe. Les voici : le front est le
côté qui regarde l'ennemi, les flancs sont les côtés
latéraux, la profondeur est la partie comprise entre le front et les flancs, les derrières et les abords
de la position.

Généralement, le front doit avoir un développement proportionné aux troupes qui devront s'y
déployer ; il ne devra point être protégé par des
obstacles inertes d'un abord trop difficile, tels
qu'une rivière ou des marais, car alors l'ennemi,
au lieu d'attaquer, tournerait la position. Les flancs
devront être protégés par des obstacles, soit inertes,
soit actifs ; les obstacles inertes seront les meilleurs,
car ne pouvant être franchis, les flancs seront parfaitement assurés, tandis qu'un obstacle actif, quelle
que soit sa force, peut toujours être pris et par là
découvrir le flanc et le priver de protection. La
position sera d'autant meilleure, que les points
d'attaque seront plus nettement dessinés, car ils
permettent d'y accumuler la principale force. Le
plateau de Craonne présentait toutes ces conditions. Le front était l'issue du défilé, point d'attaque déterminé, il était en outre suffisamment dé-
veloppé eu égard aux forces russes. Les flancs

étaient protegés, celui du nord, par la forte occupation du village d'Ailles, celui du sud par les pentes raides du côté de Vassogne et que l'état-major crut inaccessible ; malheureusement pour eux, il n'en était point ainsi et la cavalerie française, franchissant ces pentes, se montra en force sur ce flanc, forçant les Russes surpris à abandonner cette position. Le plateau de Craonne remplissait en outre une autre condition essentielle : l'intérieur en était masqué complétement et ne contenait aucun obstacle réel dans le sens longitudinal. On conçoit en effet qu'un obstacle dans ce sens eût permis d'écraser une partie de l'armée en position, sans que l'autre pût lui porter secours, c'est ce qui causa la perte de l'armée autrichienne à Dresde, où elle était séparée de l'armée des alliés, par un ravin difficilement franchissable. La profondeur du plateau, en permettant de l'occuper sur plusieurs lignes, procure la succession d'efforts; les derrières doivent être occupés et ne pas être protégés par des obstacles inertes. Ainsi Napoléon, après la bataille indécise de Leipsig, forcé de battre en retraite, ne pouvait le faire que par l'unique pont de l'Elster et ce pont ayant sauté par la promptitude maladroite d'un subalterne, 30,000 hommes formant l'arrière-garde furent écrasés. Sur les abords de la position doivent se trouver des obstacles actifs ou inertes, le front, avons-nous dit, ne doit pas en contenir d'inertes, à moins que, comme le fit Wellington à Torres-Vedras, on occupe une position sans pouvoir en être délogé. Les obstacles seront donc autant que possible actifs sur le front, inertes sur les flancs.

Le front, protégé par des obstacles, devra leur être distant de 6 à 800 et 1000 mètres au plus; ces obstacles, en effet, devront être flanqués par le front et en conséquence ne seront occupés que ceux qui seront dans cette condition et qui pourront se flanquer réciproquement et de manière surtout que la perte de l'un n'entraîne pas la prise de l'autre. A Craonne, les derrières sont bons, les obstacles sur le front forment des abords médiocres: ce sont le hameau et la ferme d'Heurtebise, qui furent fortement occupés jusqu'au moment où un mouvement contraignit les Russes à les abandonner, ce qu'ils firent après les avoir préalablement brûlés pour empêcher l'ennemi de s'en servir contre eux. En avant de Craonne, se trouvaient les bois de Vauxclair; ces bois ne furent point occupés, car l'expérience a prouvé qu'un bois reste toujours en définitive au corps qui peut y envoyer le plus de troupes, les Russes ne devaient donc pas songer à les garder. Cette position de Craonne était, comme on le voit, d'une excellence rare et exceptionnelle.

Le choix d'une position peut être fait dans le but de l'offensive, de la spectative ou de la défensive, comme à Craonne; quel que soit le terrain que l'on cherche, la science pourra toujours le faire entendre et occuper avec sagesse, le génie n'est pas nécessaire dans cette appréciation.

Des points importants.

Une position présente toujours des points importants; ces points sont : le point dominant et les lignes d'opération et de communication; tels sont encore les saillants d'une ligne, les lignes de retraite, etc. Souvent ce ne sera pas le point important qu'il faudra attaquer, mais un point à proximité, dont l'occupation livrera ou facilitera du moins la prise du point important. Napoléon excellait dans la découverte de ces points et dans la méthode à suivre pour s'en emparer, aussi, le plus souvent prenant une position d'attente, il n'agissait qu'au moment favorable, comme à Austerlitz, à la Rothière et dans d'autres circonstances. Nous avons dit qu'il était important d'avoir des points d'attaque déterminés, les ouvrages de campagne procurent cette condition avantageuse.

Appréciation des positions.

Pour se rendre compte et bien juger une position, on emploiera, pour la relever, les projections horizontales et verticales du terrain, en les assimilant à des ouvrages de fortifications. Ainsi la position de Nordlingue (Voir *la 1re partie de l'Art militaire, fig.* 16), présente assez bien un front moderne avec sa courtine, ses deux bastions et sa demi-lune. D'autres positions simuleraient des re-

dans, des lignes à intervalles ou à crémaillères ou
des fronts bastionnés, mais il faut toujours s'assurer de l'existence des conditions de flanquement
et ne pas imiter cet auteur qui dit inconsidérément
que la Vendée ressemble à une immense tête de
pont. Les projections verticales donnent l'appréciation du terrain par la confection des profils levés à l'œil ou à main levée, si je puis m'exprimer
ainsi. En prenant Craonne pour exemple, voyons
quels seraient les profils à construire : nous en ti-
rerons nécessairement un sur le front et sur la direction probable de l'ennemi (Voir les numéros *a,
b, c,* de la *pl.* X, *fig.* 6). Le profil **AB** nous donne l'é-
tendue du front, la forme des pentes qui le forment,
les flancs ainsi que la largeur et la profondeur de
la rivière de la Lette. Le profil **CD** nous donne
l'intérieur de la position, sa forme, sa profondeur,
et nous découvre l'existence d'un petit monticule
en avant de la ferme. Le profil **EF** nous donne
les pentes des flancs, nous montre qu'il n'existe
aucun obstacle longitudinal dans l'intérieur et nous
fixe sur la position du village d'Ailles ainsi que de
la rivière de la Lette. Il est facile de construire
d'autres profils, tels que **GH, IK, MN, OP,** etc.,
en un mot, sur toutes les directions probables
d'une attaque.

Les applications de cette théorie feront connaître le terrain. La science et l'étude des ordres
de bataille pris par les grands maîtres dans les divers terrains donneront à l'esprit désireux de s'in-

14

struire et d'appliquer ces données, l'expérience nécessaire pour trouver une bonne position et s'y établir convenablement.

LIVRE IX.

Des batailles.

On appelle bataille un engagement général. Les batailles diffèrent des combats en ce que ces derniers sont à une plus petite échelle. Les batailles peuvent être : offensives, défensives ou de rencontre. Le génie et la science assurent les préliminaires d'une bataille et forment les plans; mais dans l'engagement proprement dit la fortune prend une part immense.

Toute bataille se divise : 1° en reconnaissance pour déterminer les points d'attaque et la position de l'ennemi; 2° en plan. Le plan comporte l'indication des points d'attaques reconnus, la formation de l'ordre de bataille pour arriver au but qu'on se propose, l'engagement et ses phases, enfin les manœuvres nécessaires pour compléter la victoire ou couvrir la retraite.

Batailles offensives.

Dès que l'avant-garde aura reconnu la présence de l'ennemi, elle s'arrêtera, s'emparera des débouchés de la position et fera prévenir le général qui se portera aussitôt à l'avant-garde avec son état-major.

Le général donnera l'ordre de refouler les tirailleurs ennemis et de renverser les premiers avant-postes jusqu'à ce qu'il puisse parvenir sur un point assez élevé pour pouvoir découvrir l'ennemi et en faire une reconnaissance générale qui lui fournira les idées premières du plan.

Ausitôt après il donnera ses ordres pour effectuer un engagement préliminaire ; cet engagement pourrait être très-considérable : à Wagram, la majorité des forces y furent employées. A la faveur de cet engagement, le général et son état-major feront des reconnaissances de la position, soit en projection horizontale et verticale, soit par des levés topographiques irréguliers. A Craonne, Napoléon fit faire deux reconnaissances : la première aux environs d'Ailles dans la vallée de la Lette, qui lui apprend l'occupation d'Ailles et l'absence de forces dans la vallée, ce qui prouve à l'Empereur que les Russes sont concentrés sur le plateau et dans les fermes et village de Heurtebise ; la deuxième donna des renseignements sur l'occupation du front, sur la faiblesse de Vassogne et sur les pentes de ce côté, qui furent reconnues franchissables. Ces deux reconnaissances furent faites le 6 mars au soir ; le 7 au matin, Napoléon lui-même en fait une troisième qui détermine les points d'attaque sur les deux ailes, où l'on manœuvrera par un mouve-

14.

ment tournant, en laissant un rideau devant le front.

La reconnaissance est une des choses les plus importantes et les plus difficiles ; ainsi une mauvaise appréciation de pentes fait perdre la bataille de Craonne aux Russes ; elle demande une rare sagacité de la part du général et de son état-major, nous y reviendrons.

Le plan détermine les points d'attaque ; les considérations qui les feront déterminer seront stratégiques, tactiques et topographiques. En premier lieu, on examinera la position de la ligne ennemie par rapport à sa ligne de retraite. Cette position peut être de trois sortes : 1° la ligne de bataille est contiguë avec celle de retraite ; 2° la ligne de retraite est perpendiculaire ou à peu près sur une aile ; 3° la ligne de retraite est perpendiculaire ou à peu près sur le centre de la ligne de bataille. Dans tous les cas, la possession du point d'attaque doit amener deux résultats, l'un est, en cas de succès, d'avoir conquis un maximum d'avantages ; l'autre est, en cas de revers, d'avoir à essuyer un minimum de désavantages.

Des lignes de bataille et des points d'attaque.

Si la ligne de bataille est contiguë à la ligne de retraite, le point de jonction O sera le plus important, puisqu'il permet, par son occupation , de prendre à revers un ennemi coupé de sa ligne de retraite. (Voir *pl.* XI, *fig.* 7 (*a*) (*b*) (*c*) (*d*) (*e*). Il en serait de même pour le second cas (*b*) ; quant au troisième

Fig. 8.
Bataille de Montmirail

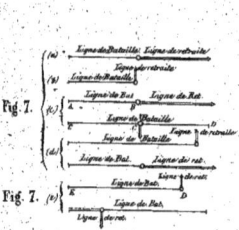

Fig. 9.

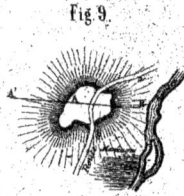

Fig. 10.

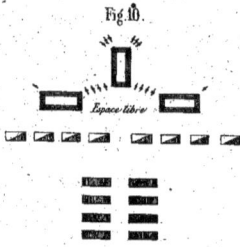

Fig. 11.
Bataille de Waterloo.

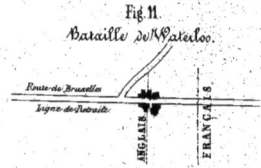

Fig. 12.
Retraite de la Rothière

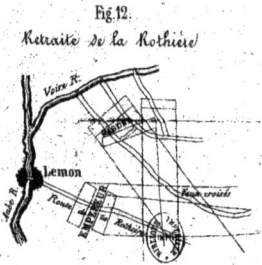

cas, les conditions stratégiques donnent un point indéterminé. Je suppose en AB (*fig. C*) la ligne de bataille ennemie contiguë à la ligne de retraite, et celle de ses adversaires en CCD, l'ennemi devra être nécessairement attaqué au point O, et les troupes qui seront employées à cette attaque devront avoisiner le point O', car, en s'avançant, elles couvriront elles-mêmes leur ligne de retraite. Il en serait de même pour le second cas (*fig. D*), et généralement pour tous les autres cas, un seul excepté, celui où une armée, placée ainsi que la figure E le représente en ED, ne pourrait couvrir sa ligne de retraite par un mouvement en avant des troupes à proximité.

Les considérations tactiques peuvent donner un autre point d'attaque que les considérations stratégiques. Ainsi, une armée supérieure en cavalerie devrait chercher une position qui lui permît de jouir des avantages que lui offrent ses nombreux escadrons. Les positions d'Arcole, de Rivoli et d'Arques étaient choisies d'après ces considérations tactiques et eu égard à la force respective des différentes armes qui devaient occuper ces divers terrains. (Voir les plans de ces batailles dans la première partie.)

Les considérations topographiques peuvent donner encore un autre point d'attaque. On peut concevoir en effet qu'il existe, sur la ligne de bataille ennemie, une hauteur dont la prise assurera un maximum d'avantages, pour décider du succès, et fixer la victoire. Ainsi, à Montmirail, la ligne de bataille des alliés est contiguë à la ligne de retraite qui se trouve sur les routes de Château-Thierry et de la Ferté et se croise au village de l'Epine-au-Bois. Sur la ligne de bataille, se trouve la ferme de la Haute-Epine. Les Russes menacent de déboucher sur le champ de bataille, par la direction de Fontenelle; l'infanterie prussienne menace notre centre et notre aile gauche par sa concentration au-dessous du village. L'Empereur possède la supériorité en cavalerie, mais le terrain sud du champ de bataille n'est pas propre aux manœuvres de cette arme. Les considérations tactiques placeront donc le point d'attaque entre le village ou la ferme ; les considérations stratégiques nous donnent le village seul pour point d'attaque déterminé. Ces doubles considérations feront donc fixer le point d'attaque au village de l'Epine-au-Bois; mais l'Empereur ne peut resserrer l'ordre de bataille et attaquer le village, que lorsque son armée sera à l'abri de l'infanterie prussienne et surtout lorsque les forces qui occupent l'Epine-au-Bois seront amoindries. En conséquence, l'Empereur contient l'ennemi par une canonnade, jusqu'à ce que les réserves de la garde se soient portées sur la route de Fontenelle et c'est alors que l'action commence. L'attaque de la ferme de la Haute-Epine est vaillamment entreprise : c'est le point d'attaque préalable, celui dont la possession doit faciliter ou assurer la prise de l'Epine-au-Bois, celui qui doit

nécessairement faire dégarnir de ses forces le village dont la possession assurera la victoire. Pendant ces mouvements, les réserves d'infanterie
contiendront les masses d'infanterie russe. Tout
se passa comme l'Empereur l'avait prévu, la victoire devait suivre celui qui savait si bien la préparer. (Voir *pl.* XI, *fig.* 8.)

Dans le choix d'une position on devra éviter d'a-
voir un point d'attaque par trop déterminé et seul.
Supposons, par exemple, la position suivante (*pl.* XI,
fig. 9), une rivière, des marais au centre, une hauteur à quelque distance. Si, dans cette position, nous
prenons notre ligne de bataille en AB, quel sera le
point d'attaque? Les considérations tactiques, topographiques et stratégiques nous désignent clairement la hauteur ; nous serons nécessairement
attaqués sur ce point et l'on s'efforcera de nous
refouler dans les marais : il est donc nécessaire de
diviser les efforts de l'ennemi en prolongeant jusqu'en A′ notre ligne qui présentera alors deux
points d'attaque, la hauteur et l'aile A′. Dans presque toutes les batailles de Napoléon, nous voyons
un point du centre ennemi attaqué en même temps
que l'une de ses ailes par un mouvement tournant.
Frédéric attaquait toujours sur une seule aile de
son ennemi. Quels que soient, au reste, les points
d'attaques déterminés par le général, il est nécessaire d'y être le plus fort, tont en contenant l'ennemi sur les autres points : nous avons vu les coalisés, à Austerlitz, manquant à ces principes, et nous

les avons vus exécuter un mouvement tournant décousu sur notre aile droite, alors que l'Empereur occupait le Santon et que le Pratzen se dégarnissait; nous savons ce qu'il advint, et comment tant de fautes furent immédiatement punies.

De l'engagement.

L'engagement et ses phases sont ordinairement précédés par la communication rapide du plan aux officiers généraux, et par la lecture de l'ordre du jour, sorte d'allocution chaleureuse où l'amour de la patrie, l'honneur et les autres mobiles du soldat, surtout l'amour-propre, doivent électriser les bataillons. Napoléon, dans son ordre du jour des Pyramides, disait à ses soldats : « *Du haut de ces pyramides, quarante siècles vous contemplent.* » Et à Austerlitz : « *La journée de demain, prouvera laquelle des deux infanteries, russe ou française, est la meilleure.* » Le général surveille l'engagement; celui-ci est varié: généralement l'action commence par les tirailleurs et la canonnade; rarement une attaque réussit du premier coup, les troupes fraîches résistent à un premier choc, la succession d'effort est nécessaire au succès. Les mouvements des troupes devront être liés les uns aux autres; tout corps, en arrivant au combat, doit se déployer et attaquer immédiatement; une halte en ce moment affaiblirait le moral de la troupe. Les réserves ne donneront qu'au dernier moment; on pourra faire exception à cette règle pour l'artillerie et la cavalerie. Le talent du général consistera à forcer son ennemi à engager ses réserves lorsque les siennes sont réservées. Ainsi Napoléon, à Austerlitz et à la Moscowa a gagné les batailles sans que sa garde est tiré un seul coup de fusil; les Russes, au contraire, ont été forcés d'engager leurs réserves dès le commencement de l'action.

L'heure où l'engagement commence n'est point une chose indifférente. En cas de succès probable, il faudra livrer l'engagement le plus tôt possible; si l'on est faible, au contraire, livrer l'engagement assez tard pour qu'en cas de revers, la nuit puisse protéger la retraite.

Batailles défensives.

Les batailles défensives sont les plus faciles à livrer; elles sont la ressource des généraux médiocres; la réserve, dans ces cas-là, tient toutes ses forces prêtes pour garder ou reprendre la clef de la position.

Batailles offensives-défensives.

Les batailles offensives-défensives sont les plus difficiles à livrer. Toutes les dispositions devront être prises pour recevoir l'attaque et, au moment précis, pour prendre l'offensive. Ce moment, mal choisi par le général T....., fait perdre la bataille de Toulouse; ce moment bien choisi par Napoléon lui fait remporter la bataille d'Austerlitz. Ce genre de bataille exige un excellent général, d'habiles su-

balternes et des troupes bien manœuvrières ; sans
ces conditions, ce serait tenter l'impossible ; aussi
Napoléon, avec une armée de jeunes soldats, rend
la bataille de la Rothière un combat de postes.

La valeur relative de ces différents genres de
bataille nous donne pour l'offensive des avantages
moraux, pour la défensive des avantages maté-
riels ; ce troisième genre de bataille réunit nécessairement ces doubles avantages.

Bataille de rencontre.

Il existe un quatrième et dernier genre de bataille : ce sont les batailles de rencontre ; elles
arrivent quand deux armées voulant parvenir au
même point agissent dans la même sphère d'action
et se rencontrent : telles furent les batailles de la
Fère-Champenoise et d'Arcis-sur-Aube. Après la
reconnaissance préalable et le plan, cette sorte
de bataille rentrera dans l'une de celles que nous
avons indiquées.

Il y a nécessité pour une armée délogée de sa
position, soit de prendre une nouvelle position en
arrière de la première, soit de battre en retraite.
Dans le premier cas, il y aura nécessairement
avantage pour l'assaillant d'enlever cette seconde position, en profitant de l'effet moral de
la première victoire ; c'est ainsi que s'exécutèrent
les deux attaques successives de la Moscowa ; et
les Russes maltraités à la première affaire, furent
battus à la seconde,

Poursuites.

Dans le second cas, l'ennemi étant forcé de battre en retraite, l'assaillant devra manœuvrer pour compléter sa victoire ; il emploiera généralement le système de rabattement. Ainsi agit l'Empereur après les victoires d'Austerlitz et de Montmirail ; dans cette dernière bataille, nous devons nous rappeler qu'après l'occupation de l'Epine-au-Bois, la cavalerie de la garde passant par cette trouée prit les coalisés à revers. Dans l'exécution de ces manœuvres, la cavalerie et l'artillerie jouent le principal rôle. L'une exécute des feux redoublés sur tous les corps formés, l'autre se répandant sur le champ de bataille, culbute avec élan tout ce qui tente à se réorganiser. Quelles qu'aient été les pertes réciproques des deux armées pendant l'engagement, elles sont peu différentes ; mais c'est dans la retraite, et lorsque le vainqueur n'en éprouvera aucune, que le vaincu fera ses plus grandes pertes. La poursuite devra être tenace, incessante, audacieuse et prudente ; ces deux dernières conditions semblent se contredire : cependant, sans appuyer sur ces principes et en expliquer l'apparence contradictoire, nous dirons qu'il vaut mieux dans une poursuite pécher par excès d'audace que par excès de prudence : il est incontestable que le premier mode amènera d'ordinaire une somme d'avantages bien plus considérable que le second. La poursuite devra se faire

non-seulement contre l'arrière-garde, mais autant
que possible, en outre, sur les flancs de l'ennemi,
et même en lui barrant sa ligne de retraite. Trois
jours après la bataille de Montmirail, les Prussiens étaient encore en retraite; le maréchal Grouchy, avec la cavalerie, se prolongea parallèlement
à la ligne de retraite, et exécuta sur les flancs ennemis des charges telles, qu'appuyées par une artillerie malheureusement absente, elles eussent
amené la destruction complète des Prussiens.

Il n'est point indifférent de se porter sur les
flancs ou à cheval sur la ligne de retraite d'un
ennemi vaincu; il faut considérer les forces réciproques, le moral des troupes agissantes et les
résultats ainsi que les pertes probables en cas
de succès ou de revers. En 1813, après la bataille
indécise de Leipsig, l'armée bavaroise vint inconsidérément se mettre à cheval sur la ligne de retraite de l'Empereur, elle fut écrasée. Il ne faudrait pas pourtant accuser d'imprudence le général en chef des coalisés; il est évident, en effet,
que si cette armée nous eût arrêtés, il en résul-
tait un avantage tellement grand, que la perte
de cette armée, en cas de revers, ne pouvait entrer en compensation suffisante aux yeux de la
coalition.

Les corps ainsi portés en arrière ou sur les
flancs doivent être liés au corps principal qui
pousse l'arrière-garde. En 1813, après la bataille
de Dresde, l'Empereur poursuivait les Autri-

chiens. Vendamme est appuyé par Gouvion-Saint-
Cyr, et doit marcher vers les défilés de la Bohême pour couper la retraite. Napoléon, qui devait se porter en personne au corps de Gouvion-
Saint-Cyr, reste malade à Dresde ; seul, Gouvion-
Saint-Cyr ne secourt pas assez à temps la division
Vendamme qui fut enlevée tout entière avec son
chef. Il serait faux de dire qu'il ne faut pas dans
la poursuite acculer l'ennemi, auquel le désespoir
donnerait de nouvelles et redoutables forces. Ce
fait, souvent vrai à une petite échelle, est complétement faux pour une armée ; les masses tom-
bent plus facilement dans le découragement, et
le vainqueur qui laisserait alors le passage libre,
se priverait volontairement de tous ses avantages.

L'intensité de la poursuite varie suivant les
forces et le moral des deux armées. En 1814, à
Craonne, le général russe, après l'apparition de la
cavalerie sur les hauteurs de Vassogne, l'enlèvement du front et la prise d'Ailles, ordonne la
retraite. Napoléon envoie l'ordre à Nansouti et à
toute la cavalerie de se porter sur la droite de
l'armée ; l'artillerie s'établira sur le plateau, Charpentier sur la Lette et Ney dans la vallée ; l'ennemi cerné et forcé d'exécuter le passage de la
Lette subira nécessairement de fortes pertes.

Retraites.

La retraite est une des opérations les plus délicates de la guerre ; elle ne doit être commandée

ni trop tôt, ni trop tard; le moment précis est difficile à choisir, et demande de la part du général une rare sagacité. A Marengo, en 1800, Napoléon perd la bataille toute la journée; ce ne fut que le soir, et au moment où sans doute il songeait à la retraite probable, que la fortune se déclara en sa faveur. Il faut, au reste, constater ici que sa longue ténacité tenait, surtout dans cette circonstance, à des motifs plutôt politiques que militaires. A la bataille de la Rothière, cette ville est prise; Chauménil, la Gibie, Petit-Menil, sont successivement emportés, et la bataille dure toujours. Napoléon n'ordonne la retraite que lorsque Morvilliers, point saillant de sa ligne, n'a pu résister plus longtemps, et que l'ennemi, maître de ce point, peut alors prendre ses lignes à revers. A Waterloo, Napoléon ordonne trop tard la retraite; mais des motifs de désespoir politique, si nous pouvons nous exprimer ainsi, furent les causes de ce retard si long; la retraite, en effet, ne battit qu'à 7 heures du soir.

Les manœuvres préparatoires pour la retraite sont de plusieurs sortes. Des détachements sont envoyés dans les différentes directions de la ligne de retraite et doivent en protéger les flancs; les réserves s'avanceront en formant un système tel, qu'un espace libre soit ouvert à l'organisation des colonnes de retraite.

En supposant un terrain sans accidents, voici quelle pourrait être cette formation destinée à

protéger l'espace libre : les réserves seraient formées en trois carrés en échelons sur le centre
se flanquant réciproquement, le petit côté du rectangle du centre serait tourné vers l'ennemi, et
l'on tâcherait de le protéger, soit par une nuance
du terrain, soit par un abatis d'arbres ou des
chariots, etc. Le dernier quart de la réserve serait formé sur deux colonnes doubles ; la cavalerie occuperait le flanc de ces colonnes, et l'artillerie le front de cette formation, ainsi que l'indique la figure 10. (Voir *pl.* XI.) On se rend aisément compte des raisons tactiques qui ont pu déterminer cette formation hypothétique qui ne sera
pas toujours d'un emploi possible, et qui, même
dans certains cas, serait tout à fait impropre selon le terrain et les circonstances.

Napoléon possédait un défaut bien rare, celui de
la trop grande ténacité ; il était, au reste, influencé
par les circonstances politiques dans lesquelles il se
trouvait. L'incident qui amenait sa défaite pouvait
être suivi d'un autre incident qui lui rendrait la
victoire ; les corps de Grouchy pouvaient suivre
ceux de Blücher, ; toutes ces raisons firent sonner
la retraite trop tard, comme nous l'avons dit ; on
voit qu'il s'agit ici de Waterloo. Les Anglais étaient
en bataille sur la route de Bruxelles, notre objectif, et nous en barraient le chemin. Le point d'attaque désigné par l'Empereur fut le village situé
sur la route de Bruxelles, au centre de leur ligne
de bataille et sur leur ligne de retraite ; leur aile

gauche pouvait être secourue par les Prussiens,
s'ils arrivaient à temps ; un mouvement tournant
devait leur couper ces communications. Or, il
arriva qu'une division placée pour maintenir l'aile
droite anglaise fut si vivement poussée, et secourue par tant de divisions, que le mouvement qui
devait s'exécuter sur l'aile gauche se fit sur l'aile
droite et malgré l'Empereur. Ceci, du reste, est
un exemple du hasard qui peut intervenir dans
les batailles pour en changer les meilleures combinaisons. Effectivement, même une victoire sur
l'aile droite était inutile, tandis que l'attaque nécessaire du centre en fut fatalement retardée.
Tout le monde sait comment l'arrivée des Prussiens vint sauver l'armée anglaise, et nous arracher la victoire. L'Empereur n'ordonne la retraite
qu'à 7 heures du soir ; pour la protéger, il envoie
4 bataillons de la garde, dont 2 déployés, 2 en
colonne double pour maintenir l'espace libre nécessaire ; mais ces réserves, malgré leur bravoure,
furent enfin entraînées sous le double choc des
Anglais et des Prussiens, formés en carré en échiquier ; ces troupes héroïques sont écrasées par
une immense cavalerie et par des forces vingt fois
supérieures ; et quand on leur parla de se rendre,
leur dernier cri fut : « *La garde meurt et ne se
rend pas !* »

Un état-major composé d'officiers rompus à tous
les détails du service est fort utile dans ces circonstances. L'état-major autrichien avait l'habitude

des retraites; elles furent presque toujours habilement exécutées. La plus célèbre de toutes est
celle qu'effectua l'archiduc Charles, après la bataille de Wagram. L'Empereur, à la Rothière,
nous donne un modèle de ce genre; nous y reviendrons. Les troupes doivent, dans les retraites,
marcher dans le plus grand ordre possible; et s'il
n'a pas été loisible de faire reprendre les rangs,
les soldats doivent du moins marcher en masse
compacte et se hâter de s'organiser. On devra
gagner autant de temps que possible sur les ennemis; les retours offensifs sont les meilleurs
moyens pour parvenir à ce but. Cependant ces mouvements ne devront pas se prolonger pour que les
corps qui en sont chargés ne risquent pas d'être
coupés. L'arrière-garde devra organiser tous les
obstacles possibles pour arrêter l'ennemi; on en-
combrera les routes de chariots brisés, on cou-
pera les ponts, etc. On pourra garder quelque
temps une forte position, ou même sacrifier un
corps de troupe au salut du reste de l'armée. C'est
ainsi qu'à Ollabrünn, point de retraite de la ligne
russe, nos troupes voulant prévenir ces derniers
pour leur couper toute retraite, on devait s'emparer des défilés occupés par 6,000 Russes;
mais ce corps, qu'il était nécessaire de débusquer
de sa position, se laissa entourer et sabrer jusqu'au dernier homme, sauvant ainsi l'armée qui
s'éloignait par cette noble résistance.

Les retraites sont perpendiculaires ou paral-

15

lèles, selon qu'elles s'exécutent perpendiculairement ou parallèlement à l'ordre de bataille primitif. L'archiduc Charles, après la bataille de
Wagram, exécuta une retraite parallèle qui le
transporta vers la Bohême, se mettant à cheval
sur les routes de Moravie, Hongrie et Bohême, et
laissant son ennemi dans l'indécision de sa véritable direction. La retraite du maréchal Soult est
un autre modèle de retraite parallèle. Après la bataille d'Orthez, sa ligne de retraite était la route
de Bordeaux ; mais outre qu'il veut éloigner Wellington de cet objectif, il remarque que tous les
cours d'eau descendant des Pyrénées, seront autant de routes pour l'ennemi, sans lui être d'aucune utilité ; il sait de plus que Suchet est à Nar-
bonne à la tête de 7 à 8,000 hommes de vieilles
troupes, il se dirige donc du côté de Toulouse, défend pied à pied chaque obstacle, et arrête les Anglais à chaque cours d'eau.

Quelle que soit la retraite, elle devra toujours
avoir une direction unique ; les directions diver-
gentes n'amènent que des désastres. Les Prussiens, en 1806, paient cher leur erreur à cet égard,
la conquête de toute la Prusse suivit cette détermi-
nation. Le seul cas où une telle retraite soit utile
est celui où elle s'exécute dans un pays en insurrection, et où chaque détachement devient
alors le noyau d'un corps d'armée : ainsi firent
les Espagnols après leur défaite de Tudela.

Les corps en retraite devront se former sur plu-

sieurs colonnes marchant parallèlement entre
elles ; et l'arrière-garde devra être appuyée par
toute la cavalerie, s'il n'y avait qu'une seule route,
à plus forte raison, sans quoi les derniers échelons seraient dans une grande pénurie de vivres
et de fourrages. C'est ce qui arriva à la retraite de
Smolensk où les échelons, quoiqu'à une demi-
journée de marche, souffrirent cruellement.

La retraite de la Rothière, souvent citée, nous
donne à la fois un exemple de retraite perpendiculaire et parallèle, et de colonnes en marche dans
une direction unique, mais parallèles entre elles ;
nous terminerons là nos citations de ce chapitre,
auquel notre programme ne nous permettra pas
de consacrer encore beaucoup de temps. Après
l'incendie de la Rothière, Napoléon, par ce mouvement offensif, a eu le temps de former ses colonnes de retraite qu'il scinde en deux ; les unes,
sous son commandement, exécutent une retraite
perpendiculaire sur Lemon, dont les ponts étaient
gardés par une division de la garde d'honneur ; les
autres sous Raguse, vont s'emparer de la Voire et
en défendent les ponts (Voir *pl.* XI, *fig.* 12). Les coalisés nous poursuivent ; mais s'ils attaquent l'Empereur, ils sont pris en flanc par les feux de Raguse
et réciproquement, aussi leur poursuite est-elle
très-lente. Quand Napoléon a passé l'Aube, il en
fait sauter les ponts ; Raguse agit de même sur
la Voire, et tous deux, suivant des routes parallèles qui longent l'Aube, vont se réunir à Nogent.

15.

Des ordres de bataille.

Pour nous résumer, les ordres de bataille sont séparés ou contigus. Dans le premier cas, les troupes sont séparées par de grands intervalles; ces intervalles doivent être couverts par des obstacles, pour empêcher l'ennemi de séparer les diverses fractions de l'armée, cet ordre est surtout employé dans la défensive. L'ordre contigu est toujours préférable et d'un emploi beaucoup plus fréquent; ce fut celui de Wagram et d'Austerlitz. Soit séparé, soit contigu, l'ordre de combat forme toujours une ligne que nous avons appelée la ligne de bataille. Jomini élève à dix le nombre de ces ordres; Rocquancourt les réduit à trois que voici : 1° attaquer deux points du front de l'ennemi; 2° assaillir et tourner en même temps les deux ailes; 3° enfoncer le centre et tourner une aile.

Les principaux ordres d'après Jomini sont : 1° l'ordre parallèle; 2° l'ordre oblique, préférable au premier, qui ne présente aucune combinaison. Cet ordre offre de bonnes chances de succès; dans l'offensive on pourra à la fois manœuvrer sur le front et sur le flanc d'une aile; dans la défensive, on pourra refuser l'aile menacée. Enfin, cette disposition, comme l'indique la figure 13 (pl. XII), permet de renforcer l'extrémité de la ligne oblique la plus rapprochée de l'ennemi et de s'assurer une supériorité sur le point décisif, tout en engageant ses troupes successivement et tenant en respect cel-

PLANCHE 12.me

Fig.13.

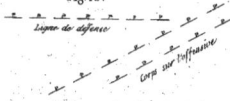
Ligne de défense
Corps sur l'offensive

Fig.14.

Ordre concave

Fig.15.
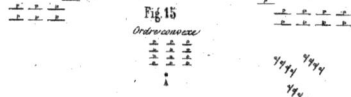
Ordre convexe

Fig.16.
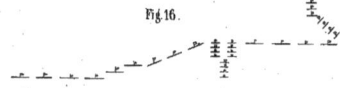

Fig.17. *Village d'Aspern*

Autrichiens

Fig.18.
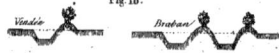
Vendée   *Brabant*

Fig.19.

Brachteida 9.

Fig.20.
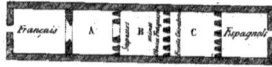
Français   A   B   C   *Espagnol*

les de l'ennemi. La bataille de Leuthen gagnée par
Frédéric, est un bon modèle de cet ordre ; 3° l'ordre perpendiculaire, cet ordre n'est pas sérieux;
un général tant soit peu habile ne laissera jamais
former une semblable disposition sans opposer des
contre-manœuvres; 4° l'ordre concave (*la figure* 14,
même planche, l'indique). L'empereur l'employa à
Dresde, mais en employant cette disposition, il
faut que le centre soit couvert, soit, comme à
Dresde, par un camp inexpugnable, soit par tout
autre obstacle infranchissable ; 5° l'ordre convexe; son but est d'attaquer par échelons le centre ennemi. L'emploi de cet ordre rend les manœuvres promptes et faciles, les commandements
plus rapides, surtout si le général se transporte au
point A (*fig.* 15).

L'obliquité d'un ordre s'apprécie en comparant
les directions des lignes adverses. Ces rapports peuvent nécessairement changer plusieurs fois pendant
la durée de l'action. La figure 16 nous représente
une disposition oblique, résultant de deux attaques:
l'une, préparée sur le centre, l'autre, recevant un
commencement d'exécution sur l'une des ailes. Un
ordre parallèle devient ainsi oblique pendant
l'action et les manœuvres des adversaires. Cet
ordre permettant d'attaquer à la fois le centre et
l'aile de l'ennemi, sera propre à l'offensive; il le
sera également à la défensive, avec retours offensifs; car, il offre des moyens simples pour ré-

prendre l'offensive. Nous avons vu cet ordre employé avec succès par Napoléon à Wagram et à Borodino.

LIVRE X°.

Cas particuliers de batailles.

Les cas particuliers des batailles comprennent l'attaque et la défense des obstacles actifs, qui sont les villages, les bois, les digues, les hauteurs et les retranchements.

Villages.

Les villages seront occupés toutes les fois qu'ils pourront servir d'appui aux ailes, couvrir le front ou les débouchés d'une position. L'occupation sera toujours utile, quand les conditions de flanquement par l'artillerie s'y trouveront, ou qu'il restera, en arrière du village occupé, un terrain libre sur lequel les manœuvres pourront s'exécuter. Ainsi à Craonne, le village d'Ailles est occupé; à Nordlingue le village d'Allerheim; à la Rothière, les villages de la Rothière, Marvilliers, la Gibie et la Chaise. Tout poste dont l'occupation serait sans avantages doit être brûlé, pour que l'ennemi ne puisse s'en servir. Enfin, pour décider si un village doit être occupé, il faut s'assurer s'il répond aux considérations suivantes sur : 1° la forme; 2° la nature; 3° la position; 4° les abords,

1° *La forme*. — Le village devra être resserré. Cette condition était bien remplie par le village d'Aspern, qui joue le plus grand rôle dans la bataille d'Essling, et permet avec 30.000 hommes de résister toute la journée aux efforts des Autrichiens conduits par l'archiduc Charles en personne. Ce village était formé de la manière suivante, ainsi que la fig. 17 (*pl.* XII) nous le représente. Le village d'Aspern consiste en une grande et large rue coupée perpendiculairement par une seule petite rue, quatre ou cinq grosses fermes occupent les abords du village du côté du grenier à sel, bâtisse épaisse et solide. De tous les côtés, et principalement par celui où les Français attendaient les Autrichiens, des jardins et de fortes haies parallèles protègent le village, les haies perpendiculaires sont abattues et la forme du village permet des feux croisés sur toute sa longueur. Les communications de l'extérieur sont promptes et faciles par la grande rue, et le réduit essentiel à trouver se trouve naturellement placé au grenier à sel, dont les murs épais de cinq pieds et le rez-de-chaussée voûté à l'abri de la bombe, ainsi que les fenêtres grillées jusqu'au second étage et la disposition des appartements en grandes pièces favorables à la défense, donnent un modèle de réduit.

2° *La nature*. — Si le village est bâti en pierre, il sera difficilement brûlé, les éclats des pierres frappées par les projectiles ennemis, pourront blesser les défenseurs; cependant des murs ordinaires en pierre résistent aux pièces de campagne de 6, de 8, et même quelquefois de 12. Les constructions en brique ont tous ces avantages, sans avoir aucun des inconvénients, car les boulets y font un trou rond, sans en faire voler aucun éclat dangereux. Les constructions en bois et en torchis rendent un village intenable, car quelques obus suffisent pour y mettre le feu.

3° *La position.* — Le terrain sur lequel est établi le village, les rues, les routes qui le traversent, le sens de leur direction, tels sont les principaux points à examiner. Ainsi, par exemple, en parlant d'un village situé dans un vallon, le général Pelet dit avec raison, qu'il ne pourra être définitivement occupé par l'ennemi que lorsqu'il se sera emparé des hauteurs qui le dominent.

4° *Les abords.* — Les haies, les fossés, les murs de clôture forment les abords. Les murs, si l'on a le temps, devront être crénelés, leur hauteur sera avantageuse dès qu'elle permettra de tirer pardessus, tout en restant à couvert. Les haies sont une bonne défense quand elles sont parallèles au front; dans le cas contraire, elles protégent l'assaillant et doivent par conséquent être détruites. Les haies de la Vendée sont de très-bonnes défenses; elles sont formées sur un fossé, dont la terre mise en parapet exhausse la haie et rend le fossé plus profond. Les haies du Brabant sont encore meilleures; elles sont doubles sur deux fossés

parallèles, leur construction est indiquée par la
figure (Voir *fig.* 18 (*a*) et (*b*), *pl.* XII).

Mode d'occupation d'un village.

Aussitôt que l'ordre d'occupation d'un village
aura été donné, on renforcera immédiatement tout
ce qui est bon pour la défense, les murs seront crénelés, la terre des haies renforcée, les prés bas et
les bas fonds inondés, des tourteaux pleins de
terre ou de fumier serviront pour former des retranchements aux points d'attaque, des abatis d'arbres, de chariots ou de meubles, fermeront les
entrées du village barricadé ; enfin toutes les maisons dont les fenêtres ont vue sur la campagne
seront fortement occupées, les fenêtres (les plus
avantageuses sont grillées) seront garnies de
matelas.

On facilite les communications du centre à la
circonférence en perçant des rues à travers les
cours et en élargissant les rues obstruées. On constitue la défense de telle manière, que la prise d'une
partie du village n'entraîne pas celle des autres
parties, ce qui est fort important ; enfin on crée le
réduit, auquel on donne tous les soins possibles : ce
sera l'église ou tel autre bâtiment donnant de
bonnes conditions défensives.

Les troupes seront divisées en trois parties : la
partie immédiatement engageable, le soutien, la
réserve. La première partie sera disposée en tirailleurs sur les abords ; les troupes de soutien seront

placées sur l'enceinte, soit, en tirailleurs sur quelques points, soit en formation profonde sur d'autres. La réserve trouve sa place au réduit, près du réduit, ou, suivant sa force, occupe en outre en arrière du village une position expectante, c'est là le lieu de la cavalerie; quelques pelotons ainsi placés pourront pendant l'action exécuter des mouvements tournants contre le flanc des colonnes assaillantes, ce qui peut produire la plus utile diversion. Cette position d'attente en arrière du village, outre qu'elle met les troupes de la réserve à l'abri des projectiles, a encore l'avantage de protéger la ligne de retraite.

L'artillerie devra être tellement placée, que ses feux croisés couvrent les points d'attaque; elle sera donc placée dans les angles rentrants. Quelques canons chargés à mitraille seront utiles pour la défense des barrières et pour arrêter les colonnes assiégeantes, mais ces pièces placées en avant des barricades, ne pouvant être retirées, seront sacrifiées et devront être enclouées au moment où l'ennemi pourrait s'en rendre maître. Quelques obusiers, placés en arrière du village, pourront l'incendier en cas de prise, si l'on ne compte pas retourner sur l'ennemi. C'est ainsi que Masséna occupait le village d'Aspern; il avait 12 bataillons d'infanterie, dont trois bataillons occupèrent les abords, six l'enceinte et les trois autres étaient, en formation profonde, à proximité du réduit.

A Leipsig (*pl.* XII, *fig.* 19), le village de Broch-
teida résiste deux jours de suite, le 16 et le 17; le 18,
il n'est pris qu'après l'évacuation du village causée
par le manque de munitions. Cependant il était
placé dans une position perpendiculaire à la ligne
de bataille ennemie, car les deux rues parallèles
étaient ainsi dirigées : à droite et à gauche, se trouvaient 10,000 hommes et 120 pièces de canon qui
tiraient concentriquement, le village n'était occupé
que par 4 compagnies de grenadiers.

A Craonne (*pl.* XII, *fig.* 19) (*b*) le village d'Ailles
fait en torchis n'était pas occupé lui-même, car
l'incendie pouvait y être facilement établi, il ne
s'y trouve donc que quelques chasseurs russes, qui
remplissent aussi les abords; mais en arrière, sur
la pente qui mène au plateau, se trouvaient deux
régiments de chasseurs et quelques batteries. Cette
disposition des troupes en arrière du village est
excellente, car, au moment où l'ennemi s'en empare et cherche à se raccorder dans des lieux
dont il ignore les communications, une charge
d'infanterie, arrivant en cet instant précis, peut
souvent mettre un complet désordre dans les rangs
surpris.

Attaque d'un village.

Pour attaquer un village, on commence par les
abords, c'est une affaire de tirailleurs ; les abords
appartiendront en définitive au parti qui en mettra
le plus grand nombre en action. Pour attaquer

une barrière, il vaudra mieux attaquer les maisons
sur lesquelles elle s'appuie en pénétrant par toutes les issues possibles, car il ne faut pas supposer la barrière inflammable, on a toujours eu soin
de damer les chariots ou autres meubles avec de
la terre. Pour progresser, c'est-à-dire, pour s'emparer successivement des maisons, on doit pro-
céder par extérieur. C'est ainsi qu'on s'empara
de Saragosse que les Espagnols défendirent pied
à pied (*pl.* XII, *fig.* 20), n'évacuant une maison que
pour passer dans la maison adjacente dont ils cré-
nelaient le mur mitoyen à l'intérieur. Aussi les
Français s'étant emparés de la maison A, les Espagnols, vivement attaqués, évacuaient la maison
B, et se portaient à la maison C, dont ils créne-
laient le mur, les Français renversaient aussitôt
une partie du mur (*a*) et exposaient quelques
hommes déterminés dans la chambre B, qui, aussitôt leur feu exécuté, se retiraient dans la chambre
A et s'y couchaient à plat ventre, essuyant dans
cette position les feux espagnols qui partaient des
créneaux; ils choisissaient ensuite le moment où la
fumée se dissipait dans la chambre B pour s'y
précipiter, tordre les canons de fusils qui se mon-
traient aux créneaux et placer au pied du mur des
pétards ou des fougasses, dont l'explosion devait
le renverser. Ce procédé est applicable à la guerre
des rues, car, en pénétrant ainsi de maisons en
maisons, on peut s'emparer des coins de rues et y
établir des postes qui domineraient les rues adjacen-

tes et y empêcheraient la circulation des ennemis, les meilleurs tireurs devront y être placés de préférence. On ne doit, dans aucun cas, marcher en colonne dans les rues ennemies et s'il y a nécessité absolue de passer, on devra se former sur deux files, occupant chacune un des côtés de la rue en rasant les maisons et tirant sur le côté opposé à celui qu'elle longe.

Le réduit d'un village attaqué ne doit pas être assailli, on y perdrait des hommes inutilement : car si l'occupation du village est définitive le réduit sera toujours forcé de se rendre ; il peut pourtant, dans certains cas particuliers, être dérogé à cette règle.

Les attaques enveloppantes sont généralement les meilleures, les formations des colonnes d'attaque devront être modifiées par la largeur des rues. Les troupes attaquantes sont divisées en trois parties comme les troupes de la garnison, c'est-à-dire en tirailleurs, corps d'attaque et réserve ; les rapports de ces parties varient entre elles, en moyenne la proportion sera de $1/6^{me}$ pour les troupes immédiatement engageables (tirailleurs), $3/6^{me}$ pour le soutien (colonnes d'attaque), $2/6^{me}$ pour la réserve dont le rôle comprendra la défense des flancs des colonnes assaillantes menacées par les troupes de réserve de la garnison. S'il se trouve de la cavalerie, on l'emploiera à aller charger par-derrière les troupes de soutien du village ; c'est ce qui fut exécuté à Ligny, défendu par 22 bataillons

prussiens, et que cette manœuvre livra aux Français. A Montmirail, l'Empereur avait laissé prendre Marchais aux Russes, se réservant de l'emporter pour fixer la victoire ; les Russes s'y étaient fortement retranchés : les abords sont vivement enlevés par Ricard et la jeune garde au moment donné
(*pl.* XIII, *fig.* 21). Il forme ensuite sa troupe en quatre colonnes d'attaque qui marchent par les deux
routes de la vallée du Petit-Morin et par les abou-
tissants de la grande route de Paris, aucune colonne d'attaque n'est dirigée par la route qu'occupaient les Français; là se trouvait en effet, le réduit
dont la prise eût inutilement fait perdre des hommes; les gardes d'honneur formaient la réserve et
se dirigeaient vers la route des Russes; elles y par-
vinrent au moment où le village fut emporté et
écrasèrent les réserves russes qui s'y formaient en
carré pour protéger un retour offensif qui devint
impossible; la bataille fut gagnée comme nous
l'avons vu dans l'histoire militaire.

Toutes les fois qu'un village est attaqué, l'expérience a prouvé que ses défenseurs ne doivent
point faire de sortie, même pour poursuivre un
ennemi qui aurait échoué; les troupes disposées en
arrière ou sur les flancs du village ont seules cette
mission, il sera avantageux qu'elles aient avec
elles de la cavalerie. C'est à cette combinaison de
deux armes que les attaques françaises ont dû une
partie de leurs succès. La défense d'un château
ou d'une maison isolée est moins importante où

PLANCHE 13.me

Fig. 21.

Route de Paris.

Russes   Francais.

MARCHAIS

Fig. 22.   Fig. 23.   Fig. 24.

plateau   Crête   Borisow
        Thalweg   Studenki   Stakow

Fig. 25.

Echiquier   défensif
        Frontières
                hypothétiques

Fig. 26.

Postes   détachés
Ligne des   Vedettes
Zône des   Avant-Postes
Ligne des   Petits-Postes
Grand-   gardes
Postes de   Soutien

Armée ou Corps d'armée

Fig. 27.

(a) Patrouille de trois hommes

(b) Patrouille de 4 hommes   (c) Patrouille de 5 hommes   (f) Patrouille de 30 hom.^{es}

(d) Patrouille de 8 hommes   (e) Patrouille de 18 à 24 hommes

avantageuse que celle d'un village, cependant leur
occupation joue souvent un grand rôle dans les
batailles. Aussi à Waterloo, la ligne anglaise occupait la ferme d'Hessin et le château en brique
de Goumeau; la ferme fut enlevée, mais le château
résista, quoique son parc eût été d'abord emporté.
A Rables, Eugène de Beauharnais vit, par la résistance obstinée d'un village ennemi, s'effacer une
partie des conséquences de sa victoire.

Attaque et défense d'un bois.

Les bois étant occupés par de l'infanterie resteront en définitive au pouvoir de la troupe la plus
nombreuse, nous devons nous rappeler que c'est
cette considération qui fit prendre à Turenne, au
combat de Blénau, une ligne de bataille en arrière
d'un bois qu'il ne fit pas occuper et dont des batteries, chargées à mitrailles, surveillaient les débouchés.

L'attaque d'un bois doit être précédée d'une
reconnaissance qui portera sur le périmètre, sur
les communications extérieures, sur les cours
d'eau qui peuvent le traverser, sur la nature de
l'écartement des arbres, enfin, sur l'emplacement
des trouées propres à recevoir des réserves, etc.
On conçoit combien cette reconnaissance est facile à faire quand il s'agit d'aller occuper un bois
libre; mais si le bois est gardé et défendu, la reconnaissance sera difficile et devra au moins constater la forme du périmètre, les angles rentrants

et saillants, là nature des cours d'eau ; s'ils contournent le bois, ce seront de bons moyens de défense, mais s'ils le traversent, on s'en servira utilement pour l'attaque. Les troupes assaillantes comme celles du bois seront divisées en trois parties. Les tirailleurs dans la défense seront placés sur le périmètre, c'est là seulement que leur chance est avantageuse : car, une fois l'assaillant dans le bois, les chances sont égales pour le moins, car les troupes assaillies, entendant les coups de fusils tout autour d'elles, sont toujours disposées à se croire tournées. Les troupes de soutien sont placées par petits pelotons dans les sentiers et sur les débouchés de la campagne. La réserve sera disposée en arrière, dans quelque trouée, au centre autant que possible, et s'il se trouve de l'artillerie, sa place sera marquée sur le périmètre dans les angles rentrants, pour tirer d'écharpe sur l'assaillant, dont le premier effort se portera sur les angles saillants.

Dans l'attaque, les tirailleurs se porteront sur le périmètre avec rapidité pour ne pas se trouver longtemps dans une position désavantageuse ; les troupes de soutien seront en arrière, formant une seconde chaîne de tirailleurs, ou en colonne par sections, si la nature du bois le permet ; c'est ainsi que fut formée la troupe de soutien à Hohenlinden par Moreau ; l'artillerie tirera à mitraille sur les batteries ennemies, si elle peut les démasquer, ou, dans le cas contraire, sur le point

d'attaque ; une partie de la réserve se portera
sur la ligne de retraite de l'assailli au moment où,
parvenus dans le bois, les officiers donneront à
leurs troupes des directions convergentes qui,
après les chances d'un combat plus ou moins opiniâtre, devront amener la prise du bois.

Défense et attaque d'une digue.

La digue n'est autre chose qu'une chaussée élevée au-dessus d'un terrain marécageux : toutes les
fois que la digue sera plus longue que la portée des
armes, on devra, pour la défendre, prendre position en avant de cette digue ; dans le cas contraire,
on se placera en arrière, et on s'y formera sur
plusieurs rangs de tirailleurs, qui se replieront
successivement après avoir exécuté leurs feux.
Nous avons vu à Arcole un modèle d'attaque et
de défense d'une digue. (*Voir la première partie
de ce cours.*)

Défense et attaque des hauteurs.

La reconnaissance des hauteurs s'obtient par
des projections horizontales et verticales ; la première donne la forme du terrain et des contreforts et les conditions de flanquement ; la seconde
fait connaître la hauteur et les pentes.

On nomme généralement *plateau* la partie supérieure de la hauteur ; *crête* l'intersection du
plateau avec le premier talus plus ou moins raide,

16

et formant un obstacle actif ou inerte ; à la suite de ce talus il en existe un autre en pente plus douce qui aboutit au *thalweg*, qui est le point le plus bas de la vallée que la hauteur domine.

On peut occuper une hauteur de trois manières : en se plaçant au pied, on y serait dominé, et, en cas de revers, il faudrait gravir la hauteur sous le feu d'un ennemi vainqueur ; cette position serait très-défavorable ; placée sur les pentes, la troupe, qui voit monter l'assaillant sans éprouver de pertes sensibles, car le feu de haut en bas est très-incertain, se trouve démoralisée à mesure que l'ennemi approche : c'est donc sur le plateau que l'on sera le mieux placé. Dans les guerres de la Péninsule les Anglais se plaçaient sur le plateau quand ils occupaient une hauteur, et de derrière la crête exécutaient des feux simultanés sur l'assaillant aussitôt qu'il paraissait. Cette position peut être modifiée de la manière suivante (*voir fig.* 22) : on place trois hommes, l'un en *a*, l'autre en *b*, l'autre en *c* ; on fait marcher les points *b* et *c* jusqu'à ce que le point *a* n'aperçoive plus que les épaules du point *b*, et l'on fait prendre alors position à la première ligne à 20 mètres environ du point *a*; de cet endroit la première ligne pourra exécuter ses feux sur l'assaillant sans rien craindre, et son moral s'en augmentera ; si l'on possède de l'artillerie, on la placera sur des contreforts de manière à couvrir le premier talus de feux croisés. Le système général de défense se fera par tirailleurs, et l'assaut sera soutenu par des décharges simultanées de feux d'infanterie suivis de démonstrations à la baïonnette; mais dans aucun cas on ne devra poursuivre l'assaillant. Dans la formation des troupes de soutien sur le plateau, il faudra, s'il est possible, faire croiser sur le talus les feux des ailes ; les réserves seront disposées aux nœuds des différentes hauteurs environnantes par où l'on pourrait être surpris.

L'attaque d'une hauteur se fait par le système des tirailleurs en grandes bandes ; une ruse qui a souvent réussi contre des troupes jeunes consiste à mettre ses chapeaux au bout des baïonnettes en montant à l'assaut, s'attirer ainsi un feu peu dangereux et se précipiter aussitôt, après l'avoir essuyé, sur un ennemi surpris, et que l'on aborde avec les armes chargées.

Outre les feux, la défense s'est souvent servie de rochers, de pierres ou d'arbres, qu'elle faisait rouler sur les assaillants; ceux-ci peuvent s'en parer plus ou moins en plaçant leurs havresacs sur la tête.

Défense et attaque des retranchements.

Le système des retranchements, tant suivi au XVIIe siècle, est bien tombé depuis que la rapidité des manœuvres a diminué leur importance ; cependant les guerres de l'Empire nous offrent des exemples de ces défenses, notamment à la Moscowa, à Dresde, à Toulouse. A Pultawa, le

16.

système de redoute fut employé par Pierre le Grand contre les Suédois, dont l'infanterie, commandée par Charles XII, forcée de se désunir pour attaquer ces différentes redoutes qui couvraient le front russe, fut entièrement battue.

Quand une troupe est envoyée à l'attaque d'un retranchement, la partie immédiatement engageable est disposée en tirailleurs, les soutiens en colonne, la réserve en arrière prête à combattre; les troupes du génie marchent avec les tirailleurs; après la reconnaissance de l'ouvrage, l'attaque commence par des feux soutenus d'artillerie pour détruire tout ce que l'on peut des défenses accessoires et faire taire le feu des batteries à barbette ou des embrasures; les tirailleurs s'avancent ensuite jusqu'au pied de la contrescarpe, et protègent les troupes du génie qui descendent dans le fossé pour en briser les obstacles; les troupes de soutien surviennent en ces moments en colonnes peu profondes, descendent dans le fossé, s'y rassemblent, et, au signal donné, montent sur la berme, et vont à l'assaut à la baïonnette simultanément.

Si la redoute attaquée présentait quelques points défectueux, le mode d'attaque pourrait changer: ainsi, à Dresde, il y avait une redoute à proximité d'une digue que l'on avait négligé de détruire, les tirailleurs se logèrent dans le revers de cette digue, et forcèrent ses défenseurs à l'abandonner.

La défense des retranchements est une opération très-délicate, car il sera presque impossible de résister, s'il ne se trouve des troupes de soutien et de réserve en arrière de ces ouvrages. Cependant 1789 nous montre le colonel Rampont défendant à Montenotte une redoute que l'ennemi ne put emporter, lors même que les munitions furent épuisées.

Il sera avantageux, pour la défense, de pratiquer des créneaux qui puissent permettre aux défenseurs de tirer à l'abri de l'ennemi, car le parapet ne couvre que jusqu'aux épaules. On pourra faire ces créneaux soit avec des sacs à terre, soit même avec des havresacs, le tout surmonté de poutres, ou mieux, d'autres sacs à terre en guise de frontal. On agglomérera, pour la défense, des rochers, des poutres, des obus, etc.....; des piques ou des lances seront d'un effet utile pendant l'assaut. L'artillerie du retranchement devra tirer sur l'ennemi jusqu'à ce qu'il acquière une supériorité marquée, et elle ne devra recommencer son feu qu'au moment de l'arrivée des colonnes assaillantes, que quelques prompts coups à mitraille pourront arrêter. Au moment de l'assaut, et après avoir renversé, sur l'ennemi descendu dans le fossé, le frontal, les pierres et les obus préparées, le défenseur de la redoute pourra monter sur la plongée pour recevoir l'ennemi gravissant le talus extérieur. Le moment de la prise de l'ouvrage étant celui d'un désordre général, s'il se trouve une réserve, ce sera pour elle aussi le moment de reprendre l'offensive et de chasser l'assaillant.

LIVRE XI.

Des passages de défilés et de rivières.

Des défilés.

On entend par *défilé* un espace de terrain qu'une troupe doit parcourir sur un front limité ; il peut être à flanc accessible ou inaccessible; le second cas est plus favorable que le premier : ainsi les Russes, à Austerlitz, s'engagent dans le défilé de Mœnitz à flancs accessibles ; pris aussitôt en flanc, ils sont refoulés et jetés dans Augzed, où leur ligne avait été coupée. Le mode d'occupation d'un défilé peut être en avant, dedans ou en arrière du défilé.

La position en avant du défilé sera toujours défavorable, car, dans l'hypothèse d'une retraite devenue nécessaire, la dernière division, se trouvant en butte aux efforts de tous les ennemis, sera nécessairement sacrifiée. Cette position ne sera donc prise que lorsqu'on y sera forcé, ce qui peut arriver, pour la défense d'un pont, ligne de retraite. A la bataille de Montereau, les Wurtembergeois s'étaient placés, sans y être forcés, en avant d'un pont : cette mauvaise disposition leur fit perdre la bataille.

En se plaçant dans l'intérieur du défilé les deux parties ont des chances égales, l'avantage restera à celui qui possède les meilleures têtes de colonne.

La position en arrière du défilé donne les meilleures conditions de supériorité, l'artillerie sera placée dans l'axe du défilé, l'infanterie en arrière et au centre, serrée en masse par bataillon, la cavalerie sur les ailes, prête à faire une charge concentrique, les tirailleurs sur les flancs et enfin la réserve en arrière de toute cette formation et prête à la soutenir. L'occupation de Craonne est un modèle de ces sortes de positions ; la position de Turenne à Blénau est encore un autre modèle à suivre.

Pour attaquer un défilé, on emploiera soit l'infanterie, comme Turenne à Sintzheim, soit la cavalerie, comme Napoléon à Craonne, soit l'artillerie, comme encore l'Empereur à Hanau ; c'est le cas le plus difficile de la guerre. A Sommo-Sierra, l'Empereur fait charger l'infanterie espagnole, placée dans un défilé montant, par les lanciers polonais, et appuie ce mouvement par deux corps d'infanterie qui exécutent un mouvement tournant et concentrique sur les ailes. Ces affaires sont des coups de colliers en dehors souvent de toutes les règles, quelquefois les officiers placés en tête des colonnes les enlèveront : ainsi l'on vit le général Bonaparte, un drapeau à la main, braver la mitraille et enlever le pont d'Arcole. Une des plus chaudes affaires de 1809 fut l'attaque et la prise du pont d'Abensberg, qu'une armée autrichienne ne put défendre.

Des passages de rivières.

Les rivières jouent un grand rôle à la guerre; elles peuvent être parallèles au front d'une armée en marche; ce sont, dans ce cas, des obstacles qu'il faut franchir; elles peuvent être perpendiculaires au front, et servent alors de lignes de communication, de retraite ou d'offensive.

Le point de passage d'une rivière est déterminé par plusieurs considérations, ce point devra être choisi le plus près possible d'un saillant, comme, par exemple, le point de Bâle sur le Rhin, car on peut alors, après avoir effectué le passage, prévenir le défenseur sur sa ligne de retraite. C'est ainsi que les alliés, en passant le Rhin à Bâle, annihilèrent les corps de l'Alsace et leur coupèrent leur retraite en s'emparant de Langres. Ces considérations sont stratégiques; les considérations tactiques nous indiquent pour point de passage un saillant du côté de l'assaillant, car, dans ce cas, l'action des feux qui précèderont et assureront la construction du pont sera concentrique, l'assaillant rangeant ses batteries à droite et à gauche du saillant, cette disposition du terrain donnera en outre et forcément à la tête du pont, si l'on en

construit, une moins grande étendue. Le point de
passage sera donc un rentrant dans un saillant,
comme l'indique la figure 23.

Une rivière sera passée soit sur un pont, soit à
gué ou à la nage; un pont abandonné sera détruit
pour empêcher l'ennemi de s'en servir. Le pont
que l'on construira sera un pont de chevalets ou
de bateaux, selon que la rivière a plus ou moins
de 2 mètres de profondeur. Les gués, pour être
praticables, devront avoir au plus 1 mètre 20 centimètres pour la cavalerie, 0 mètre 80 centimètres
de profondeur pour les voitures et 1 mètre pour
l'infanterie. Le plus ordinairement les reconnaissances, à défaut de guides, trouveront des gués,
au-dessous d'un pont détruit ou aux points de
jonction de deux rivières; si la rivière fait un
coude, le gué est dirigé du saillant au rentrant. Le
gué, une fois reconnu, sera sondé dans tout son
parcours et, lors du passage, des cavaliers devront
toujours être placés en aval, pour recueillir ceux
qui pourraient être entraînés.

Si l'on est obligé de traverser une rivière sur la
glace et que l'on craigne qu'elle n'ait pas l'épais-
seur désirable, on pourra l'épaissir, en couchant
sur la surface que l'on doit traverser des pailles
parallèles sur lesquelles on verse de l'eau la veille
du passage.

Les considérations stratégiques et tactiques
nous ayant donné le point de passage d'une rivière,
ce point, pour être bon, devra présenter une iné-

galité de hauteur entre les deux rives, dont la plus
élevée doit être du côté de l'assaillant, pour qu'il
puisse dominer l'ennemi. S'il se trouve une île en
cet endroit, ce sera une condition avantageuse, le
pont en sera plus solide et l'opération scindée en
deux.

Le passage d'une rivière peut s'exécuter par
surprise ou de vive force. Dans le premier cas,
l'opération devra être conduite de telle manière,
que tous les préparatifs aient été faits pendant la
nuit et à l'insu de l'ennemi. Dans le second cas, les
feux d'artillerie mettront à couvert le point d'at-
terrissage du pont, et les troupes légères, à la faveur
de ces feux, traverseront la rivière avec des ouvriers et iront former la tête de pont destinée à protéger sa formation. Dès que le pont sera construit,
l'infanterie le traversera la première, la cavalerie
la suivra, l'artillerie et enfin les bagages suivront
ce mouvement. Les troupes ne devront faire usage
de leurs armes que quand elles seront en ordre
sur la rive opposée.

Lorsque le passage est empêché par une armée
ennemie, on devra simuler plusieurs passages dans
d'autres points pour détourner son attention du
véritable.

La défense d'une rivière est aussi difficile que
l'attaque : la défense commencera par déterminer
les points de passage possibles de l'ennemi, et c'est
sur eux que devra se porter toute son attention,
les ponts existants seront détruits, les gués seront

défoncés ou remplis d'obstacles, les bateaux brûlés, etc. Des postes disséminés aux points de passage possibles auront, pour les relier entre eux, un
chemin qui suivra la rivière, en outre des signaux
particuliers de jour et de nuit indiqueront aux
troupes échelonnées le point où l'ennemi se présente et où l'on doit se porter. La défense peut
agir de trois manières au moment de l'attaque :
1° empêcher le débarquement des ouvriers et des
troupes légères ; 2° laisser passer une partie de
l'armée et tomber sur elle avant que toutes les
troupes ne soient réunies ; 3° prendre des dispositions enveloppantes pour détruire la tête de
pont.

Voici comment s'effectua le passage de la Bérésina, affluent de droite du Dniéper courant du
nord au sud (*Voir fig.* 24). A l'intersection de la
route de Russie et de la Bérésina se trouve la ville
de Borizow, que la rivière traverse en tournant
et en faisant des contours à travers des marais qui
l'avoisinent. Dans le saillant se trouve la ville de
Stakow, qui pouvait être choisie comme point de
passage, mais que d'autres considérations firent
abandonner. L'armée française comptait 300,000
combattants et une foule compacte et désordonnée;
sur la rive opposée se trouvait l'armée de Moldavie, en arrière une autre armée, et une troisième
se disposait à tomber sur nos flancs, en poursui-
vant le corps d'Oudinot en pleine retraite. Borizow
était un point important à occuper ; une première

fois en notre possession, la ville fut reprise par les Russes, qui en détruisirent le pont avant que nous ne pussions nous en rendre maître de nouveau. L'Empereur fit faire alors une reconnaissance le long de la rive pour chercher des gués, ceux de Wessolowo et de Studenki furent reconnus praticables; des démonstrations dirigées au-dessous de Borizow, firent croire au commandant de l'armée de Moldavie que le point de passage serait auprès de cette ville; il ne laissa que deux corps d'observation sur Stakow et Wesselowo, et se porta avec toutes ses forces sur Borizow. Cependant Langeron et Tchaplitz s'aperçoivent trop tard des mouvements des généraux Chasseloup et Elbée sur Studenki, une rivalité funeste à leurs armes les empêche de se réunir, alors que l'Empereur et toute l'armée se portaient sur Studenki pendant la nuit, en laissant dans Borizow une division qui devait s'y défendre jusqu'à la dernière extrémité; au moment de l'arrivée de l'Empereur, les ponts n'étaient pas encore construits à cause du manque d'équipages de pont, et la rivière charriait de si gros glaçons que le passage paraissait impraticable; néanmoins, des débris de Studenki détruit, l'artillerie et le génie finissent par construire deux ponts; l'un en planches pour l'infanterie et la cavalerie, l'autre en poutres pour l'artillerie, étaient terminés à une heure du matin; Oudinot passe le premier et refoule l'ennemi sur Borizow, Ney ensuite contient l'armée de Moldavie, et Victor reste

le dernier sur la rive abandonnée, contenant un
corps russe qui veut entrer dans Studenki, après
avoir coupé la retraite à la division Partheneau,
qui fut forcée de mettre bas les armes à Borizow.
Cependant Victor, débordé de toute part, est obligé
de passer les ponts en abandonnant Studenki, à la
vue des Russes, le reste de l'armée se précipite en
foule sur les ponts; cette masse humaine, prise en
queue par les batteries russes, fit crouler les ponts
sous son poids et fut engloutie par les eaux, plus
de 5,000 hommes tombèrent au pouvoir de l'ennemi. Les Russes commirent, dans ces circonstances, des fautes immenses; l'une fut commise par
le chef de la troisième armée russe, qui n'attaqua
Studenki qu'au dernier moment, les autres consis-
tèrent dans l'erreur où les Russes restèrent si
longtemps sur notre vrai point de passage, et surtout dans l'oubli impardonnable qui les empêcha
de détruire la chaussée des marais de Wessolowo,
dont la destruction amenait la perte certaine des
Français.

LIVRE XIIᵉ.

Des marches, bivouacs et cantonnements.

Des marches.

Les marches ne sont autre chose que les mouvements qui précèdent les batailles; l'étude des

marches forme une branche distincte de la science de l'art militaire, connue sous le nom de *logistique*. Les marches se divisent en marches loin de l'ennemi et en marches près de l'ennemi, ces dernières se divisent en cas généraux et en cas particuliers. Nous trouverons des applications à faire dans les marches célèbres de 1805, 1809, et dans les guerres d'Afrique.

Les marches loin de l'ennemi ont lieu lorsque toutes les troupes, destinées à former l'armée qui doit entrer en campagne, s'ébranlent pour se réunir aux points indiqués.

Ces marches devant être rapides, il importe que les colonnes ne soient pas composées de différentes armes, car elles s'embarrasseraient mutuellement; les marches de nuit doivent aussi être évitées. A cet effet, il a été fait en Allemagne une expérience décisive : deux troupes dans les mêmes conditions marchèrent ensemble, l'une le jour, l'autre la nuit, et la seconde perdit beaucoup plus de monde en route que la première. On doit donc ne marcher de nuit qu'en cas de nécessité, et la durée des marches forcées ne doit pas excéder dix heures, suivant le maréchal Ney. Quand les circonstances obligent à une marche plus longue, on doit avoir recours à des moyens particuliers : ainsi, en 1806 et 1809, les troupes françaises furent transportées à la frontière dans des voitures de réquisition, et purent entrer immédiatement en campagne.

Ces marches sont généralement des marches de concentration sur un point du territoire occupé, à moins que, comme en 1805, le point de rassemblement ne soit situé sur le pays ennemi. Cette disposition est très-dangereuse, mais a de grands avantages dans l'òffensive. Les marches de concentration, que nous appelons ainsi pour les distinguer des marches près de l'ennemi ou marches-manœuvres, s'exécutent d'après les règlements du service sur les troupes en marche ; elles observent néanmoins une partie des mesures de sûreté qu'elles devront exécuter en totalité près de l'ennemi.

Les marches près de l'ennemi doivent être sûres et rapides, elles s'exécutent en colonne. Marcher en une seule colonne, comme au début de la campagne de 1812, serait défectueux, la queue de la colonne est exposée à la famine, et le déploiement de la colonne est extrêmement long à exécuter ; marcher en un grand nombre de colonnes nécessite, dans le pays, le tracé de plusieurs routes parallèles et distantes de 2 à 3 lieues les unes des autres, ce qui est fort difficile à trouver. L'armée sera donc divisée en colonnes relativement aux routes, et ces colonnes devront être dirigées de manière à ce qu'elles puissent toujours communiquer entre elles, et que chacune d'elle puisse appuyer sa voisine dès qu'elle entend gronder le canon. La composition de chaque colonne doit être telle qu'elle puisse passer rapidement de l'ordre en bataille à l'ordre en colonne. Or, dans l'ordre en bataille l'artillerie occupe la première ligne, l'infanterie la seconde et la cavalerie la troisième. Dans la colonne de marche-manœuvre, nous aurons donc, en première ligne, les divisions d'infanterie avec leur artillerie, en seconde ligne, la cavalerie, et, en troisième ligne, le matériel de la colonne. Cette disposition de la cavalerie en arrière de l'infanterie lui donnera l'espace nécessaire pour prendre son élan et attaquer les troupes qui voudraient assaillir la colonne.

Toutes les colonnes étant en marche, si l'on veut former la ligne de bataille, on commencera par donner un premier signal avec le canon, aussitôt les colonnes obliquent sur la colonne du centre ; au deuxième signal, les colonnes se redressent et se mettent en marche pour arriver perpendiculairement sur la ligne de bataille, où chaque colonne devra se déployer. Pour que ces mouvements puissent s'exécuter sans danger, les défilés et les obstacles latéraux doivent être occupés par les avant-gardes des colonnes : car il est de la plus grande nécessité qu'elles ne puissent être surprises pendant ces mouvements. C'est dans ce but que chaque colonne est divisée en quatre parties, savoir : l'avant-garde, le corps de colonne, l'arrière-garde et les flanqueurs.

L'avant-garde se compose de troupes légères et de quelques autres troupes de soutien en cas d'attaque sérieuse ; on est même forcé d'y adjoindre quelquefois des troupes d'élite, des corps spéciaux et notamment du génie, qui doit exécuter les travaux nécessaires pour faciliter la marche. En général, l'avant-garde variera dans sa composition du 1/10ᵉ au 1/20ᵉ de la force totale de la colonne, dont elle sera séparée par une distance qui ne lui ôtera pas la possibilité d'en recevoir des secours dans un temps donné. En règle générale, le minimum de cette distance est égal à la profondeur de la colonne en marche.

Les flanqueurs doivent être en nombre suffisant ; il faut éviter d'en employer un trop grand nombre. Un bataillon et deux escadrons peuvent flanquer un corps d'armée.

L'arrière-garde dans une marche en avant n'est destinée qu'à ramasser les traîneurs ; son importance est tout autre dans une marche en retraite. Nous avons vu quels sont ses devoirs dans l'article consacré plus haut aux retraites.

Les marches peuvent se diviser en marches de front, dont nous venons de nous occuper, en marches de flanc, en marches rétrogrades, enfin, en marches mi-partie de front et mi-partie de flanc, auxquelles sont applicables les principes des marches de front et de flanc.

Dans une marche de flanc l'armée se prolonge parallèlement à la position de l'ennemi, les subdivisions des colonnes présentent leur flanc à celui-ci, il en résulte que la ligne de bataille se trouve formée sans déploiement, mais par une simple conversion des subdivisions, ce qui est aussi simple que rapide ; ces marches sont très-dangereuses, et la ligne de communication restant découverte, on doit y laisser un corps imposant. On conçoit que, dans ces marches, l'avant-garde n'est pas tout entière en tête de la colonne , mais que la majeure partie de ses forces se trouve sur le flanc du côté de l'ennemi, dont elle doit éviter la rencontre, mais dont il faut renverser les mouvements hostiles. L'arrière-garde doit être aussi en force convenable et relative au rôle qu'elle peut fort bien être appelée à jouer. Frédéric et Napoléon, l'un à Rosbach, l'autre à Austerlitz, durent leur succès aux marches de flanc exécutées devant eux par leurs adversaires ; on ne saurait trop redoubler de précaution dans ces marches.

Une marche rétrograde a pour but de simuler une retraite pour attirer l'ennemi sur un point étudié et déterminé à l'avance. Dans une pareille marche, on cherche presque toujours à gagner du temps ; l'arrière-garde doit être très-forte ; on la renforcera avec tout le surplus de l'avant-garde; son rôle est fort important, car de sa valeur dépend le succès de la marche et la conservation des positions qui protègent la colonne.

On peut citer comme un bel exemple d'arrière-garde la conduite des corps d'armée pendant la marche rétrograde qui suivit la première entrée des Français en Portugal. Voici différents exem-

ples des marches dont nous venons de parler dans
ce livre.

Marche de 1805, ce fut une marche de concentration et de front. L'armée partit de Boulogne
pour aller se concentrer à Stuttgardt et à Ludwis-
bourg, d'où elle doit exécuter des marches rapides
sur divers points du Danube, de manière à envelop-
per le général Mack à Ulm. (Voir dans la 1re partie
de ce cours les opérations de 1805.) Voici quelle
furent les routes que suivirent les différents corps :
le premier corps se dirige sur Gundsbourg, le
deuxième avec l'Empereur et le maréchal Lannes
sur Daunauwerth, le troisième, commandé par
Marmont et Davoust, sur Neubourg, enfin le quatrième corps avec Bernadotte marche sur Ingolstadt. Le tout avait été tellement calculé que la
deuxième colonne devait passer le Danube un
jour avant les autres pour couper les Autrichiens,
s'ils eussent tenté de rétrograder, et dans ce cas
l'armée française, facilement secourue, eût pris
l'ennemi de front et de flanc.

La campagne de 1809 nous donne des exemples de marches de flanc, entre autres, celle de
Davoust, qui reçut de Napoléon l'ordre de marcher
d'Abens sur Ratisbonne pendant que lui-même
passant l'Iser à Landshut irait prendre Ratisbonne

17.

à revers. Davoust avait quatre divisions d'infanterie, une division de cuirassiers et une de chasseurs; il fait filer ses équipages le long du Danube et se dirige par la corde de l'arc que fait le Danube, dans l'ordre suivant : en premier lieu, la division de cuirassiers, deuxièmement, les quatre divisions marchant par le flanc deux à droite, eux à gauche, troisièmement la division de chasseurs. On conçoit combien cet ordre était logique.

Voici un autre exemple de ces marches exécutées par Masséna le 28 septembre de l'année 1810; cette marche eût attiré des revers devant un ennemi plus audacieux que les Anglo-Portugais : ceux-ci étaient établis sur le plateau de Busasco, qui fait partie de la Sierra de Alcoba ; ils avaient repoussé la veille une attaque vigoureuse des Français qui songèrent un moment à se retirer vers l'Espagne, mais Masséna, qui avait reconnu sur sa droite une communication qui tournait la position de Busasco, y dirige son armée, son avant-garde formée par des dragons se met en marche pendant la nuit, ce mouvement est suivi au point du jour par l'armée qui se dirige sur Coïmbre par Avellans de Cinna, en passant les défilés de Serdao. Cependant l'arrière-garde, qui comptait près de la moitié de l'armée, n'exécuta son mouvement que lorsque les bagages et les blessés furent en sûreté au delà du défilé. Les Anglais observèrent ces mouvements sans les inquiéter et se hâtèrent de quitter leur position tournée, au lieu de nous attaquer de flanc avec chances de succès.

Le lecteur trouvera, dans la campagne de 1814, des exemples de marches rétrogrades, ces marches détaillées dans la première partie de ce cours nous dispensent de donner ici d'autres applications.

Les marches exécutées en Algérie furent basées sur des considérations prises dans le mode d'action des Arabes et dans la nature du terrain : généralement les corps d'armée étaient divisés en trois colonnes, la colonne principale se composait : 1° d'un avant-corps (souvent de la force d'un bataillon d'infanterie et de deux sections d'artillerie de montagne); 2° d'un arrière-corps (qui pouvait être composé de trois bataillons en colonne par divisions et de plusieurs escadrons de cavalerie en colonne par pelotons sur ses flancs); 3° du corps d'armée ; le génie, les bagages, les ambulances et les équipages occupaient le centre de la colonne à l'abri des tirailleurs arabes et la colonne latérale était presque toujours composée d'infanterie et d'artillerie en majorité.

Je ne saurais terminer ces considérations sans appeler le lecteur sur un nouveau sujet d'étude : je veux parler des chemins de fer dont l'influence pourra être immense dans la guerre, surtout dans la guerre d'invasion où le général, sur la défensive, pourra concentrer en un moment ses forces sur un point donné, y reprendre l'offensive et soit se porter rapidement sur d'autres points, soit faire une retraite que l'ennemi ne pourrait suivre, le matériel ayant été brisé au départ. On conçoit combien par la suite l'existence de ces chemins nécessitera de nouvelles combinaisons stratégiques.

Bivouacs et cantonnements.

On s'arrête dans les marches pour bivouaquer. Les troupes ne portent plus de tentes, les Anglais seuls les ont conservées par des motifs tirés de la composition de leurs armées et de la nature de leurs guerres, la mobilité des armées est devenue plus grande depuis cette suppression. Le bivouac, quoique malsain en temps de pluie, ne l'est pas, en général, autant qu'on le croit, et l'air vicié d'une tente où le froid pénétrait de toute part ne vaut pas le sol réchauffé d'un bivouac, où le soldat s'endort les pieds auprès du feu. Cependant le bivouac n'est employé qu'à défaut d'habitation, on cantonne les troupes autant que possible, et celles chargées d'un service de sûreté bivouaquent et peuvent se faire contre le vent des abris avec du feuillage ou de la paille. Une armée qui cantonne près de l'ennemi doit être couverte par son avant-garde ou par des obstacles soit naturels, soit artificiels ; elle est dans ce cas très-concentrée, mais pendant les cantonnements d'hiver et loin de l'ennemi, l'armée est plus dispersée pour lui donner plus de facilité pour vivre. Outre une bonne ligne de défense, on doit choisir pour l'armée cantonnée

une bonne position militaire, où l'on puisse se
réunir en cas d'attaque ; cette position sera nécessairement en arrière des cantonnements, pour que
l'ennemi ne puisse vaincre successivement les
corps qui s'y dirigeraient, ainsi qu'il arriva à Turenne en 1645, auprès de Marienthal. La cavalerie légère occupe toujours les premières lignes du
cantonnement et fournit conjointement avec l'infanterie les avant-postes. Les cantonnements de
l'armée française en 1806 en Pologne et sur la
Passarge dans la Prusse orientale sont un excellent modèle à étudier ; les troupes avancées y
étaient renfermées dans des baraques de clayon-
nages recouvertes avec de la fougère ; les mêmes
baraques furent employées en 1813 au camp des
Pyrénées ; en 1823 devant Pampelune et Saint-
Sébastien, on se resservit encore des tentes pour
ménager le pays, qui d'ailleurs ne présentait pas
assez de ressources pour cantonner.

Un chef de cantonnement doit s'être tracé un
plan de défense dont il fait part à ses officiers, et,
après avoir arrêté toutes ses dispositions défensives, il se concerte avec les autorités civiles pour
avoir des vivres et des fourrages. On ne saurait
prendre assez de précautions pour éviter des surprises que la négligence rendrait inévitables ;
il faut redoubler de vigilance ; les postes avancés
doivent avoir des signaux tout prêts pour avertir
le quartier général en cas d'alarme ; des fusées,
des fagots goudronnés au sommet d'une perche ,

certain bruit de mousqueterie, sont les signaux les plus usités. L'attaque d'un cantonnement s'opère presque toujours la nuit : elle doit être, autant que possible, une surprise, et l'ennemi qui attaque doit connaître, par tous les moyens possibles, les habitudes, les forces et les positions des troupes cantonnées. L'histoire militaire est pleine de ces surprises ; nous pouvons citer entre autres la surprise d'Arrogo-Molinos, le 28 octobre 1811, qui coûta la liberté au général Brou et au prince d'Arenberg, la mort à près de 1,000 hommes, et 16 bouches à feu à la France. Le 28 septembre 1813, le général Lefebvre-Desnouettes est surpris à Altenbourg, un jour de foire, où la surveillance était moins grande ; enfin, en 1815, l'Empereur surprend les Anglais et les Prussiens dispersés dans leurs cantonnements en Belgique, et leur fait essuyer les pertes de Ligny et des Quatre-Bras. On ne saurait donc avoir trop de vigilance, et plus l'ennemi est près, plus on doit redouter une surprise toujours funeste.

LIVRE XIII°.

De la guerre offensive et défensive.

L'expérience a prouvé que la guerre, constituée d'une manière méthodique, obtient presque toujours les résultats qu'elle se promet, tandis que la guerre éventuelle est presque toujours au détriment de celui qui l'entreprend. La guerre doit donc être faite d'après un plan général, vers un but marqué, avec des moyens suffisants.

Du plan.

Le plan doit être établi d'après les considérations politiques, topographiques et stratégiques. En effet, la forme d'un gouvernement influe nécessairement sur la manière dont on doit l'attaquer : ainsi, si l'on attaque un pouvoir absolu, on pourra s'appuyer sur un parti radical, et tenter de séparer la cause du roi de celle de ses sujets. Les considérations topographiques porteront sur la nature du terrain où l'on doit combattre, sur le sens des cours d'eau parallèles ou perpendiculaires sur la frontière. Enfin, les considérations militaires seront établies d'après le système militaire du peuple que l'on doit attaquer.

La guerre peut être offensive ou défensive ; nous avons vu déjà, dans le cours des leçons précédentes, de quel côté se trouve l'avantage quand il s'agit d'une bataille ; les raisonnements sont ici à peu près les mêmes, sauf que les considérations politiques y pèsent d'un poids beaucoup plus grand. Ainsi Napoléon, en 1815, réunit 150,000 hommes, et prend aussitôt l'offensive, tandis que, s'il eût gardé la défensive, il eût pu, en quelques jours, porter son armée à 300,0000 hommes. Les considérations qui le firent agir en cette circonstance étaient toutes politiques.

Quelle que soit la guerre, l'armée qui possède un chef unique, indépendant sera toujours dans des conditions plus favorables que celle où le commandement est dévolu à des généraux sous la dépendance d'un conseil, et cela se conçoit aisément; les campagnes d'Italie sous Bonaparte, les premières guerres de la révolution française, l'ont amplement prouvé.

Définitions.

En admettant un pays hypothétique, dont les frontières formeraient une circonférence, et dont la capitale occuperait le centre, on peut résumer les directions générales d'une invasion dans la nomenclature suivante (*voyez fig.* 25): la partie A B de l'arc de cercle qui limite l'aire ou échiquier stratégique se nomme la *base d'opération* dont les limites sont comprises entre les deux grandes lignes d'opérations, qui convergent des points A et B sur la capitale ou point objectif principal. A mesure que la guerre s'avance, on choisit de nouvelles bases d'opérations, dites *successives*, parallèles à la base d'opération primitive; ces nouvelles lignes sont établies et assurées par la prise des objectifs intermédiaires qui peuvent être, comme nous l'avons déjà vu, territoriaux ou de manœuvre. La base d'opération devant contenir tout ce qui doit servir à l'invasion doit être:

1° impénétrable et impossible à tourner ; 2° étendue dans une juste limite qui, suffisante pour les manœuvres, ne soit pas trop difficile à garder ; 3° toujours parallèle à la frontière ennemie. Les bases d'opérations successives doivent être établies d'après le même système, et contenir toutes les ressources nécessaires pour les approvisionnements. Les points de rassemblement peuvent être en arrière, sur ou en avant de la frontière ; mais, dans ce cas, ils doivent toujours être préalablement couverts par des manœuvres. On appelle *front d'opération* tout l'espace compris par le front des colonnes en marche. L'emploi des lignes intérieures est excellent pour prévenir l'ennemi sur plusieurs points ; mais cet emploi exige beaucoup de précautions ou une supériorité numérique marquée, car on risque d'être enveloppé par l'ennemi. Les lignes sont dites *profondes* quand elles occupent une grande étendue, telles furent celles de la Grande Armée en 1812, qui tenaient du Rhin à Moscou. Les lignes accidentelles sont les plus difficiles, mais celles aussi dont le succès est le plus profitable ; Napoléon s'en servit avec éclat en 1814.

Dans toute invasion, les troupes agglomérées sur la base d'opération seront divisées en deux parties, dont l'une prendra l'offensive, et l'autre sera chargée de couvrir la marche, d'envoyer des détachements, de garder la base d'opération, et de faire les siéges.

Les principaux avantages de l'offensive sont de
pouvoir choisir les directions et les points d'attaque, en un mot, l'échiquier stratégique, et priver
l'ennemi des ressources qu'il pourrait tirer de la
portion du pays envahi. Pour réussir, une guerre
d'invasion doit être secondée, ou par des circonstances politiques particulières, ou par une grande
supériorité numérique de l'assaillant. Les guerres
d'Espagne, sous l'Empire et sous la Restauration, nous donnent un double exemple de ce que
nous venons d'avancer.

Pour être dans de bonnes conditions défensives,
le pays envahi doit toujours posséder une forte
place en arrière de l'objectif principal, qui doit
servir de lieu de refuge, et dont la prise puisse
nécessiter une seconde campagne : ce lieu de refuge doit donc toujours être placé dans un bassin
indépendant de celui de la capitale pour remplir
le but de son institution. Pour qu'une frontière
soit d'une bonne défense, elle doit être inextri-
cable, c'est-à-dire couverte d'un réseau composé
d'obstacles actifs et inertes. Les *obstacles actifs*
sont les places fortes, les *obstacles inertes* sont
des déserts, des montagnes ou des cours d'eau. La
formation d'un désert est d'un emploi désastreux
pour les peuples ; c'est d'après ce système que fut
constituée la défense de la Russie en 1812 ; les
montagnes sont rarement d'une défense facile ;
les Pyrénées et les Alpes n'ont-elles pas été forcées ? Cependant les montagnes peuvent arrêter

longtemps un ennemi. Les cours d'eau, appuyés
par de fortes places bien approvisionnées, sont les
frontières les plus ordinaires et les plus propres
aux opérations militaires. Comme application e t
modèle de guerre offensive et défensive, le lecteur doit relire les campagnes de 1805 et 1814 ,
que nous avons données dans la première partie
de cet ouvrage.

La guerre offensive est toujours précédée par
l'étude des ressources défensives du pays que l'on
veut attaquer. Nous allons supposer la France ,
telle que l'a faite le traité de 1815, dans le but
d'une invasion, et étudier, comme modèle de ce
genre d'étude, la constitution défensive.

Constitution défensive de la France.

La frontière nord de la France n'est protégée,
ni par un désert, ni par des montagnes, mais
nous y trouvons plusieurs cours d'eau, dont il
nous faut étudier l'importance dans le cas d'une
invasion.

La Somme, cette rivière parallèle à la frontière,
est profonde et bien défendue par Abbeville ,
Amiens, Péronne, Ham et Saint-Quentin.

La Lys; elle donne accès dans le bassin de l'Escaut, qui est bien défendu par Cambrai, Valen-
ciennes et Condé ; la Lys, avant de se jeter dans
ce fleuve à Gand, est défendue sur le territoire
français par Béthune et Hazebrouck ; mais toutes
ces places sont tournées par la trouée de Mariem-

bourg, qui les rend par cela même presque inutiles pour la défense.

La Meuse, parallèle au Rhin et perpendiculaire
à la frontière nord, serait une excellente défense
si nous possédions la Belgique, et si nous étions
maîtres de Namur, Liége et surtout Maëstrick.

La Sambre, quoique aussi perpendiculaire à la
frontière, ne serait d'une bonne défense que si
nous possédions Philippeville et Mariembourg.

La Moselle, perpendiculaire à la frontière, est
une bonne ligne d'opération, bien défendue par
Metz et Thionville; mais encore ici nous trouvons
le fatal traité de 1815, qui, en nous enlevant
Luxembourg, permet à l'assaillant de tourner ces
deux places, et de prendre à revers toute cette
ligne d'opération, que la Sarre nous coupe en
avant de la frontière.

Les Vosges; ces montagnes forment, avec le
Rhin, un quadrilatère dont Mayence, Béfort,
Bâle et le mont Tonnerre, forment les coins; mais
toute la partie supérieure de ce système défensif
est au pouvoir de l'étranger depuis la Lauter inclusivement; cette disposition rend inutiles nos
places de Strasbourg, Phalsbourg, Bitche, la
Petite-Pierre, etc., car nous sommes tournés au
nord par Landau, Pirmasens, etc.; et au sud,
par Bâle, et la trouée de Béfort, que les traités
nous empêchent de fermer en s'opposant à la
reconstruction d'Huningue. Les Vosges, du reste,
sont presque partout très-praticables.

On peut étudier de la même manière les frontières du Midi et de l'Est.

L'objectif principal ou capitale, Paris, est fortifié, les lignes d'opération pour y parvenir sont : l'Oise, l'Aisne, la Marne, l'Yonne et la Seine ; l'intersection de ces cours d'eau et des routes qui traversent ces différentes vallées rend certains points du territoire fort importants, tels sont, dans le bassin de l'Oise, La Fère ; dans le bassin de l'Aisne, Soissons ; dans le bassin de la Meuse, St.-Didier ; dans le bassin de la Marne, Reims, Châlons et Vitry ; enfin dans le bassin de l'Yonne et de la Seine, Troyes, Joigny, Montereau, etc.

Deux systèmes ont été proposés pour défendre l'aire stratégique : le premier, de Vauban, consiste à entourer le pays d'un triple rang de places fortes ; le second, du général Rognat, propose de placer une place forte à chaque extrémité d'une ligne et aux embranchements de toutes les lignes entre elles.

La France ne possède pas de lieu de refuge, dont la place serait marquée au delà de la Loire.

Dans la guerre défensive, les forces disponibles sont divisées en deux armées, dont l'une défend le territoire pied à pied, pendant que l'autre la soutient et agit sur les flancs ou sur la base d'opération des envahisseurs.

LIVRE XIV.

Des avant-postes et patrouilles.

Surprendre une troupe, c'est l'attaquer sans qu'elle puisse organiser ses moyens de défense : une surprise est donc le cas de la guerre dont il faut se garer avec le plus de soin ; dans ce but, on établit des lignes dites d'avant-postes sur le front et sur le flanc des armées cantonnées, en marche ou en position. La composition d'une armée, le but qu'elle se propose, le terrain qu'elle parcourt, le pays dans lequel elle agit, toutes ces considérations influent nécessairement sur la formation des avant-postes ; cependant, pour fixer les idées, nous allons supposer un terrain horizontal, sans accidents ni cours d'eau, où les avant-postes devraient être étendus, et nous allons y poser les avant-postes nécessaires.

Des avant-postes.

En partant de l'armée en position (voir *fig.* 26) et en marchant vers l'ennemi, on trouve un espace étendu qui se nomme la *zone des avant-postes ;* cette zone est occupée par six lignes successives. La première ligne, en partant de l'armée, est composée des postes de soutien qui sont facultatifs, quoique souvent employés. La deuxième ligne et les suivantes sont réglementairement occupées, la

deuxième ligne par les grand'gardes, la troisième
par les petits postes, la quatrième par les sentinelles, la cinquième par les vedettes, enfin la sixiè-
me par les postes détachés ; ces postes peuvent
être portés jusqu'à 3 et 4 heures en avant des vedettes, sur tous les points probables par où l'ennemi peut s'avancer et dans les plis cachés que
peut former le terrain. Les vedettes sont des cavaliers fournis par les petits postes ; elles doivent
voir sans être vues; le jour, elles se placeront sur
les hauteurs, la nuit dans les bas fonds, mais sans
jamais perdre de vue les vedettes voisines. Les
vedettes peuvent être simples, doubles ou volantes; elles sont doubles suivant l'importance du
point à surveiller; elles sont volantes, quand, au
lieu de se tenir en place comme la vedette simple,
elles ont un espace de 30 à 40 pas autour d'elles,
où elles doivent circuler jour et nuit; quand la cavalerie est peu nombreuse ou fatiguée, elles sont
ainsi employées. Le devoir des vedettes est de
découvrir les vedettes ennemies et de tâcher de
deviner les mouvements de l'ennemi d'après les
indices qu'elles peuvent apercevoir.

Ainsi une grande poussière désigne une marche de cavalerie ou d'artillerie, une poussière
moins épaisse est produite par de l'infanterie; on
a même souvent vu des soldats assez intelligents
pour découvrir d'après cette donnée si telle poussière était produite par de la cavalerie ou de l'artillerie : cette intelligence peut être fort utile, car,

18

dans le cas d'un mouvement de l'ennemi qui comporte avec lui de l'artillerie, il doit y avoir nécessairement un but fort important qu'il importe de connaître pour la sûreté de l'armée. Une vedette exercée devra aussi connaître, par l'éclat que jettent les armes d'une troupe en marche, le sens vers lequel cette troupe se dirige : ainsi, une zone continue d'éclat indique une marche en avant; des éclats partiels et alternatifs, une marche en retraite; enfin, si les rayons lumineux vont à gauche, c'est que la troupe marche vers la droite et réciproquement.

Lorsqu'une vedette s'aperçoit d'un mouvement, elle doit en donner aussitôt connaissance par un signal déterminé à l'avance; elle ne doit faire usage de ses armes que si l'on ne répond pas au mot de ralliement.

Les sentinelles sont en arrière des vedettes et parallèlement à elles à une distance qui peut varier de 3, 4 ou 500 mètres ; elles sont fournies par les petits postes d'infanterie comme les vedettes par les petits postes de cavalerie; le rôle des sentinelles et leurs devoirs sont pareils à ceux des vedettes. Les petits postes sont composés alternativement d'infanterie et de cavalerie; le nombre de vedettes ou de sentinelles à fournir fait varier leur force; un poste de 4 hommes est commandé par un caporal ou par un brigadier, 12 hommes sont commandés par un sous-officier, 20 hommes par un officier. Les petits postes, en prenant position sur leur ligne, doivent faire une reconnaissance exacte du terrain et organiser leurs moyens de défense de telle sorte qu'à un signal imprévu la défense soit toute prête et la surprise impossible. La grand'garde est à une portée de canon des petits postes qu'elle fournit, un capitaine la commande ; les grand'gardes sont assises sur le terrain par le général de brigade, le colonel et le lieutenant-colonel du régiment auquel elles appartiennent et vis-à-vis le centre desquels elles sont ordinairement placées. Le commandant de la grand'garde ne doit jamais, à moins d'ordres contraires, se séparer de plus du tiers de sa force, il ne doit pas se retrancher ; cependant, en cas d'attaque possible de cavalerie, il pourra se couvrir d'une ligne d'abatis. Les grand'gardes sont souvent placées sur les points de communications, mais leur emplacement, et surtout celui des autres avant-postes, peut changer fréquemment, car la nuit on resserre et le jour on étend les avant-postes dans la limite prescrite par l'officier général chargé de ce détail.

Aussitôt qu'une sentinelle a tiré sur l'ennemi, elle se replie sur le petit poste dont elle dépend, le petit poste attaqué se replie aussitôt sur la grand'-garde, en ayant soin, soit par la résistance, soit par des détours, de laisser à cette dernière le temps de se mettre en défense ; les grand'gardes se retirent à leur tour, si elles ne peuvent résister à l'ennemi, vers les postes de soutien non réglementaires avec lesquels on reprend l'offensive, afin de

18.

donner le temps à l'armée prévenue de prendre
toutes les précautions que le cas nécessite. Ce
système d'avant-poste n'a pour objet que d'éviter
les surprises ; les officiers ne sont préoccupés que
de la sûreté de leurs postes et point du tout de celle
du corps principal, qu'ils ne doivent rejoindre
qu'après avoir rallié tous les avant-postes et s'être
repliés sur les grand'gardes. Le maréchal Bugeaud
attaque vivement ce système et prouve que le point
capital pour une armée est : *d'éviter d'avoir ses
routes de retraite occupées par l'ennemi et d'être
forcée de combattre en avant et en arrière contre
des forces supérieures.*

Pour y parvenir, il ne suffit pas de la chaîne
habituelle des avant-postes liés entre eux de
telle manière qu'un chat ne puisse passer sans
être aperçu ; quelle que soit l'activité qu'on y déploie, on pourra bien n'être pas surpris, mais, si
l'on est en présence d'adversaires connaissant
cette partie de la guerre, on sera cerné et pris. La
guerre d'Espagne de 1808 à 1814 fourmille d'exemples de corps français ou espagnols enveloppés et
vaincus sans être surpris.

Si une armée ou un poste détaché se décident
à combattre dans la position où ils sont placés,
ils peuvent se garder de la manière habituelle ;
mais cependant, dans toutes les positions possibles,
il vaut toujours mieux être prévenu longtemps à
l'avance des mouvements de l'ennemi, et pour en
savoir des nouvelles, il faut la nuit pousser dans

tous les sens des éclaireurs intelligents très près de l'ennemi. C'est surtout quand on veut éviter le combat ou combattre sur un point déterminé à l'avance, qu'un système d'avant-postes judicieux est de la plus haute importance : car un corps mal placé ou se gardant mal peut entraîner la perte d'une bataille. S'il est enveloppé, en effet, et attaqué, les corps les plus voisins arriveront à son secours : de là une bataille ou un combat sérieux peut s'engager sur un terrain qui peut être, sinon défavorable, du moins où l'on n'avait aucun intérêt à combattre. Ce système évite les grand'-gardes, les piquets de secours, etc., et, s'il demande une plus grande capacité et une attention plus soutenue de la part du chef, il est moins compliqué que le précédent. En effet, si le soldat est porté plus loin et est plus exposé, surtout la nuit, dans le système du maréchal Bugeaud, en revanche, il n'est pas aussi fatigué le jour par le service des petits postes et des grand'gardes.

Pour occuper et visiter chaque ligne d'avant-poste, pour surveiller et relier tous les postes, pour éclairer tout le terrain qui sépare de l'ennemi et protéger, par une connaissance prompte des mouvements de l'ennemi, son front, son flanc et ses lignes de retraite, il existe des patrouilles et des rondes.

Des patrouilles.

Les patrouilles peuvent être défensives, et sont

alors composées de 3 à 8 hommes ; ou offensives, et composées de 20 à 25 hommes. La première condition que doit remplir la marche d'une patrouille est la sécurité ; pour obtenir ce but, on devra s'informer autant que possible des directions où se trouve l'ennemi; les armes seront placées sous le bras gauche, les buffleteries blanches seront cachées sous le pan de la capote; on progressera lentement, en faisant des circuits et des détours d'un petit poste à l'autre. Dans ce cas, la patrouille observera toujours l'ordre suivant (*Voir la fig.* 27 *de la pl.* XIII) : une patrouille de 3 hommes marchera sur une seule ligne de 30 à 100 mètres de long (*a*); une patrouille de 4 hommes (*b*) marchera en conservant la forme d'un quadrilatère, dont le côté aura de 30 à 100 mètres; le caporal en occupera le centre ; une patrouille de 5 hommes sera disposée d'une manière analogue, comme l'indique la figure *c* ; la figure *d* donne la formation d'une patrouille de 8 hommes. De ce système de patrouille, il est facile de déduire la disposition qu'affecterait une patrouille défensive d'un nombre d'hommes supérieur.

Ces patrouilles vérifient si les sentinelles et vedettes font leur devoir et sont à leur poste ; en cas de disparition d'une sentinelle, le petit poste le plus voisin doit être immédiatement averti, car, si la sentinelle a déserté, elle doit être immédiatement remplacée, et, si elle a été enlevée, l'ennemi est proche et menaçant. En cas de surprise, la patrouille fait feu et doit se retirer vers un petit poste en faisant bonne contenance ; si la retraite est fermée, la patrouille exécutera une retraite divergente.

Les patrouilles offensives ont pour but d'enlever un ou plusieurs avant-postes ennemis, ou d'exécuter une reconnaissance connue particulièrement sous le nom de *découverte*, car son but, en effet, est de découvrir l'ennemi, ses mouvements et sa position. En général, ces patrouilles sont composées de 10 à 25 hommes et sont disposées dans l'ordre suivant : pour une patrouille de 15 à 25 hommes, l'avant-garde et l'arrière-garde sont fortes de 3 hommes et d'un caporal formés dans l'ordre indiqué pour les patrouilles défensives. Le corps de patrouille marche sur deux rangs éclairés, à droite et à gauche, par 2 flanqueurs (*Voir la fig.* 27 (*e*). On déduira de cet ordre la formation d'une patrouille d'un nombre d'hommes supérieur ; la figure *f* nous représente une patrouille offensive de 30 hommes ; ce nombre d'hommes a permis de renforcer l'avant-garde d'un second rang, d'y placer des flanqueurs et d'augmenter le nombre de ceux du corps de patrouille.

Le terrain à explorer, le poste à attaquer, peuvent modifier cette formation, supprimer ou augmenter les flanqueurs ou l'avant-garde ; l'arrière-garde seule ne change pas en général. La distance de l'avant et de l'arrière-garde au corps de patrouille est aussi essentiellement variable, selon que le terrain est plus ou moins caché, l'heure plus ou

moins avancée, l'ennemi plus ou moins près. S
la patrouille a des défilés à passer, elle se divisera
en petites fractions, si le défilé est à flanc inaccessible, et chacune de ces fractions exécutera son
passage lorsque la précédente aura traversé le
défilé. Dans le cas où le défilé est à flanc accessible, l'avant-garde s'arrête à la lisière, ses flanqueurs explorent les flancs et la patrouille exécute
ensuite son mouvement. Si la patrouille passe à
proximité d'un village, elle devra redoubler de
précautions, elle s'assurera par des indices s'il est
habité : ces indices sont la fumée, les aboiements
de chiens, du linge mouillé ou des buffleteries pen-
dues aux fenêtres, etc. Si la patrouille rencontre
un ennemi supérieur, elle battra en retraite en
exécutant un sauve-qui-peut divergent, afin qu'un
homme puisse aller donner à l'armée les nouvelles
que l'on a surprises. Si l'on peut résister, la retraite s'exécutera en échelons qui se démasqueront
successivement de manière à laisser l'ennemi
dans l'incertitude du nombre et de la force de la
patrouille.

Une patrouille est, selon son importance, commandée par un brigadier, un sous-officier ou un
officier. Ce commandant prend le mot de ralliement, passe l'inspection de ses hommes et s'en-
quiert bien exactement des objets principaux sur
lesquels son attention doit se fixer pendant la durée de sa mission.

LIVRE XV*.

Des reconnaissances et des rapports.

Des reconnaissances.

Le règlement du service en campagne distingue trois sortes de reconnaissances : les reconnaissances offensives, les reconnaissances journalières et les reconnaissances spéciales.

Les reconnaissances offensives sont faites pour découvrir un ennemi avant une bataille, l'attirer vers un terrain connu, reconnaître sa position, ses mouvements et sa force. Elles sont ordonnées par le général en chef qui y consacre quelquefois toute une journée, comme Napoléon la veille de la bataille de la Moscowa.

Les reconnaissances spéciales sont exécutées pour apprécier un obstacle ou le mode d'occupation de tel point déterminé. Ces reconnaissances sont faites par un officier général ou d'état-major, secondé par une escorte d'infanterie, de cavalerie ou des deux armes. Ces reconnaissances peuvent se faire en secret ou de vive force; dans ce dernier cas, l'opération consiste à enlever ou refouler les avant-postes ennemis qui précèdent un lieu commode comme observatoire, à l'enlever, le défendre et puis enfin, le travail de la reconnaissance terminé, à exécuter la retraite. Supposons un officier général ou d'état-major chargé d'une telle reconnaissance, voici quelle serait la disposition qu'il pourrait adopter (*Voir pl.* XIV, *fig.* 28). En supposant en A l'observatoire nécessaire à enlever, en B les lignes des avant-postes ennemis que l'on a dû forcer, l'officier chargé de la reconnaissance se porte aussitôt à l'observatoire enlevé et y fait prendre à son escorte, que nous supposerons mixte, une position défensive. Le front de la position est couvert par des tirailleurs, l'infanterie en colonne occupe les flancs du monticule, la cavalerie prête à charger est placée aux ailes de cette formation; enfin, la réserve est masquée par la hauteur derrière laquelle elle est formée.

Les reconnaissances journalières sont poussées très-loin, elles se font secrètement ou de vive force; le chef d'une pareille reconnaissance ne doit pas ignorer que son but est de voir et non pas de combattre; on a souvent reproché aux officiers français de ne pas suivre ce principe. Si la reconnaissance journalière est peu nombreuse, elle pourra prendre la formation des patrouilles, mais les flanqueurs seront en général supprimés; si la troupe se compose de cavaliers, ils auront toujours le soin d'occuper le côté gauche de la route qu'ils suivent, afin de conserver la liberté du maniement du sabre. Le moment le plus opportun pour ces reconnaissances est en général le point du jour, car c'est en ce moment que l'ennemi prend toutes ses dispositions, mais c'est aussi le moment où il

PLANCHE 14.ᵐᵉ

Fig. 28.

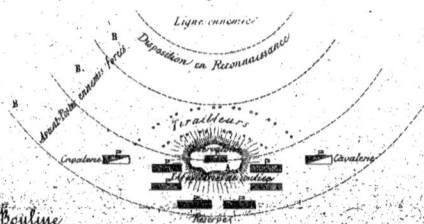

Cassine de la Bouline

Fig. 29.

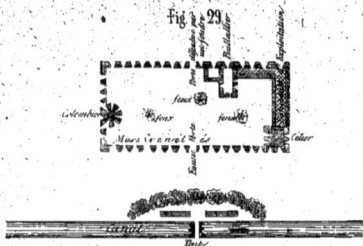

Fig. 30.

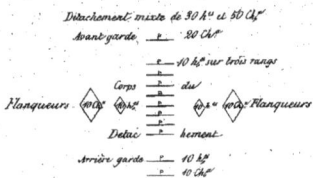

Fig. 31.

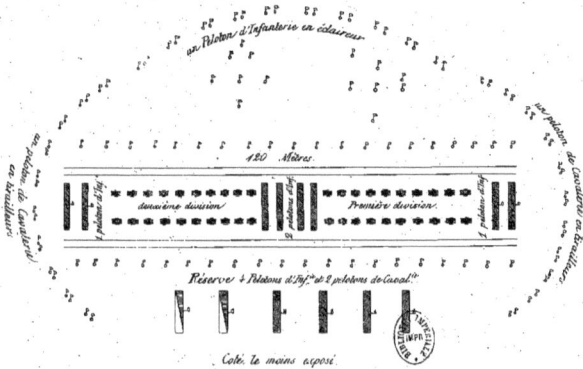

lance de son côté des patrouilles et des reconnaissances dans toutes les directions : la plus grande
prudence est donc nécessaire. Dans certains cas,
une reconnaissance journalière attaquera, malgré
son infériorité, l'ennemi, et le forcera ainsi à démasquer ses forces ; c'est ce moyen qu'employa le général Duhesme; il attaqua si vivement une colonne,
que l'ennemi fit avancer son artillerie et fit voir
ainsi qu'il exécutait un mouvement important.

Du rapport.

Tout officier chargé d'une reconnaissance doit
en faire le rapport ; ce rapport doit distinguer avec
soin les choses vues des appréciations probables
ou hypothétiques.

En général le rapport parlera des :

1° Communications, routes droites ou tor-
tueuses, chemins plats ou creux, sablés ou pierreux, secs ou fangeux, uniformes ou montueux,
enfin, praticables à l'infanterie, à la cavalerie ou
à l'artillerie ;

2° Des eaux, fleuves, rivières, ravins, ruisseaux,
lacs, marais ou canaux; la nature du fond des eaux
à traverser, sablonneux, pierreux ou fangeux; de
la profondeur des eaux ; de la position des ponts
en pierre, en bois ou en fil de fer ; de l'indication
des gués propres à l'infanterie ou à la cavalerie ;
des cours d'eau navigables ou flottables; des bords à
fleur d'eau ou escarpés, des rives boisées ou arides,

des bateaux ou barques dont la surprise serait possible ;

3° Des montagnes, collines, contreforts, plateaux, pentes accessibles ou inaccessibles, arides ou boisées ;

4° Des forêts, bois, landes, claires-voies, de leur nature et de leur circonférence ;

5° Des villes ouvertes, des villages, hameaux ou grosses fermes ; de leur grandeur, du nombre des habitants, du logement, des écuries, des ressources en tout genre ; de la nature des constructions en pierre, bois ou brique, couverts de toile, d'ardoises ou de chaume ;

6° Des positions, de leurs conditions pour l'offensive et la défensive ;

7° De l'ennemi, de sa position, de sa forme, de son front, de son flanc, de sa ligne de retraite, des projets que sa formation indique, etc.

Le rapport insistera plus ou moins sur chacun de ces articles, selon le but de la reconnaissance ; des dessins topographiques et, suivant le cas, des tableaux statistiques y devront être ajoutés.

Les reconnaissances peuvent quelquefois être changées en missions particulières confiées à un ou deux hommes habiles et intelligents qui s'introduisent chez l'ennemi, surprennent ses secrets ou les achètent à prix d'or. Il ne faut pas les confondre avec les espions, car ils gardent toujours leurs uniformes et ne protégent leurs personnes que par la ruse ou la séduction.

Pendant les guerres de la Péninsule, un officier anglais exécuta trois fois de suite une pareille mission sans être surpris. La ruse est un auxiliaire toléré : ainsi, pour ne pas citer d'autres exemples, un officier sous l'Empire se présente devant un pont que l'ennemi venait de détruire ; il lui fait signe qu'il est déserteur et lui demande les moyens de le rejoindre, on lui indique aussitôt un gué, que l'officier va traverser à la tête de ses troupes restées en arrière. L'histoire militaire fourmille d'anecdotes de ce genre, mais, si la ruse est permise à la guerre, elle l'est surtout dans la position de ces officiers en mission.

LIVRE XVI.

Des espions et des guides.

Les connaissances que l'on veut avoir sur le terrain, sur l'ennemi, sur les routes, etc., sont perfectionnées au moyen des cartes, des espions, des guides, des voyageurs, des déserteurs, des prisonniers et des parlementaires.

Des espions.

Les espions se divisent en trois classes. Les espions volontaires sont des gens qui, par des raisons politiques ou pécuniaires, exercent ce vil métier; les espions forcés sont en général d'honnêtes bourgeois, dont on retient la famille en ôtage, et que l'on fait suivre d'un soldat déguisé ; les espions doubles sont ceux qui servent les deux partis. Il faut une grande sagacité pour s'en servir utilement : ce sont d'ordinaire des gens de profession douteuse, colporteurs, contrebandiers, chaudronniers, etc. Pour les découvrir, on examine s'ils font boire des soldats, s'ils leur adressent des questions qui seraient étrangères à toute autre profession qu'à leur métier ; c'est en les surprenant en flagrant délit de ces questions et en les accusant aussitôt d'être des espions, que l'on parvient à la connaissance de la vérité : car il est rare que cette accusation ne les trouble pas assez pour les forcer à se dévoiler eux-mêmes. Quand on est parvenu à se procurer des espions, on leur fait leur spécialité; afin d'avoir des rapports qui aient quelque certitude, il faut savoir leur livrer certains secrets qu'il peut être utile que l'ennemi connaisse et leur cacher tout ce qu'il importe que l'ennemi ignore.

Des voyageurs.

Les voyageurs ne doivent pas être crus relativement aux forces de l'ennemi et à sa position , car celui-ci a dû nécessairement les tromper; mais on peut en avoir des renseignements précieux relativement à la cherté des vivres, indice de concentration, et à l'état des routes; l'interrogatoire terminé est envoyé cacheté à l'officier général chargé de ce soin, qui interroge de nouveau le voyageur et confronte, avant de le laisser partir, les deux interrogatoires.

Des déserteurs.

Les déserteurs méritent plus ou moins de confiance suivant leurs grades. On doit toujours craindre, de leur part, l'exagération qu'ils mettent dans leur rapport pour faire excuser leur désertion, dont le motif doit être considéré. Aussitôt qu'un déserteur est signalé, on l'empêche de communiquer avec les soldats, et il est immédiatement interrogé sur le corps auquel il appartient, sur les recrues et les malades qui s'y trouvent, sur les chevaux du régiment et l'époque des dernières remontes, sur les cautionnements actuels, les dernières marches, les derniers ordres du jour, enfin sur tous les bruits de l'armée. L'interrogatoire cacheté est envoyé à l'officier général, qui agit envers le déserteur comme à l'égard des voyageurs.

Des prisonniers.

Les prisonniers doivent être interrogés aussitôt après leur capture, car, dans ce premier moment, on arrive souvent à les troubler et à leur arracher des aveux importants par des questions insidieuses et détournées.

Des parlementaires.

Les parlementaires pouvant découvrir tout ce

qui se passe, le service en campagne prescrit envers eux des mesures sévères. On ne doit point causer avec eux, car, le parlementaire étant rusé de sa nature, il ne faut point jouer au plus fin avec lui. Des mouvements ou des commandements trompeurs exécutés devant eux sont de bons moyens pour les tromper : c'est ainsi que Bonaparte agit à Lonato, où son sang-froid le tira d'un grand péril.

Les indices que l'on peut apprendre servent aussi à la connaissance de la vérité : ainsi, une distribution de souliers, un rassemblement de bestiaux, la direction réitérée des patrouilles vers une même route, indiquent une marche imminente.

En rapprochant tous les indices, tous les rapports et tous les interrogatoires, l'officier général forme un tout compact d'excellents renseignements, et consulte ensuite les cartes.

Des Cartes.

Les cartes indiquent les routes, les communications, les mouvements de terrain, les cours d'eaux, les forêts, etc. Les cartes topographiques sont les plus commodes. Pour se fier à une carte, il faut généralement qu'elle soit bien gravée ; il est rare qu'une carte inexacte soit d'une belle exécution. Quand on ne peut se procurer de cartes sûres, il faut alors en comparer plusieurs entre elles ; les cartes les plus estimées sont signées : en France, par Cassini, Chaulaire, le dépôt de la guerre ; en Autriche et en Prusse, par Ferraris,

Gottold, Lehmann; l'état-major et l'institut Weymar; en Italie, par Bacler d'Albe, Lapie, Bruée et l'institut de Milan; en Espagne et en Portugal, par Lapez et Arrowsmith; ces dernières sont mal soignées, et souvent peu exactes pour les deux pays.

Des guides.

Lorsqu'une route n'est pas assez parfaitement connue pour la suivre sans se tromper, on a recours alors à des guides; on se les procure la plupart du temps par voie de réquisition; à défaut d'habitants, on se sert d'hommes à profession nomade, tels que les chaudronniers, contrebandiers, vitriers, colporteurs, etc. On peut se fier à leurs connaissances dans le rayon de la banlieue où leurs affaires les retiennent. Il faut toujours confronter leurs indications avec les rapports, les cartes ou les renseignements que d'autres guides ont pu donner. Les guides que l'on a pu se procurer doivent toujours être interrogés séparément, et avant qu'ils aient pu se voir ou se concerter. Le guide qui conduit une colonne doit être placé entre deux hommes vigilants et armés; on doit lui ôter la possibilité de fuir, si l'on n'est pas parfaitement sûr de sa fidélité; à cet effet on peut lui attacher les mains derrière le dos, ou, à cheval, lui supprimer la bride; dans tous les cas, il ne doit jamais être porteur d'aucune arme offensive.

19

LIVRE XVIIe.

Des détachements, surprises et embuscades.

Il existe toujours, pendant une guerre, des opérations spéciales, telles que l'enlèvement d'une position éloignée, une manœuvre à couvrir, un convoi à saisir ou à escorter, etc. Ces missions sont confiées à des détachements dont le chef reçoit une instruction détaillée, à la lettre et à l'esprit de laquelle il doit se conformer, relativement à sa partie matérielle ou accidentelle. Il faut, autant que possible, que le chef d'un détachement connaisse la langue du pays qu'il est appelé à parcourir, ou qu'il soit muni d'un interprète aussi sûr que lui-même. Avant le départ, le commandant du détachement en passera une sévère inspection, l'état des hommes, l'armement, l'habillement, l'équipement, les munitions et les armes, la chaussure ou le ferrage, tout devra être de sa part soumis à la plus grande investigation.

Les détachements se divisent en deux catégories, selon qu'ils doivent agir loin ou près de l'ennemi.

Les détachements loin de l'ennemi ont pour règle la sûreté, l'ordre et la célérité; leurs mouvements s'exécutent d'après les principes donnés par les services réglementaires touchant les routes et les détachements ; quand le détachement est mixte, l'infanterie marche la première, l'artillerie et les bagages suivent son mouvement, et sont suivis eux-mêmes par la cavalerie.

Les détachements près de l'ennemi sont d'une nature déterminée par le but qu'on se propose, le terrain et le temps. En général, dans un pays coupé, le détachement se compose d'infanterie ; dans un pays découvert, on emploie la cavalerie; si l'on doit occuper des positions, le détachement comprendra ces deux armes.

Le service en campagne prescrit aux détachements une composition tirée des fractions constitutives d'un corps; cette règle a subi de fréquentes infractions ; car, pour une expédition périlleuse, il vaut toujours mieux employer des hommes de bonne volonté; de même, si l'on a des cours d'eau à traverser, il sera préférable d'employer des hommes qui sachent nager. Nous allons examiner successivement les détachements près de l'ennemi, en les divisant en détachements d'infanterie, détachements de cavalerie et détachements mixtes.

Détachements d'infanterie.

Les détachements d'infanterie sont envoyés pour les petites opérations secrètes ; ces détachements marchent généralement de nuit, et doivent prendre une formation qui garantisse la sûreté, la célérité et l'ordre. Cette formation devra être telle que le détachement puisse passer rapidement

19.

en cas d'attaque, soit à l'ordre en bataille, soit
à l'ordre en carré. Vu la largeur des routes, les
colonnes se formeront par sections de 8 à 10
files et même 12. Ainsi, par exemple, étant donné
100 hommes, soit 50 files pour un détachement,
nous formerons nos sections de 10 files; le détachement sera ainsi divisé en 5 petits pelotons;
4 de ces pelons marcheront en colonne à distance
entière et sur deux rangs, et du 5e peloton restant, 10 hommes seront pris pour l'avant-garde,
qui marchera à environ 200 mètres de la colonne;
7 hommes, dont trois de chaque côté de la colonne, serviront de flanqueurs, et enfin les 4 derniers hommes restants formeront l'arrière-garde.
Si le détachement se composait de 600 hommes,
il se disposerait de la même manière par un calcul
fort simple; tout détachement d'une force égale
ou inférieure à 100 hommes doit se former sur
deux rangs, un détachement de plus de 100 hommes sur trois rangs; ce serait le cas d'un détachement de 600 hommes, et par conséquent de 200
files, en divisant le nombre total des hommes par
le nombre de rangs. La route permettant 12 hommes de front, 200 files, divisées par le nombre 12,
donnent 16 sections et 8 hommes. 12 sections pourront marcher en colonne à distance entière pouvant former trois carrés défensifs; les 4 sections
restantes et les 8 hommes fourniront l'avant et
l'arrière-garde, ainsi que les flanqueurs. Cet ordre
permettra d'organiser immédiatement la défense;

la sûreté sera obtenue par une marche secrète, et la célérité empêchera les circonstances favorables de changer avant d'avoir atteint le but proposé.

Pour obtenir le secret d'une marche, on pourra annoncer une autre direction que celle que l'on doit suivre ; on évitera les lieux habités, en ayant le plus grand soin de ne se laisser dépasser par personne dans la direction que l'on doit suivre. Pendant les haltes, une partie des hommes devra rester en armes, et il sera toujours formé une ligne d'avant-poste, ces haltes devront être faites loin des habitations agglomérées, une maison isolée et dont la surprise s'exécuterait sans bruit serait parfaitement convenable. Si les munitions d'un détachement viennent à manquer, on s'en procure par voie de réquisition en prenant des ôtages dans la commune où l'on doit agir ainsi. Mais il ne faut recourir à cette mesure, dont le secret est si difficile à faire garder, que lorsqu'on n'a pu se procurer les munitions de bouche ou autres dont on a besoin, dans des maisons ou fermes isolées.

L'avant-garde du détachement doit fouiller le pays, éventer les embuscades, annoncer les ennemis, dans certains cas, attaquer les avant-postes, enlever une position ou s'y maintenir jusqu'à l'arrivée du reste du détachement. Le chef de l'avant-garde doit toujours se tenir prêt à combattre, tout lieu propre à cacher une troupe doit être visité, plusieurs éclaireurs devront précéder l'avant-garde elle-même, examiner les traces que la route peut porter, arrêter les passants, etc. ; ils devront être toujours en vue de l'avant-garde ou être reliés avec elle par un autre flanqueur inter-médiaire qui puisse prévenir en un instant le chef du détachement de tout ce qui se présente d'im-portant, bois, chemins creux, villages, défilés, etc., et qui sont aussitôt sondés par les éclaireurs ; les villages sont tournés; les défilés ne sont passés, qu'après s'être assuré que l'intérieur et surtout les hauteurs qui les dominent ne contiennent pas d'ennemis.

L'arrière-garde couvre les derrières du détache-ment, ramasse les traîneurs et empêche le marau-dage qui doit être sévèrement interdit. Les éclai-reurs surveillent tous les débouchés par lesquels l'ennemi, se portant sur la ligne de retraite du dé-tachement, pourrait venir l'attaquer. Le chef de l'arrière-garde doit être un officier ou sous-offi-cier connu par sa fermeté et son courage. Dans une retraite, l'arrière-garde joue un rôle très-im-portant, et de son attitude, de ses retours offensifs dépend le salut du détachement en retraite.

En cas de rencontre de l'ennemi, s'il est en nombre inférieur, on devra le vaincre; s'il est su-périeur, on devra battre en retraite; si l'on rencon-tre de la cavalerie, on devra exécuter la retraite en échiquier, jusqu'au premier obstacle, haie ou fossé où l'on puisse se mettre à couvert.

Le devoir du chef, en cas de rencontre de l'en-

nemi, est le plus souvent d'éviter le combat dont
le résultat, quel qu'il soit, est souvent fatal au but
de l'entreprise, mais, en cas de nécessité, il doit
employer tous les moyens humains pour continuer
sa route. Ainsi, par exemple, le général Allin rencontre les Autrichiens, dans la forêt de Fontaine-
bleau, qui lui barrent le chemin avec des forces
supérieures, le général Allin commande à 2,000
hommes, il en laisse 1,000 faire face à l'ennemi, les
1,000 autres, lancés en tirailleurs, attaquent les
flancs autrichiens avec vigueur et acquièrent ainsi
une supériorité momentanée qui trompe les Autrichiens qui se retirent par une prompte retraite.

Un détachement peut être appelé à enlever un
poste. On entend par poste, toute position susceptible de recevoir de l'artillerie, ou plus communé-
ment toute position susceptible de défense, tels
peuvent être des hauteurs, des villages, des maisons isolées. Nous avons déjà vu ce qu'il y avait à
faire pour enlever une hauteur ou un village, il en
est de même, à une plus petite échelle, pour la défense ou l'attaque d'une maison ou d'une ferme
isolée.

Attaque et défense d'une maison isolée.

Pour défendre un tel poste, les abords seront
défendus, les haies perpendiculaires détruites,
les murs d'enceinte crénelés près de terre ou à une
hauteur telle que les créneaux ne puissent être enfilés par les feux ennemis ; la défense sera concen-

trée par étages, dont toutes les cloisons seront détruites, les escaliers seront remplacés par des échel-
les, les gros meubles accumulés derrière les portes, les fenêtres garnies de matelas ou de gazon.
Les commandements des divers étages seront indépendants entre eux; enfin, pour se prémunir contre les incendies, les planchers seront recouverts
de terre, la toiture remplacée par de la terre ou du
fumier et des provisions d'eau seront préparées.

Un poste ainsi défendu devra être attaqué la
nuit, à une heure telle que les abords puissent être
enlevés pendant l'obscurité qui rend la fusillade
moins dangereuse, et qu'on puisse donner l'assaut
au point du jour. L'assaut sera précédé par des
feux de tirailleurs adroits; les portes seront ensuite
enfoncées et le rez-de-chaussée attaqué, les étages supérieurs ne le seront jamais; aussitôt qu'un
rez-de-chaussée sera emporté, on devra faire
sauter ou mettre le feu à la maison si les assiégés
ne veulent pas se rendre. Voici un exemple célèbre d'attaque de ce genre contre la cassine de la
Bouline en 1705 (Voir *fig.* 29).

L'armée autrichienne, commandée par le prince
Eugène, était inquiétée par ce poste qu'elle en-
voya attaquer par un détachement de 600 hommes.
Ce détachement, couché à plat ventre près des
abords de la cassine, en emporte les abords à l'entrée de la nuit, et se présentant en nombre supérieur devant et autour des murs de la cassine dont
les créneaux mal faits furent enfilés, la défense

des murs dut cesser. Les Autrichiens cherchèrent
aussitôt à enfoncer la porte du nord, mais elle
était défendue par un gros foudre que l'on avait
tiré du cellier, et cette attaque échoua ; ils voulu-
rent alors tourner la cassine, mais leurs pelotons, placés entre les feux de la cassine et ceux du
poste qui défendait le pont du canal, eurent fort
à souffrir ; cependant, vu leur supériorité numérique, ils finissent par faire un trou à la fausse
porte, quelques officiers et soldats se précipitent
par cette ouverture et sont aussitôt égorgés, cela
ralentit l'ardeur de l'attaque, et plus sages cette
fois, ils enfoncent la porte, en renversent les défenseurs, commandés par Folard, qui se retirent
dans les divers bâtiments, et pénètrent dans la
cour intérieure. Dans cette cour se trouvaient
plusieurs feux allumés pour les besoins de la défense, et à la clarté desquels les Autrichiens sont
fusillés sans qu'ils songent à les éteindre ; ils vont
bravement attaquer le colombier dont ils emportent le rez-de-chaussée, mais leur attaque échoue
devant le poulailler et le cellier qui font une si forte
résistance, que les Autrichiens, prévenus de l'approche des Français qui viennent au secours de
la cassine, se retirent à la hâte et après avoir essuyé de grandes pertes.

Plusieurs remarques sont à faire sur cette attaque : les abords enveloppés par des tirailleurs,
les créneaux enfilés, l'attaque de la porte cachée,
furent savamment exécutés ; mais ils commirent

de très-grandes fautes ensuite; la plus grande fut de ne pas éteindre les feux de la cour et d'attaquer ainsi les divers bâtiments, sans chercher à les faire sauter avec de la poudre.

Détachements de cavalerie.

Les détachements de cavalerie peuvent reconnaître ou enlever une position, mais ne sauraient jamais en occuper. Ces détachements doivent répondre aux conditions d'ordre, de sécurité et de célérité comme ceux d'infanterie; la formation des pelotons leur est aussi analogue. Ces détachements, pour passer un défilé, peuvent quelquefois se diviser en plusieurs sections et le traverser à toute allure, la première section souffre seule un peu; il est bien entendu que nous parlons ici d'un défilé à flancs accessibles, occupé seulement par des tirailleurs, qu'il y a nécessité de traverser. Si le détachement doit passer une rivière à la nage, il faudra toujours se procurer des bateaux pour porter les porte-manteaux, les hommes resteront tous à cheval et traverseront la rivière obliquement au courant de l'eau. Si le détachement rencontre de l'infanterie ennemie, il pourra l'éviter ou l'attaquer, suivant les circonstances; il en sera de même si l'on rencontre de la cavalerie; si l'on possède des chevaux plus frais que ceux de l'ennemi, l'attaque sera avantageuse; si la cavalerie que l'on doit attaquer est égale ou inférieure en nombre à celle du détachement, on combattra dans une formation régulière ; mais si l'ennemi est supérieur et si l'on est dans l'impossibilité de fuir le combat, on devra combattre d'après le système des contraires, c'est-à-dire en tirailleurs.

Détachements mixtes.

Les détachements mixtes ont un but et des règles de conduite qui participent des buts et des règles des détachements d'infanterie ou de cavalerie. Si le détachement doit agir en pays de plaine, l'avant-garde sera formée de cavalerie ; si le pays est coupé, l'avant-garde sera composée d'infanterie, et sera liée au détachement par deux cavaliers interposés entre eux ; si le terrain varie, il faudra adopter une de ces deux compositions d'armes pour l'avant-garde et se garder d'en changer.

Supposons un pays de plaine et un détachement de 300 hommes et de 50 cavaliers (soit 100 filés ou 10 sections d'infanterie et 25 filés de cavalerie) ; dans ce cas, l'avant-garde se composerait de 20 chevaux ; les flanqueurs de 20 chevaux, 10 à droite, 10 à gauche ; l'arrière-garde de 10 fantassins et des 10 cavaliers restants ; enfin, les 9 sections d'infanterie marcheraient en colonne à distance entière sur la route, ayant entre elles et les flanqueurs de cavalerie de chaque côté, 10 flanqueurs d'infanterie (*fig.* 30).

Le mode d'action le plus avantageux pour les détachements est d'agir par surprise ou en faisant tomber l'ennemi dans une embuscade ; mais, dans une opération de ce genre, il faut posséder des renseignements certains sur l'ennemi, sur sa force et sa position, sur la rapidité de sa marche et l'énergie de son chef, etc.; faute d'être parfaitement renseigné, on peut tomber soi-même dans le piége que l'on tendait à son ennemi

Des embuscades et surprises.

Les embuscades, dont le secret est très-difficile à garder en pays ennemi, sont plus faciles à réussir chez soi ou chez un allié dont les habitants n'ont pas un intérêt direct à vous trahir, les habitants d'un pays ami sont toujours tout disposés à seconder de telles entreprises. Une embuscade d'infanterie peut être masquée par un mouvement de terrain, une maison isolée, etc.; mais une troupe de cavalerie, ayant besoin en avant d'elle d'un espace de terrain propre à lui laisser prendre l'élan nécessaire, sera plus difficilement cachée. Des troupes en embuscade n'emploieront que de faibles avant-postes, quelques sentinelles seulement placées soit au sommet d'un arbre ou d'un clocher, soit sur la route, mais, dans ce cas, déguisées en travailleurs quelconques. Un feu simultané ouvrira l'attaque et surprendra l'ennemi, et sera suivi d'une démonstration à la baïonnette. Cette attaque s'exécutera soit sur la tête, les flancs ou la queue de la colonne ennemie, selon que l'on veut la détruire, l'arrêter ou s'emparer du personnage ou du convoi qu'elle escorte.

Lorsqu'une patrouille voudra surprendre une sentinelle ennemie, elle s'arrêtera à quelque distance d'elle, et détachera 1, 2 ou 3 hommes qui s'avanceront à pas de loup et en rampant; la sentinelle, assaillie à l'improviste, sera prise immédiatement à la gorge pour l'empêcher de pousser un seul cri, ou, si l'on ne doit pas la bâillonner, il faudra s'en défaire à l'arme blanche avant qu'elle puisse se défendre et donner l'alarme.

Un petit poste s'attaquera par une opération enveloppante, et on ne fera de prisonniers que lorsque l'opération sera complétement terminée.

Dans ces sortes d'opérations, toutes les ruses sont bonnes à employer : déguisement des éclaireurs et des sentinelles, armes cachées, renvoi des chevaux qui hennissent, sabots des chevaux enveloppés de toile et de paille pour amortir le bruit, augmentation du nombre des tambours ou des trompettes pour faire croire à l'ennemi, comme à Arcole, qu'il a devant lui des forces supérieures, etc., etc.

Voici, comme exemple d'embuscade, celle qui fut faite aux Prussiens, en 1815, par le général Excelmans.

Après la bataille de Waterloo, les Prussiens s'avancent formant la tête de colonne de la dernière coalition, les Anglais les suivent par derrière et viennent les remplacer dans la position de Saint-Denis qu'ils avaient prise. Aussitôt Blücher passe la Seine au Pecq, et se dirige vers les Moulins-à-

Vent, sur la route d'Orléans, pour nous couper
nos communications. A cet effet, le général Sorh,
avec 1,500 hommes, se dirige sur Marly où il
prépare ses bivouacs. Les habitants de Marly s'em-
pressent d'avertir le général Excelmans qui commande l'avant-garde de Grouchy, et qui apprend
que, quittant son bivouac dès le lendemain matin,
le général Sorh était entré dans Versailles et y
perd son temps à équiper à neuf ses troupes,
aux frais d'un magasin dont il s'était emparé.
Aussitôt Excelmans dirige le général Piré sur Rocquancourt et Ville - d'Avray, avec ordre de s'y
embusquer sur la route de Versailles à Saint-Germain et de couper la retraite aux Prussiens. Le
1er et le 6e chasseurs sont placés à Rocquancourt
avec le 44e de ligne ; 2 régiments de lanciers, qui
ne prirent point de part à l'action, étaient à Sèvres ;
2 bataillons du 44e de ligne furent détachés à Che-
nay avec 2 escadrons de cavalerie ; enfin, 150
hommes occupaient la Croix-de-Berny.

Après ces dispositions prises, le général Excelmans, part de Montrouge et se porte à l'encontre
de la brigade prussienne, qu'il culbute sur Versailles avec 4 régiments de dragons. Le général
Sorh, se dirige aussitôt sur Saint-Germain, mais
le 1er chasseurs lui barre le chemin, et le 44e le
fusille à bout portant, la queue de sa colonne est
pareillement assaillie, et de toutes les directions
débouchent de nouveaux ennemis ; grièvement
blessé, le général Sorh est fait prisonnier avec

ses troupes, dont deux cents hommes à peine purent se sauver.

Cette embuscade est simple et judicieuse, le théâtre de la guerre y était très-favorable, et les Prussiens, à la vérité, y commirent de grandes fautes. En effet, quand on exécute une marche de flanc à proximité de l'ennemi, on ne doit pas marcher en plein jour et sur une grande route, mais de nuit et par des chemins de traverse; si l'on forme la tête d'une avant-garde, on doit protéger ses flancs et ses communications par de petits détachements et par des éclaireurs, et n'avoir pas pour toute ressource, quand on est poursuivi par l'ennemi, la fermeture d'une grille; car le général Sorh devait prévoir qu'en fermant la grille de Versailles devant le général Excelmans qui le poursuivait, il ne lui ôtait point la facilité de se porter sur ses lignes de retraite par les boulevards extérieurs, ainsi que cela devait nécessairement arriver.

LIVRE XVIIIe.

Des partisans.

On appelle généralement *corps de partisans,* des détachements organisés temporairement pour une campagne entière, et astreints à suivre un

plan général de campagne, quoique ne dépendant
que des ordres de leurs capitaines respectifs.

Le chef d'un corps de partisans est libre de ses
mouvements, le secret, la célérité, l'audace surtout, sont ses moyens d'action; faire le plus de mal
possible à l'ennemi est son but. Un corps de partisans agit généralement sur les flancs ou les derrières de l'ennemi ; cependant il peut avoir à exécuter une mission temporaire. Ces corps sont utiles
pour éclairer une marche, donner des détails topographiques, reconnaître et les forces et les positions des ennemis, etc. Mais si leur utilité est re-
connue dans les guerres offensives, elle est infini-
ment plus grande dans les guerres défensives, où
l'ennemi voit dans chaque habitant du pays envahi,
un adversaire prêt à l'attaquer; sous chaque pli
de terrain, il croit entendre un corps de partisans,
et il se croit alors obligé de mettre des garnisons
dans tous ses gîtes d'étape, de donner des escortes
aux moindres convois, enfin d'allonger ses lignes
d'opération. De bons corps de partisans doivent
être disciplinés et amis des habitants, ils sont alors
toujours prévenus des mouvements de l'ennemi et
sont très-difficiles à poursuivre ; un échec de l'ennemi les attire avec la promptitude de l'éclair, et
le partisan, toujours là pour inquiéter l'ennemi, est
pourtant toujours insaisissable. C'est ainsi qu'agi-
rent les premières guérillas espagnoles, et si, dans la
suite, elles subirent tant de revers, elles ne durent
en accuser que leur indiscipline et leur cruauté

qui les rendaient encore plus odieuses à leurs com-
patriotes qu'à leurs ennemis.

Les meilleurs partisans sont ceux que l'on tire
des corps de l'armée et qui sont commandés par
des officiers expérimentés, courageux et entrepre-
nants; leurs différents détachements doivent être
connus d'un général qui puisse à l'occasion les
réunir ensemble, pour agir avec vigueur sur un
point de la ligne ennemie.

Les partisans sont utiles à organiser dans une
armée, qui ne reçoit pas des rapports assez complets sur les mouvements ou les projets de l'ennemi. Si le général Mack, en 1805, avait eu des
partisans, il aurait au moins pressenti les projets
de l'Empereur, et n'aurait pas été enfermé dans
Ulm, avant de s'être douté que ses communications
courussent le moindre danger.

LIVRE XIX.

Des fourrages et des contributions.

Des fourrages.

On entend dans l'art militaire par *faire un fourrage* rassembler tout ce qui peut être nécessaire
à la nourriture ou à l'équipement des hommes ou
des chevaux. Dans les dernières guerres, la rapidité des marches, l'étendue du terrain occupé par

les armées, ont donné peu d'importance à ces opérations qui ne sont ordonnées que lorsque l'administration n'a pas eu le temps de rassembler toutes les munitions nécessaires sur la base d'opération.

Lorsque l'on occupe longtemps une même position en pays conquis, cette opération peut devenir nécessaire ; elle doit toujours s'exécuter dans l'intérieur d'un cercle supposé, dont la position est le centre, et dont le rayon ne doit pas excéder deux myriamètres : cette distance est déjà fort longue, car les troupes en position doivent pouvoir porter secours à leurs fourrageurs.

On distingue deux sortes de fourrage, le vert et le sec. Le fourrage au vert se prend sur place, le fourrage au sec s'enlève dans les greniers de l'habitant.

Fourrage au vert.

L'opération du fourrage au vert comporte la reconnaissance préalable, la disposition des troupes de l'escorte et des fourrageurs, enfin l'attaque et la défense.

La reconnaissance porte principalement sur les ressources de la localité. En général, un hectare de bonnes prairies donnera 3,500 kilogrammes de foin, les médiocres 2,500 kilogrammes, les mauvaises environ 2,000 kilogrammes ; les prairies artificielles donnent une quantité de fourrage égal aux meilleures prairies, mais la qualité en est inférieure. Ces appréciations, essentiellement variables, seront modifiées facilement aussitôt que l'on aura fauché un hectare de prairies ordinaires, et dont le poids servira de point de départ pour l'appréciation des autres prairies à couper. Il faut 50 hommes en 2 heures ou 100 en une heure pour faucher un hectare. Le fourrage se prend toujours pour 4 jours. Supposons, pour fixer les idées, que l'on ait à faire un fourrage pour 500 chevaux, ce fourrage devra s'exécuter tous les deux jours par la moitié des cavaliers qui partageront leurs rations avec l'autre moitié du détachement qui se trouvera ainsi fourni de fourrage frais tous les deux jours, sans que les troupes en soient fatiguées, puisqu'elles alterneront par moitié pour ce service.

Dans le cas que nous avons supposé, 250 cavaliers seront chargés, tous les deux jours, de faire un fourrage pour 500 chevaux, et pour deux jours, soit, comme nous l'avons expliqué, pour 250 chevaux et pour quatre jours. La ration d'un cheval étant de 25 kilogrammes par jour, elle sera de 50 kilogrammes pour deux jours, et pour deux jours et 500 chevaux, cette ration sera de 25,000 kilogrammes, soit 1,000 rations: or, un hectare donnant en moyenne 3,000 kilogrammes de fourrage, 10 hectares en fourniront 30,000 kilogrammes, ce qui suffira et au delà au fourrage nécessaire; ces 10 hectares fauchés par 200 hommes seront coupés en 5 heures, et les 50 hommes, qui forment le reste du détachement, lieront les bottes et chargeront le fourrage.

20.

Ces coupes de fourrage s'exécuteront sur les flancs et les derrières de la position ; il ne faudra entamer la zone des avant-postes qu'à la dernière extrémité, la réservant pour les derniers fourrages. L'appréciation du fourrage devra se faire aussi exactement que possible pour éviter un gaspillage, qui non-seulement peut indisposer l'habitant, mais encore vous priver vous-mêmes de ressources, dont on peut avoir besoin plus tard. Pendant l'opération du fourrage, les chevaux de cavalerie et d'artillerie sont placés dans les meilleures prairies ; les chevaux d'infanterie ou des équipages dans les prairies de moindre qualité, mais tous sont également mis à l'abri de toute attaque.

La disposition générale d'un fourrage est en trois corps : l'avant-garde, qui peut être composée d'infanterie et de cavalerie; le corps des fourrageurs, qui peut également être entouré d'infanterie, de cavalerie, et même, quoique très-rarement, d'artillerie; enfin les équipages de réquisition. L'officier commandant dispose l'escorte pour protéger les fourrageurs ; cette disposition varie suivant le terrain et affecte toujours la forme des avant-postes; la réserve, placée au centre, doit toujours détacher un piquet de police pour veiller à ce que les hommes ne gaspillent pas, et ne puissent s'écarter pour marauder. Les fourrageurs, ayant leurs armes auprès d'eux, fauchent bas et vite ; ceux qui les suivent forment à mesure des bottes d'environ 25

kilogrammes; un cheval peut en porter quatre ;
mais, en général, pour le transport, on préfère employer des voitures de réquisition ; le fourrage terminé, et les voitures chargées, les fourrageurs re-
gagnent l'escorte au point de départ indiqué, et
l'officier commandant organise son détachement,
comme nous le verrons dans le livre suivant, pour
la conduite d'un convoi. On peut attaquer un fourrage, soit pour le retarder seulement, si l'on est
inférieur en nombre, soit pour l'enlever, si l'on est
supérieur à son ennemi. Dans la première hypothèse, on perce les avant-postes, et on se jette sur
les fourrageurs jusqu'au moment où la réserve
s'avance ; on bat immédiatement en retraite, sauf
à recommencer l'opération un peu plus loin. Dans
la seconde hypothèse, l'attaque s'exécute par une
manœuvre enveloppante, et souvent on y combine
un mouvement tournant sur la ligne de retraite,
ce qui est excessivement délicat. Lorsque les
troupes qui font un fourrage sont attaquées, les
troupes de l'escorte et des avant-postes doivent
seules combattre ; les fourrageurs doivent continuer rapidement leur travail, et ne l'abandonner,
pour prendre leur fusil, que si l'escorte était repoussée.

Fourrage à sec.

Le fourrage à sec comporte, comme le précédent,
la reconnaissance, les dispositions de l'escorte,
l'attaque et la défense. La reconnaissance porte

principalement sur les ressources que peut offrir un village en fait de blé, de foin, de maïs, de vin, de cidre ou bière, d'eau-de-vie, de bestiaux, et même d'habillements, suivant les objets que l'on se propose d'enlever. Le poids des grains doit être vérifié par les officiers : 100 kilogrammes de blé donnent 162 rations de 7 kilogr., 50 chacune; 50 kilogr. de légumes donnent 1,666 rations; un quintal de riz, 3,363 rations; un quintal de farine, 3,180 rations ; un hectolitre d'eau-de-vie, 1,600 rations ; un hectolitre de cidre ou de bière, 200 rations ; enfin un hectolitre de sel, 6,000 rations. Pendant que l'officier chargé de l'estimation vérifie le poids des grains et estime le poids des meules de foin avec les autorités du village, les notables de l'endroit sont retenus en ôtages dans le détachement. Le fourrage au sec que l'on enlève doit peser également sur tous les habitants, et dans une proportion qui ne les réduise pas au désespoir. Ainsi, pour du blé, par exemple, sur 16 hectolitres, il faudra toujours en laisser 6 au propriétaire, dont trois et demi pour son usage et deux et demi pour les semences. La moindre révolte devra être sévèrement réprimée ; mais, en revanche, la maraude et le gaspillage seront interdits plus sévèrement encore. La distribution du fourrage au sec se fait, soit dans le village même, soit en rentrant de cette opération. Cette répartition se fait suivant un certain rapport. Ainsi en représentant le blé par un :

Le seigle et l'orge sont estimés. 3/4
Le sarrasin et le maïs. 2/3
Le riz. 1
Les pommes de terre. 1/5
Les légumes. . . . de 1/16 à . . . 1/8

Si le village dans lequel on opère a été abandonné par ses habitants, on peut alors y enlever
tout ce qui peut être d'une utilité quelconque.
Dans ce cas-là, on sonde les appartements, les
caves, les jardins, les viviers, en un mot, tout ce
qui peut recéler quelque richesse; si ces fouilles
n'aboutissent à aucun résultat, on devra s'informer de la direction que les habitants ont prise,
car ils ont pu cacher ce qu'ils ont emporté dans un
bois, une caverne ou tout autre endroit.

Des contributions.

L'enlèvement des contributions est une opération du même genre que le fourrage au sec.

Une contribution ne peut être levée que par
l'ordre du général en chef et sous sa responsabilité; l'escorte du détachement, chargée de cette
mission, peut comprendre de l'artillerie pour l'effet
moral. La commune, frappée de cette mesure, doit
être investie secrètement; les ôtages sont aussitôt
enlevés, et les autorités sont prévenues de la somme que la commune doit payer, et il est fixé un
délai à l'expiration duquel une exécution militaire
sera justifiée; si, le délai expiré, la contribution

n'est pas apportée au lieu indiqué, on commence par incendier quelques maisons, et il est rare que les habitants ne se rendent pas à des arguments aussi persuasifs.

Toutes ces différentes opérations terminées, l'habitant devra toujours recevoir un reçu des objets enlevés ou des sommes payées.

LIVRE XX*.

Des Convois.

Les convois sont souvent excessivement importants, et de leur sûreté peuvent dépendre la réussite et le salut d'une armée : ainsi, en Allemagne, pays riche en ressources, les convois seraient fréquents et leur perte serait d'une importance minime en comparaison du tort que pourrait faire à une armée l'enlèvement d'un convoi ; en Afrique, dont le pays n'offre que des ressources difficiles, la conduite et la défense d'un convoi, composé d'éléments hétérogènes, sont fort difficiles, les convois n'ayant qu'un front fort étroit et des flancs très-longs, les escortes, qui sont généralement peu fortes, ne constitueront pas pour eux une entière sécurité, qui devra surtout dépendre de manœuvres préalables.

Les convois peuvent se composer soit de voitures de réquisition, attelées à la limonière et couvrant chacune sur le terrain une longueur d'environ 24 mètres, soit de voitures du train des équipages à timon, et couvrant environ 12 mètres de terrain. Sur une belle route un convoi pourra faire environ 4 kilomètres en une heure, sur une route peu accidentée 3 kilomètres, et enfin sur une mauvaise route 2 kilomètres. On placera toujours les plus mauvaises voitures en tête du convoi ; les chargements les plus précieux seront placés sur les meilleurs équipages, et à la suite du convoi devront se trouver des voitures de rechange et une forge. L'emploi des bœufs doit être évité dans les convois, l'allure de ces animaux étant trop lente ; les mulets seront plus avantageux, car ils peuvent porter de 150 à 200 kilogrammes, et faire de 8 à 9 lieues par jour, mais ces animaux ont l'inconvénient d'être fort peureux et d'un entêtement souvent fort difficile à vaincre. Lorsque l'emploi des mulets est nécessaire, on fera toujours bien d'attacher un homme à la conduite de chacun de ces animaux. L'étude des convois doit porter spécialement sur la marche, la conduite, l'escorte, l'attaque et la défense.

Au terme de l'ordonnance, le commandant d'un convoi doit être un officier intelligent et expérimenté, il possède une autorité absolue sur tout le personnel du convoi, tant militaire qu'ouvrier ou paysan. Son départ est précédé d'une inspection rigoureuse ; les voitures sont examinées et classées, leur chargement s'effectue sous ses yeux, et elles sont ensuite placées dans l'ordre suivant : en premier lieu, les munitions de guerre; en second lieu, les munitions de bouche; viennent ensuite les effets d'habillements et les bagages. Le commandant du convoi s'informe exactement de la route à tenir, au moyen de reconnaissances, de cartes, d'espions et de guides ; il examine quels peuvent être sur sa route les points de refuge qu'il pourrait gagner en cas d'attaque possible ; enfin il se constitue un plan d'opération, basé sur la lettre et l'esprit de l'instruction détaillée qui lui a été remise par le général en chef.

Le convoi se divise en subdivisions, auxquelles sont attachés des chefs particuliers; l'escorte fournit au convoi une avant-garde, une arrière-garde et des flanqueurs. L'avant-garde doit éclairer la route : elle se composera donc de cavalerie légère; mais, comme elle doit pouvoir occuper certaines positions, on y adjoindra de l'infanterie; ces deux armes seront combinées dans une proportion indiquée par le terrain. Si des travaux à exécuter ou des obstacles à vaincre peuvent se présenter dans la marche, l'avant-garde pourra contenir encore du génie ou de l'artillerie. L'arrière-garde se composera d'infanterie et de cavalerie. La tête et les flancs du convoi seront protégés par l'escorte, qui pourra être composée des deux armes d'infanterie et de cavalerie, et qui devra toujours se former une réserve.

En général, l'infanterie composant l'escorte d'un convoi étant représentée par 1, la cavalerie sur un terrain coupé sera représentée par 1/4, sur un terrain montagneux par 1/6, sur un terrain plat par un 1/3 et même 1/2. Ces calculs approximatifs sont nécessairement subordonnés aux circonstances.

Pour fixer les idées, nous allons supposer, sur un terrain plat et sans accidents, un convoi de 40 voitures, escorté par un bataillon et deux escadrons, et nous allons organiser cette escorte (voir *pl. XIV*, *fig.* 31).

L'avant-garde de ce convoi se composera d'un peloton d'infanterie qui marchera sur la route en avant du front du convoi; ce peloton sera précédé d'un peloton de cavalerie dispersé en tirailleurs. 20 voitures marchant sur deux rangs formeront la première division du convoi, qui sera séparée de la seconde division, composée également de 20 voitures, par deux pelotons d'infanterie; l'arrière-garde se composera de deux pelotons, l'un d'infanterie formé sur la route, l'autre de cavalerie occupant le terrain en éclaireurs. La protection des flancs de la colonne ne s'étendra pas également sur les deux côtés, l'un d'eux étant nécessairement, par la position qu'occupe l'ennemi, moins exposé que l'autre à une attaque possible. Le côté le moins exposé sera occupé par la réserve qui marchera, l'infanterie en colonne par pelotons à distance entière, et la cavalerie dans le même ordre. L'autre

flanc sera occupé par deux pelotons d'infanterie,
qui seront disposés en éclaireurs et pourront pour
la marche adopter la formation des patrouilles. La
distance de l'avant et de l'arrière-garde au corps
du convoi variera nécessairement, et sera toujours
telle que ces corps puissent prévenir le convoi de
l'arrivée de l'ennemi.

Lorsqu'une voiture du convoi se brise pendant
la marche, elle doit être immédiatement jetée hors
de la route pour ne pas ralentir le convoi ; elle est
aussitôt raccommodée, et prend alors la queue de
sa division, ou bien on achève de la détruire, et on
transporte son chargement sur d'autres voitures
auxquelles on attelle ses chevaux.

Pendant la marche, le convoi fait une halte de 5
à 8 minutes toutes les heures, et une halte principale au milieu du jour; à la tombée de la nuit le
convoi s'arrête pour parquer. Il y a deux manières
de parquer, en écurie ou en défensive. *On parque
en écurie* en disposant les voitures parallèlement à
une distance telle entre chaque file, que les hommes et les chevaux y puissent circuler. *On parque
en défensive* en doublant d'abord sur deux files,
on tourne ensuite dans un champ et l'on y dispose
les voitures sur un rectangle formé, les brancards
ou les timons des voitures étant posés sur les roues
des voitures voisines, et les chaînes des timons
étant attachées avec les voitures. On laisse à cette
espèce de redoute une ouverture de 5 à 6 mètres,
que l'on peut la nuit fermer par deux voitures pla-

cées essieu contre essieu et reliées par leurs chaînes.

Si l'ennemi se présente pour attaquer un convoi, la défense variera suivant le point attaqué : si l'attaque est dirigée sur la tête ou sur la queue, les pelotons placés entre les divisions s'y porteront aussitôt et la réserve se tiendra prête à marcher. Si l'on ne peut sauver tout le convoi, on tâchera d'en sauver au moins les chargements les plus importants; pour obtenir ce résultat, on pourra abandonner à l'ennemi les liquides sur lesquels il perdra peut-être son temps, et, plaçant l'escorte dans les voitures, se sauver à la plus vive allure; ce procédé pourra servir contre l'infanterie. En cas de défense impossible, il faudra détruire les munitions, briser les voitures et tuer les chevaux plutôt que de les abandonner à l'ennemi. L'attaque et la défense des convois rentrent du reste dans les principes que nous avons donnés plus haut, nous devons seulement faire remarquer ici que l'attaque est toujours une opération bien plus facile que la défense; il y aura toujours en effet grande chance de succès pour l'attaque, lorsque l'assaillant, à une infanterie égale à celle du convoi, joindra une force double de cavalerie. En général, toutes les fois que l'ennemi ne se présente pas avec des forces trop supérieures, il faut le charger vigoureusement et continuer ensuite sa route en renforçant l'arrière-garde. Si l'ennemi trop supérieur obstrue la marche, on peut parquer pour se défendre; tout le soin de la défense doit se porter alors à empêcher l'ennemi de s'approcher des voitures, surtout dans le cas où elles contiendraient de la poudre. Si l'escorte trop faible ne peut résister, elle pourra alors s'enfermer dans le parc et y résister jusqu'à la dernière extrémité, mais cette position est très-défavorable pour l'usage des armes, et les chevaux des attelages y causent souvent de grands désordres.

L'attaque a pour principe de séparer le convoi de ses défenseurs; l'attaque simulée sur la tête suivie d'une charge vigoureuse sur les flancs ou la queue a été souvent suivie de succès; les traits des chevaux seront coupés aussitôt que l'on pourra s'en approcher, et on ne fera de prisonniers que lorsque le convoi aura été enlevé. Si le convoi est composé de bestiaux difficiles à mettre en ordre, ils nécessiteront l'emploi d'un grand nombre de cavaliers pour les conduire; un pareil convoi sera très-difficile à conduire et surtout à défendre.

Si le convoi est composé de prisonniers de guerre, il y aura dans ce cas quelques règles fort sages à observer. Les prisonniers devront marcher par sections commandées et surveillées par un sous-officier, les officiers prisonniers formeront une section particulière, qui ne pourra communiquer avec les autres sections sur lesquelles, malgré leur position, ils conservent encore un grand ascendant. Les armes de l'escorte devront être chargées ostensiblement devant les prisonniers, et, en eas d'attaque, on doit les forcer à se coucher à plat ventre, et sous peine de mort ils ne devront se lever qu'après le départ des assaillants.

Quand les convois sont transportés par eau et que les rivières ne sont pas assez larges pour que le milieu du courant soit à l'abri des projectiles, on classe alors les bateaux par division contenant plusieurs soldats pour les défendre et en surveiller la conduite. Des éclaireurs sont lancés sur les deux bords, le bord le moins exposé est suivi par l'escorte, et les bateaux en suivent la rive. Des nacelles suivent le convoi pour faire communiquer les bateaux et les deux rives entre elles et porter rapidement des secours dans les points exposés. L'attaque d'un pareil convoi réussira rarement sans le secours de l'artillerie, qui rendra des services d'autant plus indispensables que la rivière sera plus large.

Les guerres de l'Empire sont fécondes en attaque et en défense de convois. Plus récemment la retraite de Constantine, en 1835, nous donne un modèle de défense de convois des plus remarquables.

CONCLUSION.

Nous avons analysé les fautes que l'on doit éviter, nous avons tracé les règles de conduite à tenir dans toutes les positions, nous avons appuyé nos principes par des exemples tirés de l'histoire des plus grands capitaines.

Si toutes ces règles et tous ces principes ne sont pas invariables dans tous les cas, il n'en est pas moins vrai pourtant que l'étude de l'art militaire et de la tactique fournit des données générales qui indiqueront à l'officier la meilleure conduite à tenir, l'aideront à apprécier sa position et celle de son ennemi dans quelque situation qu'il puisse se trouver, et le mettront à même d'en tirer le meilleur parti.

FIN.

TABLE DES MATIÈRES.

Deuxième Partie.

Cours de Tactique.

— 323 —

21.

FIN DE LA TABLE.

ERRATA.

Page	ligne	Au lieu de		lisez :	
21,	16,	colonnes honoriques,	lisez :	colonnes *honorifiques.*	
32,	28,	justum ister,	—	justum *iter.*	
35,	23,	son tnistituées,	—	sont *instituées.*	
82,	3,	Lognao,	—	*Lognano.*	
121,	16,	Margarou,	—	*Margeron.*	
126,	25,	dispersée,	—	*dispersé.*	
144,	18,	composé d'un état-major, de deux bataillons, etc.	—	composé: 1° *d'un état-major ;* 2° *de* **2** *bataillons de 6 compagnies ;* 3° *d'une compagnie d'ouvriers et* 4° *d'un etc.*	
152	1,	places fortes, exgeant,	—	places fortes, *exigeant*	
158	12,	de 1/10e à 1/80e,	—	de 1/80 *à* 1/100e.	
209	12,	voir les numéros a, b, c, de la planche X, fig. 6,	—	*voir les profils a, b, c, d, de la figure 6, planche X.*	
214	14,	le village ou la ferme,	—	le village *et la ferme.*	
217	5,	sa garde est tiré,	—	sa garde *ait* tiré.	
231	18,	de l'extérieur,	—	de l'*intérieur.*	
232	3,	sans avoir,	—	sans *en* avoir.	
236	8,	par extérieur,	—	par l'*intérieur,*	
260	7,	eux,	—	*deux.*	
280	1,	s la patrouille,	—	*si* la patrouille.	
280	16,	un homme puisse aller,	—	un homme, *au moins,* puisse aller.	
284	12,	couvert de toiles,	—	couvert de *tuiles.*	
287	14,	sur les cautionnements,	—	sur les *cantonnements.*	

ORDRE DES PLANCHES DANS LE TEXTE.

Paris.—Imprimerie de COSSE et J. DUMAINE, rue Christine, 2.

www.ingramcontent.com/pod-product-compliance
Lightning Source LLC
Chambersburg PA
CBHW071628270326
41928CB00010B/1824